本书受到教育部人文社会科学研究青年基金西部和边疆质性对外部融资与企业升级的影响研究（项目批准号：1

U0570053

经管文库 · 管理类

前沿 · 学术 · 经典

异质性创新补贴对外部融资与企业升级的影响研究

THE EFFECT OF THE HETEROGENEOUS INNOVATION SUBSIDY ON EXTERNAL FINANCING AND FIRM UPGRADING

刘传宇 著

经济管理出版社

ECONOMY & MANAGEMENT PUBLISHING HOUSE

图书在版编目（CIP）数据

异质性创新补贴对外部融资与企业升级的影响研究/刘传宇著 . —北京：经济管理出版社，2023.5

ISBN 978-7-5096-9025-3

Ⅰ.①异… Ⅱ.①刘… Ⅲ.①企业创新—财政补贴—影响—企业融资—研究—中国 ②企业创新—财政补贴—影响—企业升级—研究—中国 Ⅳ.①F279.2

中国国家版本馆 CIP 数据核字（2023）第 084338 号

组稿编辑：王　洋
责任编辑：王　洋
责任印制：许　艳
责任校对：蔡晓臻

出版发行：经济管理出版社
　　　　　（北京市海淀区北蜂窝 8 号中雅大厦 A 座 11 层　100038）
网　　　址：www. E-mp. com. cn
电　　　话：（010）51915602
印　　　刷：唐山玺诚印务有限公司
经　　　销：新华书店
开　　　本：720mm×1000mm/16
印　　　张：13.25
字　　　数：231 千字
版　　　次：2023 年 5 月第 1 版　　2023 年 5 月第 1 次印刷
书　　　号：ISBN 978-7-5096-9025-3
定　　　价：88.00 元

前　言

在加快建设创新型国家的背景下，企业的创新主体地位不断增强，然而，融资难问题仍是制约我国企业创新的主要障碍之一。创新补贴是应对这一问题的重要政策工具。如果创新补贴能够充分发挥对外部融资的引导作用，便可以较少的财政资金带动较多的社会资金进入企业，进而有助于推动企业升级。但是现有研究对创新补贴与外部融资关系的理论探究有待深入与拓展，也缺乏创新补贴对企业升级影响的深入探讨。本书聚焦异质性创新补贴，研究不同种类的创新补贴对于外部融资和企业升级的影响，具有重要的理论价值和现实意义。

本书以创新补贴资助项目的性质为依据，并结合我国企业所获创新补贴的实际情况，将创新补贴分为三类：研发类补贴、改进类补贴、其他类补贴，这三类创新补贴在本书中被称为异质性创新补贴，由于异质性创新补贴所资助项目或企业的风险有所差异，所以异质性创新补贴对企业外部融资和企业升级的影响有所差异。

本书以市场失灵理论、信号传递理论、熊彼特创新理论、资源基础理论为理论基础，以民营上市公司为样本，运用多元回归分析法、倾向匹配得分法、中介效应分析法等多种方法，全面深入地研究异质性创新补贴对于企业外部融资的影响、异质性创新补贴对于企业升级的影响，并将异质性创新补贴、外部融资和企业升级纳入同一个研究框架，探究三者之间的关系。研究发现：

（1）创新补贴通过证实作用和保障作用降低创新项目或企业的风险，进而有助于企业获得更多的外部融资。具体而言：①研发类补贴资助项目的风险较大，证实作用和保障作用均不显著，无法帮助企业获得较多的外部融资。即无论企业是否获得研发类补贴，也无论企业所获研发类补贴金额的多与少，均无法帮助企业获得更多的外部融资。②改进类补贴资助项目的风险较小，证实作用和保障作用均较为明显，能够帮助企业获得更多的外部融资。即与未获改进类补贴的企业相比，获得改进类补贴企业具有更多的外部融资，特别是债权融资。在获得改进类补贴的企业中，企业所获改进类补贴的金额越多，越能够帮助企业获得权益融资。③其他类补贴资助项目的风险介于研发类补贴与改进类补贴之间，仅证实作用较为明显，即与未获其他类补贴的企业相比，获得其他类补贴的企业能够获得更多的外部融资，特别是债权融资。

（2）创新补贴在甄选效应和积累效应的共同作用下，对企业的创新绩效升级和财务绩效升级具有积极的推动作用。具体而言：①研发类补贴的甄选效应较为明显，即与未获研发类补贴的企业相比，获得研发类补贴的企业更有可能实现创新绩效升级。同时，研发类补贴能够通过提高企业的创新投入进一步推动企业实现创新绩效升级。②改进类补贴的甄选效应和积累效应均不显著，即改进类补贴对企业的创新绩效升级和财务绩效升级均没有显著影响。③其他类补贴的积累效应较为明显，即在获得其他类补贴的企业中，企业所获其他补贴的金额越多，实现财务绩效升级的可能性越大。

（3）外部融资作为企业已有的一项重要资源，对于异质性创新补贴与企业升级关系具有调节作用。具体而言：①对于研发类补贴，权益融资对于企业获得研发类补贴与创新绩效升级关系具有负向影响，即相比权益融资较多的企业，权益融资较少的企业获得研发类补贴，更有助于企业实现创新绩效升级。债权融资对于企业所获研发类补贴金额与企业财务绩效升级关系具有正向影响，即在获得研发类补贴的企业中，相比债权融资较少的企业，债权融资较多的企业获得较多金额的研发类补贴，更有助于企业实现财务绩效升级。②对于改进类补贴，权益融资对于企业所获改进类补贴金额与企业财务绩效升级关系具有正向影响，即在获得改进类补贴的企业中，相比权益融资较少的企业，权益融资较多的企业获得较多金额的改进类补贴，更有助于企业实现财务绩效升级。③对于其他类补贴，权益融资对于企业所获其他类补贴金额与企业财务绩效升级关系具有正向影响，即在获得其他类补贴的企业中，相比权益融资较少的企业，权益融资较多的企业获得较多金额的其他类补贴，更有助于企业实现财务绩效升级。

由于作者水平有限，编写时间仓促，所以书中错误和不足之处在所难免，恳请广大读者批评指正。

目　录

第一章 绪论

本章论述了本书的研究背景和研究意义，进而提出本书的主要研究问题。同时，对本书的研究内容以及研究方法予以说明，为后续研究奠定基础。

第一节 研究背景

一、现实背景

企业创新对于社会经济发展具有重要意义，在企业创新助力下的企业升级对于我国经济的健康发展也具有重要意义，但是"融资难"等问题制约着企业创新，创新补贴则有助于解决企业创新的"融资难"等问题，并有助于推动企业升级。

（一）企业创新的重要性

进入 21 世纪，随着全球化和知识经济深化发展，创新进入密集活跃期，新一轮科技革命和产业变革将以创新为基础重塑世界格局。2019 年 4 月，习近平总书记在第二届"一带一路"国际合作高峰论坛主旨演讲中指出，创新就是生产力，企业赖之以强，国家赖之以盛。2021 年正式公布的《中华人民共和国国民经济和社会发展第十四个五年规划和 2035 年远景目标纲要》（以下简称"十四五"规划）中也提出，我国应坚持创新驱动发展，坚持创新在我国现代化建设全局中的核心地位，把科技自立自强作为国家发展的战略支撑，深入实施科教兴国战略、人才强国战略、创新驱动发展战略，完善国家创新体系，加快建设科技强国。

企业是创新的主体。从 17 世纪至 20 世纪，改变人类生活的 160 种创新中的

80%来自企业，全球专利中的70%出自企业。进入21世纪，企业在生物、信息、新能源等方面的创新突飞猛进，深刻地影响着世界的发展（卢现祥和李磊，2021）。"十四五"规划也提出，应强化企业的创新主体地位，促进各类创新要素向企业集聚，提升企业的创新能力。为完成这一目标，一方面，企业应充分发挥创新主动性，增加创新投入，培养创新人才，建设创新文化；另一方面，政府可通过创新补贴、税收优惠等各项激励政策，推动企业创新。

（二）企业创新面临"融资难"问题

融资难、融资贵问题一直是我国民营企业和中小企业面临的突出难题。根据2021年中国财政科学研究院公布的2020年"企业成本"调研报告，在1.7万多个调研企业中，29.6%的企业认为融资环境紧张，融资成本上升，50.2%的企业认为存在融资渠道减少、融资难问题，28.3%的企业认为存在借款利率上升、融资贵问题，总体而言，企业的融资难问题更甚于融资贵问题。

企业的创新活动由于其固有的非排他性、高风险、专业性等特征，融资难问题更为突出，具体原因包括以下内容：

首先，企业创新活动的开展需要大量资金投入（Romer，1990），但是，由于创新成果具有非竞争性和部分排他性，由此产生的溢出效应使其他公司或整个社会受益，此时，企业从事创新活动的私人回报低于社会回报。因此，当企业缺乏充足的资金时，创新积极性会降低。

其次，企业创新活动具有高风险、周期长的特点，银行等金融机构出于自身风险防范的考量，通常不愿对高风险的创新活动提供资金支持。即使金融机构愿意对企业的创新活动予以资金支持，也会要求更高的风险溢价，如增加抵押物和担保额度、提高利率等，增加了企业的融资成本。

最后，企业创新活动具有专业性和复杂性的特点，使企业与外部投资者之间的信息不对称问题较为严重，银行等金融机构无法对创新活动予以准确评估，因而无法提供较多的资金支持。

我国政府高度重视企业创新的融资难问题，特别是中小企业创新的融资难问题。2021年的政府工作报告提出，发展工业互联网，搭建更多共性技术研发平台，提升中小微企业创新能力和专业化水平。工业和信息化部也指出，将紧盯提升中小企业创新能力和创新化水平这一目标，支持中小企业成为创新的发源地。

但是，破解企业创新的融资难问题并非一朝一夕能够实现，也并非某几个政策或某几个部门就能够解决，需要各项政策、各部门，以及社会各方面协同发力。

（三）新形势下企业升级的重要性

习近平总书记在党的十九大报告中指出，我国经济已由高速增长阶段转向高质量发展阶段，正处在转变发展方式、优化经济结构、转换增长动力的攻关期。改革开放后，我国利用资源丰富、人力成本低等优势大力发展经济，并取得了举世瞩目的成就，国内生产总值从 1979 年的 4100 亿元上升至 2021 年的 114 万亿元，人均国内生产总值从 1979 年的 423.16 元上升至 2021 年的 80976 元。至 2021 年，我国稳居世界第二大经济体地位，人均国内生产总值首次超过世界平均水平。

但是，随着我国的资源约束趋紧，人力成本提升，优势明显减弱，高端制造业开始向发达国家回流，中低端制造业向成本更低国家转移，依靠低成本的粗放型、低效率增长模式已不可持续，迫切需要转变为高质量发展模式。而企业升级就是使企业迈向更具获利能力的资本和技术密集型领域的过程，也是使企业从事更高技术含量经济活动的能力得到增强的过程。

近年来，全球经济形势低迷，中美贸易摩擦持续，贸易保护主义和单边主义抬头，新冠肺炎疫情席卷全球，我国经济的下行压力加大。在这一形势下，企业升级的必要性更为凸显：首先，中美贸易摩擦持续、贸易保护主义和单边主义抬头，使得我国企业的出口受到较大影响、"卡脖子"技术难题凸显。因此应通过持续创新推动企业升级，将以出口为导向的低端制造转型为以技术服务为导向的中高端制造，并挖掘和利用国内大市场实现企业的高质量发展。其次，在新冠肺炎疫情和局部战争的影响下，全球经济形势低迷，我国的经济下行压力也进一步增大。企业应通过持续的创新和学习，不断提升产品或服务的附加值，实现企业升级，才能够顶住压力，平稳度过艰难时期。

（四）政府的巨额创新补贴

随着我国政府对创新的重视，政府的创新投入不断增加。根据《中国科技统计年鉴》的数据（见表 1-1），我国财政的科技创新投入呈逐年上升趋势，从 2007 年的 2135.7 亿元上升到 2020 年的 10095 亿元，增长了近 4 倍。在财政的科技拨款中，对于研发活动的拨款呈逐年上升趋势，从 2007 年的 913.5 亿元上升到 2020 年的 4825.6 亿元，增长了 4 倍多。对于企业的研发活动拨款也呈逐年上升趋势，从 2007 年的 128.7 亿元上升至 2020 年的 525.3 亿元，增长了约 3 倍。在政府对研发活动的拨款中，对于企业研发活动的资助比例相对较为稳定，最高达到 2013 年的 16.36%。可见，我国政府对科技活动的拨款、对科技活动中研发活动的拨款、对企业的研发活动的拨款数额均十分可观。那么，如此巨额的投入是否促进了企业的发展？又是如何促进企业的发展的？这些都是本书关注的问题。

表1-1　2007~2020年我国财政科技拨款相关数据　　单位：亿元，%

年份	国家财政科技拨款	科技拨款占公共财政支出的比例	政府对研发活动的拨款	政府对企业的研发活动拨款	政府对企业的研发活动拨款/政府对研发活动的拨款
2007	2135.7	4.29	913.5	128.7	14.09
2008	2611.0	4.17	1088.9	145.5	13.36
2009	3276.8	4.29	1358.3	183.9	13.54
2010	4196.7	4.67	1696.3	236.8	13.96
2011	4797.0	4.39	1883.0	288.5	15.32
2012	5600.1	4.45	2221.4	363.1	16.35
2013	6184.9	4.41	2500.6	409.0	16.36
2014	6454.5	4.25	2636.1	422.3	16.02
2015	7005.8	3.98	3013.2	463.4	15.38
2016	7760.7	4.13	3140.8	449.7	14.32
2017	8383.6	4.13	3487.4	469.7	13.47
2018	9518.2	4.31	3978.6	491.3	12.35
2019	10717.4	4.49	4537.3	648.4	14.29
2020	10095.0	4.11	4825.6	525.3	10.89

资料来源：《中国科技统计年鉴》。

　　根据宋砚秋等（2021）的统计，2019年我国上市公司中46%的企业获得政府给予的创新补贴，可见创新补贴已成为企业创新的重要保障。但是，对于创新补贴是否有助于企业发展这一问题，学术界并未达成共识。许多研究认为创新补贴有助于企业的发展（Lerner，1999；Colombo et al.，2011），但也有一部分研究认为创新补贴对于企业的影响并不显著（Hu，2001；唐清泉和罗党论，2007）。

　　从我国的实际情况而言，创新补贴对企业发展具有积极作用的例子屡见不鲜。比如，我国政府对于TD-SCDMA研发的支持。但是，"挪用""滥用"科研经费的案例也不时见诸报端。可见，当创新补贴进入企业后，如果企业积极利用，将有效地提高企业的创新水平，有利于企业的长期发展，但是如果企业对于创新补贴挪用、滥用，则是对政府资金的极大浪费。那么，巨额的创新补贴对推动企业发展的效果如何？能否缓解企业的融资难问题？能否帮助企业实现升级？相信这些问题的解决对于我国创新补贴相关政策的制定、实施，以及相关会计准则的修订，均有一定的参考价值。

二、理论背景

现有研究通常从市场失灵理论出发，认为创新成果具有非竞争性和部分非排他性，由此产生的溢出效应使其他公司或整个社会受益，企业的私人回报低于社会回报，导致私人企业对创新活动投资不足，因此需要政府予以补贴（Arrow，1962）。

现有创新补贴相关研究主要聚焦于以下三个方面：创新补贴对企业绩效的影响研究、创新补贴对于企业创新投入的影响研究以及创新补贴对于企业外部融资的影响研究。

（一）创新补贴与企业绩效

多国学者研究创新补贴对企业绩效的影响，研究结果并不一致。Lerner（1999）发现在美国，获得SBIR（小企业创新计划）资助的公司通常具有更高的员工增长率和销售增长率。Colombo等（2011）以意大利公司为样本，也发现获得创新补贴有助于提高企业绩效。但是，Klette和Moen（1999）以挪威公司为样本却发现，获得创新补贴企业的绩效与没有获得创新补贴企业的绩效相比，并没有显著差异。Branstetter和Sakakibara（1998）对日本研究联盟给予企业补贴的研究发现，获得创新补贴使联盟成员产生更多的专利。

在我国，Hu（2001）较早地对我国创新补贴效果进行研究，发现我国政府的创新补贴对企业生产率的影响是负向的，而且是不显著的，因此，创新补贴并不是提高企业创新的最优政策工具。唐清泉和罗党论（2007）得到类似结论，认为政府补贴没有增强上市公司的经济效益。但是，刘德胜和张玉明（2010）则认为，虽然创新补贴没有对企业绩效产生直接的正面影响，可是创新补贴通过促进企业创新投入，间接提高了企业绩效。白俊红（2011）认为，创新补贴显著地提高了企业新产品销售收入，且当企业知识存量较高、规模较大时，创新补贴对于新产品销售收入的提高效果更好。

（二）创新补贴与创新投入

创新补贴对于企业创新投入的影响是近年来创新补贴研究的热点，各国学者利用各国数据在这方面进行了较为深入的研究。目前，学术界存在两种观点："激励效应"和"挤出效应"。

创新补贴对创新投入的"激励效应"表现在，政府对企业创新活动的补贴有助于缩短私人收益和社会收益的差距，有助于降低企业的创新活动风险，从而激励企业对研发活动投入更多的资金。Scott（1984）发现创新补贴对于企业的创新投入有明显的促进作用。Gonzalea 和 Pazo（2008）、Lee 和 Cin（2010）等均得到类似结论。

创新补贴对创新投入的"挤出效应"表现在，政府的创新补贴会增加社会对创新资源的需求，进而提高其价格，造成创新成本提高，另外也可能使企业将原本对创新活动的投入转而投向其他项目，从而降低企业的创新投入。Lichten-berg（1987）的研究发现创新补贴对于创新投入具有挤出效应。Wallsten（2000）、Gorg 和 Strobl（2007）均得到类似结论。

在我国，创新补贴对创新投入的影响研究也未达成共识。解维敏等（2009）发现我国政府的 R&D 资助刺激了企业的 R&D 支出。但是，吕久琴和郁丹丹（2011）则认为政府的创新补贴对企业的研发投资存在挤出效应。

（三）创新补贴与外部融资

现有研究以信息不对称理论为基础，认为创新补贴能够向外部潜在投资者传递信息，缓解信息不对称问题，帮助企业获得更多的外部融资。较早系统阐述这一观点的是 Lerner（1999），他认为创新补贴对于外部融资具有信号作用，并对获得 SBIR 资助与获得风险投资之间的关系进行检验，发现 SBIR 资助在证明企业的质量和项目优势方面起到了积极的作用，缓解了信息不对称以及由此带来的市场的失灵。Meuleman 和 Maeseneire（2012）的研究获得类似结论，认为创新补贴为私人投资者提供了有价值的信息，起到了正面的证实效应。Feldman 和 Kelley（2006）进一步认为，当授予创新补贴的政府机构具有较高水准，并在科学正直性方面有较好信誉时，创新补贴向外传递的信息是受资助项目更值得投资。当政府对项目的评估涉及商业潜能时，投资者会认为获得创新补贴的项目比其他项目更具有潜在的获利性。

第二节　研究意义

一、理论意义

现有研究对创新补贴与外部融资关系的研究方法较为单一，研究深度有待进一步挖掘，同时缺乏创新补贴对企业升级影响的深入探讨。因此，本书关于异质性创新补贴对外部融资和企业升级影响的研究，具有重要的理论价值。具体而言，本书的理论意义表现在以下三个方面：

（1）本书认为创新补贴的"证实作用"和"保障作用"降低了资助项目和企业的风险，这是创新补贴提高企业外部融资的根本原因，深化和拓展了创新补贴的信号作用理论。现有研究均以创新补贴的信号作用为依据，认为创新补贴向外传递了积极的信号，对外部融资具有线性提高作用。本书强调风险因素在创新补贴与外部融资关系中的重要作用。本书认为，一方面，创新补贴具有"证实作用"，即创新补贴的获得说明政府作为独立的第三方，认可了科技创新项目的质量，从而有助于吸引外部融资。另一方面，创新补贴具有"保障作用"，即创新补贴能够在一定程度上补偿项目失败造成的资金损失，保障债权人和投资者的权益，使其更愿意为企业提供资金。"证实作用"和"保障作用"只有将创新补贴资助项目或企业的风险降低至外部投资者可接受的范围内，才能够帮助企业获得更多的外部融资。本书从新的理论视角深化和丰富了创新补贴与外部融资关系研究的基础理论，更加客观地解释了我国企业所获创新补贴与外部融资的关系现状。

（2）基于资助项目的性质对创新补贴进行归类，弥补了创新补贴与外部融资关系研究中缺乏对创新补贴进行分类研究的空白，为现有创新补贴经济后果研究中结论不一致的现象提供了新的解释。目前国内外对创新补贴进行分类研究的成果并不多，且集中在创新补贴对创新投入和企业绩效影响的相关研究中，在创新补贴对外部融资影响的研究中，尚未出现对不同类型创新补贴进行实证研究的成果。本书以创新补贴所资助项目的性质为依据，充分考虑了资助项目的创新阶段和风险差异等因素，将创新补贴分为三类：研发类补贴、改进类补贴、其他类补贴，并认为不同类型的创新补贴对应项目的风险差异，造成其对于外部融资及企业升级的影响有所不同。本书以一个全新的视角对创新补贴进行分类，有助于丰富和完善创新补贴对外部融资影响以及创新补贴经济后果研究领域的相关理论。

（3）关于创新补贴对企业升级影响的研究，丰富了企业升级机制的相关研究，有助于拓展创新补贴与外部融资关系的相关研究。以往关于企业升级机制的研究中，尚无从微观企业层面实证研究创新补贴对企业升级影响的相关文献。本书研究创新补贴对企业升级的影响，丰富了政府行为对企业升级影响的相关研究，为企业升级机制研究提供了新的理论视角。另外，以往研究仅聚焦于创新补贴与外部融资的关系问题，或创新补贴的经济后果问题，缺乏对两类问题的整合研究。本书突破现有研究框架，关注创新补贴、外部融资与企业升级三者之间的关系，是对创新补贴与外部融资关系问题的进一步延伸和拓展，将创新补贴与外部融资、创新补贴与企业升级的研究纳入同一个研究框架。

二、现实意义

在加快建设创新型国家的背景下，企业的创新主体地位不断增强，然而，融资难问题是制约企业创新的主要障碍之一，创新补贴是政府帮助企业应对这一问题的重要工具。如果创新补贴能够充分发挥对外部融资的引导作用，便可以较少的财政资金，带动较多的社会资金进入企业，并有助于推动企业升级。可见，研究创新补贴对外部融资和企业升级的影响具有重要的现实意义。具体而言，主要表现在以下两个方面：

（1）本书为政府部门确定合理的创新补贴金额、减少财政资源浪费提供了一定的操作依据。本书认为如果创新补贴对外部融资的提高作用主要源于证实作用，则政府给予企业的创新补贴数量无须过多，便可为企业吸引较多的外部融资。如果创新补贴对企业升级的推动作用主要源于甄别效应，则甄选出的企业无须获得较多金额的创新补贴，也能够实现企业升级。因此，本书对创新补贴证实作用、甄选效应的机理研究以及实证检验，为政府相关部门确定合理的创新补贴金额提供参考，对避免财政资源浪费具有重要的现实意义。

（2）本书为政府部门优化创新补贴的资源配置提供参考。本书认为不同类型的创新补贴对于外部融资和企业升级的影响存在一定差异。对于可以帮助企业吸引较多外部融资的创新补贴类型，如改进类补贴，政府可考虑适当缩减该类补贴金额，让社会资金在企业的创新活动中发挥更加重要的作用，有助于避免创新补贴资金的浪费。对于无法帮助企业吸引外部融资，却对企业升级具有重要影响的创新补贴类型，如研发类补贴，政府应考虑适当加大该类补贴金额，以政府扶持方式为着力点积极推动企业升级。因此，本书对于政府相关部门优化配置创新补贴资源具有一定的参考价值。

第三节 主要研究问题

本书将创新补贴分为研发类补贴、改进类补贴、其他类补贴共三类，研究企业所获不同类型的创新补贴对于外部融资和企业升级的影响。具体而言，力图解决以下问题：

（1）创新补贴是否能够通过"证实作用"和"保障作用"帮助企业获得更多的外部融资？异质性创新补贴的"证实作用"和"保障作用"是否具有差异？异质性创新补贴对外部融资的影响是否有所差异？

为解决以上问题，本书首先阐述创新补贴"证实作用"和"保障作用"的理论界定和作用机理，重点分析风险因素在创新补贴"证实作用"和"保障作用"中的重要作用。随后，分析异质性创新补贴在"证实作用"和"保证作用"方面的差异，并据此分析和检验异质性创新补贴对于企业外部融资的不同影响。

（2）创新补贴对企业升级是否具有积极的推动作用？创新补贴推动企业升级的作用机理是什么？创新补贴推动企业升级的主要途径是什么？异质性创新补贴对企业升级的影响是否有所差异？

为解决以上问题，本书首先分析和检验创新补贴的"甄别效应"和"积累效应"，认为在两种效应的共同推动下，企业更有可能实现升级。其次，分析异质性创新补贴在"甄别效应"和"积累效应"方面的差异，并以此为基础分析和检验异质性创新补贴对于企业升级的影响差异。最后，探讨异质性创新补贴对于企业升级产生推动作用的主要途径。主要运用中介效应模型，检验异质性创新补贴是否能够通过提高企业创新投入进而推动企业升级。

（3）创新补贴、外部融资、企业升级三者之间是什么关系？具体而言，在创新补贴推动企业升级这一关系中，外部融资具有中介作用还是调节作用？对于异质性创新补贴，外部融资在不同类型的创新补贴与企业升级关系中的作用是否有所差异？

为解决以上问题，本书首先从理论上系统、充分阐述了创新补贴、外部融资和企业升级的关系，认为企业已有的外部融资差异会对创新补贴与企业升级关系产生影响，即外部融资具有调节作用。其次运用实际数据、回归方程予以检验。对于异质性创新补贴，本书分析并检验了在其与企业升级关系中，外部融资的作用差异。

第四节　研究内容与研究方法

为系统、深入地研究异质性创新补贴对企业外部融资以及企业升级的影响，本书将从七个章节展开分析，运用规范研究、实证研究等多种研究方法解决问题。

一、研究内容

本书为系统地阐述异质性创新补贴、外部融资和企业升级三者之间的关系，将研究内容分为七个章节，各章节的具体内容如下：

第一章：绪论。本章首先阐述本书的研究背景，包括理论背景和现实背景；其次，总结本书的研究意义，包括理论意义和现实意义；再次，对本书的主要研究问题予以列示；最后，说明本书的研究内容、研究方法和研究思路。

第二章：概念界定与文献综述。本章首先对本书研究中涉及的异质性创新补贴、外部融资、企业升级等核心概念予以界定；其次，对与本书研究问题相关的国内外文献予以系统的回顾和梳理。

第三章：理论基础与理论框架。本章首先论述了本书的理论基础：市场失灵理论、信号传递理论、熊彼特的创新理论、资源基础理论等；其次，基于理论基础，构建本书的理论框架，系统阐述异质性创新补贴、外部融资和企业升级三者之间的关系。

第四章：异质性创新补贴对外部融资的影响研究。本章研究不同类型的创新补贴对企业外部融资的影响差异，首先论述影响机理，并提出研究假设；其次通过实证研究方法予以验证。

第五章：异质性创新补贴对企业升级的影响研究。本章研究不同类型的创新补贴对于企业升级的影响差异，首先论述影响机理；其次提出研究假设；最后通过实证研究方法予以验证。

第六章：异质性创新补贴、外部融资与企业升级关系研究。本章将异质性创新补贴、外部融资、企业升级纳入同一个研究框架，系统分析三者之间的关系，并运用实证研究方法予以验证。

第七章：研究结论及建议。本章对本书的研究结果进行了详细的归纳和总结，并针对研究结论提出了具体的政策建议。

二、研究方法

本书将规范研究方法、实证研究方法有机结合，全面深入地研究异质性创新补贴、外部融资和企业升级之间的关系。各方法的具体应用说明如下：

（一）规范研究方法

规范研究方法主要解决经济活动"应该是什么"的问题（安岩和宋俊焘，2016）。本书对与创新补贴、外部融资和企业升级相关的国内外文献进行系统梳理，对市场失灵理论、信号传递理论、熊彼特创新理论和资源基础理论等予以全面整理，在此基础上分析创新补贴、外部融资、企业升级三者之间的关系，构建出异质性创新补贴对外部融资和企业升级影响的理论分析框架。

（二）实证研究方法

实证研究方法主要解决经济现象"是什么"的问题（安岩和宋俊焘，2016）。本书构建的异质性创新补贴对外部融资和企业升级影响的理论框架通过实证研究方法予以验证。具体包括以下内容：

（1）描述性分析和相关性分析方法。本书通过对异质性创新补贴、外部融资、企业升级、企业规模、资产负债率等各项变量的平均数、标准差、中位数等的统计分析，描述样本的总体特征。通过相关性分析方法考察异质性创新补贴、外部融资、企业升级等变量的相关关系，为后续的多元回归分析等奠定基础。

（2）多元回归分析方法。多元回归分析方法是本书运用的主要实证研究方法之一，在异质性创新补贴对外部融资的影响、异质性创新补贴对企业升级的影响、三者关系等部分，均运用多元回归分析方法进行检验。本书运用的多元回归模型包括线性回归模型和 Logit 模型。

（3）倾向匹配得分法。倾向匹配得分法通过匹配组与控制组的确定与比较，能够较好地解决数据偏差和混杂变量的影响。本书在检验异质性创新补贴对企业升级影响的稳健性检验中，运用该方法，以更全面地展现获得异质性创新补贴企业与未获异质性创新补贴企业在创新绩效与财务绩效方面的差异。

（4）中介效应分析方法。本书借鉴 Baron 和 Kenny（1986）、温忠麟等（2004）的中介效应模型，检验异质性创新补贴帮助企业实现升级的途径，即检验异质性创新补贴是否能够通过提高创新投入进一步提高企业升级的概率。

第五节　研究思路

本书以建设创新型国家战略为背景，首先基于实际问题和理论背景提出研究问题，并系统梳理与之相关的基础理论和国内外文献。其次，深入探究异质性创新补贴对企业外部融资的影响机理。再次，聚焦于异质性创新补贴对于企业升级的影响机理研究。最后，将异质性创新补贴、外部融资、企业升级纳入同一个理论框架，研究三者之间的关系。研究思路如图1-1所示。

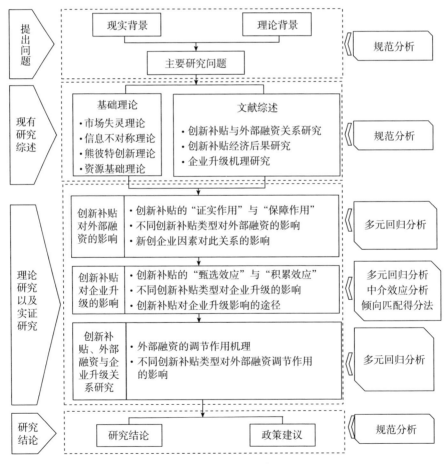

图1-1　研究思路

第二章 概念界定与文献综述

本章首先对主要概念予以界定，包括异质性创新补贴、外部融资、企业升级。随后，对现有国内外文献予以整理和分析，以期为后续理论框架的构建奠定基础。文献综述主要包括如下部分：①创新补贴与外部融资关系的相关文献；②创新补贴经济后果研究的相关文献；③企业升级机理研究的相关文献。

第一节 概念界定

本书涉及的主要概念包括异质性创新补贴、外部融资和企业升级。本节将对这几个概念在本书中的界定进行阐述。

一、异质性创新补贴

异质性创新补贴的核心是创新补贴，所谓异质性，本书中主要指种类的差异。因此，本书中涉及的异质性创新补贴，指不同种类的创新补贴。本小节首先界定创新补贴，随后对不同种类的创新补贴予以界定。

（一）创新补贴

创新在汉语词典中的意思是"创建新的"。创新的英文为"innovation"，在英文解释中包括两层含义：第一层含义强调"新"，包括新的观点、新的方法、新的发明等；第二层含义强调"引进或采用"，即引进或采用新的观点或新的方法等（周文娟和李包庚，2019）。

1912 年熊彼特在《经济发展理论》中提出了"创新"概念，认为创新是生产函数的变动或转移，即将新的生产条件和生产要素的"新组合"纳入生产体系，从而获取潜在利润的活动或过程。创新具体包括以下五方面内容：①引入一种新产品，即产品创新；②引入一种新的生产方法，即流程、工艺创新；③开辟一个新市场，即市场创新；④掠取或控制新的原材料，即供应链创新；⑤实现一种新的组织形式，即组织创新。

熊彼特的创新概念，不仅涉及技术创新，也涉及组织创新，但他强调把技术等要素引入经济，认为只有把新技术应用于经济活动中，才可以称之为创新（方在农，2006）。傅家骥（1998）认为技术创新是企业家抓住市场的潜在盈利机会，以获取商业利益为目标，重新组织生产条件和要素，建立起效能更强、效率更高和费用更低的生产经营方法，从而推出新的产品、新的生产（工艺）方法、开辟新的市场、获得新的原材料或半成品供给来源或建立企业新的组织，它包括科技、组织、商业和金融等一系列活动的综合过程。吴贵生（2002）认为，技术创新是技术的新构想经过研究开发或者技术组合，到获得实际应用，并产生经济效益、社会效益的商业化全过程的活动。可见，技术创新中的"技术"具有广义和狭义之分，广义的"技术创新"概念（如傅家骥的界定）与熊彼特的"创新"概念没有本质差异。之所以在创新前面加上"技术"二字，是因为技术创新是实现创新的主要形式（吴金希，2015）。

本书中的"创新"借鉴熊彼特（1912）、傅家骥（1998）的研究，认为创新指企业推出新产品、新生产（工艺）方法、开辟新的市场、获得新的原材料或半成品供给来源或建立企业新的组织形式，并取得经济、社会利益的商业化全过程活动。

本书中的"补贴"与"补助"含义相同，不做区分。目前关于政府补贴的定义，尤其是在会计学研究领域，应用较为广泛的是《企业会计准则第16号——政府补助》中对政府补助的界定。在这一准则中，政府补助指企业从政府无偿取得的货币性资产或非货币性资产，不包括政府作为所有者投入的资本。政府补助主要有两个特征：①政府补助来源于政府的经济资源。如果企业收到来源于其他方的补助，有确凿证据能够表明政府是补助的实际拨付者，其他方只起到代收代付作用，那么该项补助也属于来源于政府的经济资源。②政府补助的无偿性。即企业取得的来源于政府的经济资源，不需要向政府交付商品或服务等对价。

根据《企业会计准则第16号——政府补助》，政府补助具有以下四种形式：

①财政拨款，指政府无偿拨付给企业的资金，通常在拨款时明确规定了资金用途。②财政贴息，指为支持特定领域或区域发展，政府对承贷企业的银行贷款利息给予的补贴。③税收返还，指政府采用先征后返（退）、即征即退等办法向企业返还的税款。④无偿划拨的非货币性资产，如行政划拨的土地使用权、天然林等。由于财政贴息和税收返还在企业年报中的披露较为简略，无法准确辨认其是否为政府对创新活动给予的补贴，无偿划拨的非货币性资产较少用于企业的创新活动，因此，本书主要研究财政拨款形式的政府补助。

综上所述，借鉴前人研究以及《企业会计准则第 16 号——政府补助》，本书中的创新补贴指政府拨付给企业无偿使用的，用于资助企业推出新产品、新生产（工艺）方法、开辟新市场、获得新的原材料或半成品供给来源、建立企业新组织形式等活动的资金。

（二）异质性创新补贴

异质性创新补贴在本书中指不同种类的创新补贴。企业对创新活动的投入可分为研发投入和非研发投入，其中，非研发投入包括对技术改造、技术引进、消化吸收活动的投入（谢子远和黄文军，2015；李子彪等，2017）。本书以此为基础，结合企业所获创新补贴的实际情况，以创新补贴资助项目的性质为依据，将创新补贴分为三类：研发类补贴、改进类补贴、其他类补贴。各类创新补贴的界定如下：

（1）研发类补贴：指政府对企业技术、产品的研究与开发活动给予的补贴。该补贴所资助的研发活动位于创新链前段，存在大量的实验或探索性工作，获得实质性创新成果所需时间较长，风险较大。

（2）改进类补贴：指政府对企业的技术改进、推广、成果转化等活动给予的补贴。该类补贴资助项目位于创新链的中后段，是对已有技术或研发成果的改进或市场化，风险相对较低。

（3）其他类补贴：指无法归于以上两类的其他创新补贴。该类补贴主要包括两部分：①披露模糊以致无法准确分类的创新补贴，如收科技局款、科技项目经费、技术创新基金、科技专项、创新项目补贴等。②种类繁多的其他各种补贴，如科技人员补贴、技术标准专项资金、科技创新类保险企业补助、技术服务平台等。

二、外部融资

根据《新帕尔格雷夫经济学大辞典》，融资指为支付超过现金的购货款而采取的货币交易手段，或为取得资产而集资所采取的货币手段。可见，融资是资金的融通或调剂行为，对于企业而言，融资指企业通过各种方式或手段筹集资金的过程。

企业的融资有多种方式，按照资金来源，可分为内部融资和外部融资。内部融资是企业内部产生的资金，指企业通过经营活动及资金流转积累而形成的资金，包括企业经营活动创造的利润扣除股利分配后形成的留存收益、处置长期资产获得收益、经营活动中提取的折旧等（刘淑莲，2000）。外部融资指从企业外部筹措的资金。根据《管理学大辞典》，外部融资是企业通过资本市场或某些投资者筹集投资项目所需要的资金的行为。

根据资金性质，外部融资的主要方式可分为：债权融资、权益融资。债权融资指企业通过银行贷款、发行债券、商业信用票据、租赁等方式筹集的资金。权益融资指企业通过私募股权融资、公开发行股票等方式筹集的资金（崔琳琳，2021）。

借鉴上述研究，本书中的外部融资，指企业通过外部投资者、商业银行等外部渠道获得的资金，主要方式包括债权融资和权益融资。

值得注意的是，本书不将政府补贴列入外部融资的范畴，即本书中的外部融资不包括各项政府补贴资金。

三、企业升级

升级并不是绝对的，而是相对的概念，它往往与"价值"的获取相联系，而价值的获取往往来自创新，因此，升级往往被认为是创新，Giuliani 等（2005）将升级定义为通过创新来增加价值。但是，升级不仅应包括产品、工艺、流程等方面的创新，还应考虑整个产业与全球市场的关系，因此，升级往往和产业升级联系到一起。产业升级的相关研究多集中于从全球价值链及其治理关系探究某一国家或某一产业、集群的升级问题。

本书聚焦于企业升级。因为产业升级最终要归结到企业层面，企业是实现升级的真正主体，没有企业升级就没有产业升级（温辉，2011；张永庆和邢浩，2015）。

许多研究从不同角度对企业升级予以界定。Gereffi（1999）、唐春晖（2015）认为，企业升级是使企业迈向更具获利能力的资本和技术密集型经济领域的过程，同时也是使企业从事更高技术含量经济活动的能力得到增强的过程，其实质就是实现更高附加价值的企业能力的提升。姜劲和孙延明（2012）认为，企业升级是制造商成功地从生产劳动密集型低价值产品向生产更高价值资本或技术密集型产品的角色转换的过程。

有许多研究认为仅从劳动密集型转为资本密集型角度界定企业升级的观点较为片面（李林木和汪冲，2017）。Pietrobelli 和 Rabellotti（2009）认为，企业只要通过创新，提高了产品和服务的附加值，在产业链和价值链上的位置得到提升，则无论它是资本密集型企业还是仍然为劳动密集型企业，它就是成功升级的企业。许多学者从更为全面和综合的角度界定企业升级。Reeg（2013）从质和量两个方面更为全面地界定了企业升级，他认为企业升级包括质、量两方面，其中，"质"指企业创新，包括产品、工艺流程、生产组织方式方面的质的改进；"量"指企业的成长状况，包括企业生产能力、利润、营业额、资产、就业方面的可持续增长，其中企业质的改进是企业获得长期增长和竞争力的最终决定力量。Kaplinsky 等（2001）认为，企业升级指企业生产更好的产品，或更有效地生产产品，或从事需要更多技能的活动。

本书借鉴 Pietrobelli 和 Rabellotti（2009）、Reeg（2013）的研究，认为企业升级是企业提高产品和服务的附加值，使企业在产业链和价值链上的位置得到不断提升的过程。

从企业绩效角度分析，企业升级可以认为企业绩效的不断提升，是从较低绩效层级上升至较高绩效层级的过程。由于企业绩效可分为创新绩效和财务绩效（韩晨和高山行，2018），因此，本书将企业进一步升级划分为企业的创新绩效升级和财务绩效升级两个维度。

第二节　文献综述

本节从创新补贴与外部融资关系、创新补贴经济后果研究、企业升级机理研究三个方面论述国内外研究现状，并对现有文献的局限性予以评述。

一、创新补贴对外部融资的影响研究

外部融资是企业从外部渠道获得的资金，外部投资者对企业的了解有限，存在信息不对称问题。创新补贴作为一种信号，能够缓解信息不对称问题，帮助企业获得更多的外部融资。

（一）创新补贴对外部融资的影响机理

最早对创新补贴的信号作用进行深入研究的是 Lerner（1999）。他以美国获得 SBIR（小企业创新计划）的企业为研究对象，对获得 SBIR 的资助与获得风险投资之间的关系进行检验。Lerner 发现，获得 SBIR 资助的企业具有更好的业绩，并容易获得外部风险投资，说明 SBIR 资助在证明企业的质量和项目的优势方面，起到了积极的作用，缓解了信息不对称问题。Narayanan 等（2000）也持类似观点，认为创新补贴作为一种信号，能够为投资者提供更多信息，缓解信息不对称问题。他们发现，如果企业在研发项目公告中自愿披露政府的资助，研发项目将会在创新和商业化阶段具有更多的增量信息，有助于企业获得外部融资。

许多研究进一步探讨创新补贴能够缓解信息不对称的原因。Feldman 和 Kelley（2006）认为，获得创新补贴会产生"光环效应"，特别是当授予创新补贴的政府机构具有较高的水准并在科学的正直性方面拥有较好的信誉时。当政府对项目的评估涉及商业潜能，而不仅仅是政府自身对技术的应用时，其他投资者会觉得获得创新补贴的项目比其他项目更加具有潜在获利性。Meuleman 和 Maeseneire（2012）以比利时企业为研究对象，细致研究创新补贴是否使中小企业更易于获得外部融资，以及创新补贴对于不同融资类型的影响。研究发现，获得创新补贴向私人投资者提供了有价值的信息，使中小企业更易于获得融资机会。具体而言，获得创新补贴可以提高企业获得长期贷款的可能性。对于权益融资，只有在刚开张的企业中才能发现创新补贴的这一正面信号作用。

在我国，对于创新补贴对企业外部融资影响这一问题，近几年才被关注。郭晓丹和何文韬（2011）以战略性新兴产业上市公司为样本，研究创新补贴的信号作用，发现创新补贴的信号效应能够提高企业获得来自银行和社会投资者投资的可能性，但是，总体而言，战略性新兴产业的创新补贴并未充分体现出信号效应、发挥其引导产业投资的作用。傅利平和李小静（2014）同样以战略性新兴产业上市公司为研究对象，发现政府补助起到了明显的信号传递作用，有助于企业债务融资和风险投资的增加，缓解了企业的融资约束。高艳慧等（2012）以我国高科技产业为样本研究政府的创新补贴对融资约束的影响，研究发现，创新补贴有助于高新技术企业获得更多的银行贷款，而且当企业为非国有企业以及企业所在地区市场化程度较低时，创新补贴对于获得银行贷款的促进作用更大。孙雪萍

（2014）也以高科技产业为研究对象，发现创新补贴有助于企业获得金融机构贷款，但是在国有企业和市场化程度较低的地区，创新补贴对于金融机构贷款的引导作用并不显著。吴莉昀（2019）检验了政府补贴对于中小企业融资约束的影响结果和作用机制，发现财政补贴有助于缓解中小企业的融资约束，且财政补贴与税收优惠在缓解中小企业融资约束的作用上存在显著差异，财政补贴因其传导机制更为直接，对于中小企业融资约束的缓解效果更好。

近年来我国学者对这一问题继续深入研究，并取得了丰富的研究成果。李骏和万君宝（2019）选用 Amihud（2002）构建的非流动性比率来衡量信息不对称水平，研究结果表明研发补贴能够显著缓解企业与外部投资者之间的信息不对称问题，信号效应是研发补贴影响企业融资约束的重要传导机制，即企业通过研发补贴向外传递技术能力的正面信号，降低了企业与外部投资者之间的信息不对称问题，使企业融资约束得以缓解。刘任重和杜婧修（2022）也以非流动性指数衡量信息不对称水平，通过构建双向固定效应模型发现，政府补贴能够有效缓解资本市场存在的信息不对称问题，而且当将政府补贴与信息不对称水平两个变量作为调节变量加入识别融资约束的现金——现金流敏感性模型中后，政府补贴能够释放积极信号，降低企业经营现金流的敏感度，为企业吸引更多的外部社会资源，缓解企业的融资约束问题。

许多研究运用多种方法研究创新补贴与外部融资关系。Kleer（2010）、Takalo 和 Tanayama（2010）通过构建理论模型的方法，阐释了创新补贴对于企业外部融资的影响。Kleer（2010）构建了研发补贴与银行贷款之间的均衡模型，检验银行、企业与政府代理之间的信息不对称问题。政府审查企业的 R&D 项目，并决定是否对企业授予补助，而银行会观察这一信号，从而决定是否向企业贷款。他们研究发现如果研发补贴只是能区分基础研究项目和应用研究项目，那么研发补贴的信号作用对于银行的投资决定没有任何帮助。但是，如果创新补贴增添了质量信号，则会提高或者改善企业可获得的私人投资。Takalo 和 Tanayama（2010）研究基于融资约束的逆向选择情况下，创新项目的私人投资与政府资助之间的关系。他们认为，政府的创新补贴是基于对创新项目的事前筛选并有选择性地授予，这一筛选或选择授予的过程能为以市场为基础的融资者提供有价值的信息，因此，创新补贴能够缓解科技型企业的融资约束。

（二）不同种类创新补贴对外部融资的影响

有研究进一步将创新补贴予以分类，研究不同种类创新补贴对企业外部融资的影响。Kleer（2010）将创新补贴分为"基础研究项目补贴"和"应用研究项目补贴"，并运用信号作用理论模型，阐述如果创新补贴仅区分为基础研究项目补贴和应用研究项目补贴，那么创新补贴信号对于银行的投资决策没有帮助。Kleer（2010）仅从理论层面对科技创新补贴进行分类，并没有运用实际数据进行检验。

在我国，刘传宇和李婉丽（2020）以创新补贴的投放用途为依据，将创新补贴划分为技术研发类、技术改进类、成果转化类、专利及奖励类、其他类共五类，认为不同类型创新补贴对于外部融资的影响有所差异，具体而言，技术改进类补贴对债权融资和权益融资均具有显著的提高作用，成果转化类补贴仅对权益融资具有显著的提高作用，其他种类补贴对于外部融资的提高作用均不显著。高雨辰等（2021）将政府补贴分为研发补贴和非研发补贴，发现两种补贴均可以促进企业的长期债务融资。

（三）创新补贴与外部融资关系的影响因素

许多研究考察影响创新补贴与外部融资关系的因素。史伟和霍丽（2014）发现产权性质和盈利情况会影响政府补贴与企业外部融资的关系，非国有企业和盈利企业所获政府补贴对于外部融资的提高作用更为显著。孙雪萍（2014）通过实证分析发现，在行业层面，企业规模、行业的技术水平对企业创新补贴的信号作用产生积极影响，但是，所有权特征却会弱化创新补贴的信号作用。而在地区层面，当该地区的国有企业比重较高或市场化程度较低时，创新补贴对于金融机构贷款的引导作用并不明显。刘任重和杜婧修（2022）检验不同产权性质、不同区域以及不同行业因素对政府补贴信号作用的影响差异，发现非国有企业、西部地区和非制造业企业所获政府补贴能够更为有效地缓解企业的融资约束。高雨辰等（2021）研究企业数字化因素在政府补贴和外部融资关系中的作用，发现数字化可以正向调节政府补贴对企业长期负债融资的正向影响，政府的研发补贴则可以加强企业数字化对企业短期负债融资的促进作用。吴莉昀（2019）发现，处于成长期、经营绩效欠佳、国有化程度低的中小企业所面临的融资压力更大，政府补助能够更为有效地缓解这些企业的融资约束。

（四）创新补贴与外部融资的非线性关系

有研究认为创新补贴与企业外部融资并非简单的线性关系。史伟和霍丽（2014）认为，政府补贴与债务融资和权益融资存在"倒 U 形"关系，随着企业所获政府补贴占行业补贴的比例不断上升，债务融资和权益融资的数量均呈现先上升后下降的趋势。主要包括两方面：一方面，政府补贴向外界传递了企业的利好消息，增加了企业获得外部融资的机会。另一方面，政府补贴的目的较为多元，再加上企业"寻补"现象的存在，使政府补贴可能会给予"低质"企业，因此不会提高企业获得外部融资的可能性。刘传宇和李婉丽（2020）运用门槛回归分析方法，以创新补贴数量作为门槛变量，研究创新补贴对民营企业外部融资的影响。研究发现，当创新补贴小于一定门槛值时，创新补贴能够充分发挥其对于项目质量的证实作用，为企业吸引较多的外部融资；当创新补贴大于一定门槛值时，创新补贴的证实作用边际递减，使创新补贴对外部融资的提高作用大幅下降。

有学者从外部融资的中介效应角度研究外部融资在创新补贴与创新投入、创新补贴与企业价值关系中所起的作用，认为创新补贴能够通过提高企业的外部融资水平进而提高企业的创新投入或促进企业成长等。王刚刚等（2017）运用倾向得分匹配模型，认为创新补贴对企业研发投入的额外激励效应的作用机制主要通过"非主动性"的外部融资机制激励来实现，创新补贴能够有效发挥激励效应高度依赖于企业的外部融资行为，如果企业创新活动的融资来源不是外部融资，创新补贴的激励效应很难通过外部融资激励机制影响企业的创新投入，激励效应也会相应地减弱甚至不存在。也就是说，创新补贴对创新投入的激励效应高度依赖于企业的外部融资行为。刘传宇（2018）运用门槛回归模型，得到类似结论，发现当创新补贴的数量低于企业总资产的 0.07% 时，创新补贴能够有效提高企业的外部融资数量，并以外部融资为中介，进一步促使企业提高对创新活动的资金投入。孙一等（2021）以中小企业为研究样本发现，外部融资在政府补贴与中小企业成长的关系中发挥完全中介作用。中小企业难以仅依靠政府补贴支持创新活动，需向外部寻求资金。政府补贴可作为权威性认证辅助中小企业获得更多的外部融资，而外部融资的成本高于内部融资成本，进而促使企业充分利用可得的投资机会，优化公司治理机制，进而提高企业价值。

二、创新补贴经济后果研究

现有关于创新补贴经济后果的国内外研究中，关于创新补贴对于创新投入的影响问题、创新补贴对于企业绩效的影响问题一直是研究的热点，取得了丰富的研究成果，但研究结果并不一致。

（一）创新补贴对创新投入的影响

创新补贴是否能够提高企业的创新积极性，激励企业增加对创新活动的投入，一直是学术界关注的重点问题。这是因为根据市场失灵理论，市场失灵的存在使私人企业的创新积极性降低，全社会的创新投入低于最优创新投入水平，此时，需要政府为企业提供创新补贴（Wallsten，2000；Arrow，1962；Dimos and Pugh，2016）。可见，提高企业的创新积极性、激励企业增加创新投入是创新补贴的主要目的之一。

现有研究成果在这一问题上存在两种观点。一种观点认为，创新补贴对于企业的创新投入具有"激励效应"。即获得创新补贴的企业将在创新活动上投入更多的资金。另一种观点认为，创新补贴对于企业的创新投入具有"挤出效应"。即获得创新补贴的企业对于创新活动的资金投入有所降低。

持有"激励效应"观点的学者利用各国数据、运用不同的方法、从不同的角度对这一问题展开研究。Mansfield 和 Switzer（1984）首次从微观企业层面研究政府补助对于企业创新投入的影响，他们发现尽管公司间存在差异，但是平均而言，政府的资助与企业的创新投入存在互补性，对于三分之一的政府资助项目，政府建议企业投入自有资金进一步持续开展。Hussinger（2008）运用两阶段模型，研究创新补贴对德国制作企业创新投入的影响，发现创新补贴增加了企业的创新投入，但是公司规模和位置（东德与西德）对这一关系具有一定影响。Brautzsch 等（2015）对德国的研究进一步发现，即使是在 2008~2009 年的经济危机时期，创新补贴仍然具有激励作用，大约三分之二的创新项目成本由企业自己承担。Binelli 和 Maffioli（2007）运用固定效应模型，研究阿根廷企业通过 FONTAR（Fondo Tecnologico Argentino）计划获得的资助与企业私人创新投入之间的关系。研究发现，每增加 1% 的 FONTAR 资助，企业每年将会在创新投入方面增加 547.6 比索。Levy（1990）运用九个 OECD 成员国的数据进行研究，发现其中五个国家的创新补贴对企业创新投入具有激励效应，两个国家的创新补贴对企业创新投入具有明显的挤出作用，可见，具有激励效应的国家更多。

国内的许多研究也持"激励效应"的观点，认为创新补贴能够促进企业的创新投入。Hu（2001）以北京市海淀区的高新企业为研究对象，发现企业的创新投入与政府的创新补贴之间存在统计与经济意义上均显著的互补关系，每提高 1% 的创新补贴，会使企业增加 1.58% 的创新投入。但是，研究也发现这一互补关系在私有制企业组中并不显著。朱云欢和张明喜（2010）认为，创新补贴能够降低企业创新活动的风险，从而使企业增加对创新活动的投入。具体而言，创新补贴对于创新投入的诱导系数是 1.285，即如果企业获得了 1 元的创新补贴，那么，企业会对创新活动投入 1.285 元的资金。郑绪涛（2009）认为，政府的直接资助能够激励企业的创新投入。但是，现有的科技政策存在相互替代的作用，其中的一种政策会弱化另一种政策对于企业创新投入的激励作用，因此需要对现有的科技政策进行协调。

另外，许多研究考察行业、规模、产权性质等因素对于创新补贴激励效应的影响。白俊红（2011）采用分行业的大中型工业企业数据，研究创新补贴对于技术创新的影响。研究发现，创新补贴对于创新投入具有显著的激励效应，而且当企业的知识存量较大、规模较大、所处行业的技术水平较高时，创新补贴对于企业创新投入的激励作用更加明显。但是，当国有产权比例较高时，创新补贴对于企业创新投入的激励作用则较差。洪嵩（2015）以高科技产业为样本，发现大中型企业获得的创新补贴对创新投入具有显著的"激励效应"，航空航天器制造业和医药制造业企业获得的创新补贴对创新投入具有显著的"激励效应"。姜宁和黄万（2010）发现，我国高科技行业获得的政府补贴对于企业的创新投入具有正向激励作用，但是这一激励作用存在一定的滞后期。程华和赵祥（2008）认为，创新补贴对于滞后一年的创新投入具有显著的正向提高作用。另外，企业的规模越大，创新补贴对于企业创新投入的激励作用越明显；政府的创新补贴强度越大，创新补贴对于企业创新投入的激励作用越明显；研发强度较低的企业所获创新补贴对企业创新投入的激励作用越明显。张兴龙等（2014）以医药上市企业为样本，考察了创新补贴方式对于企业创新投入的影响，并将创新补贴分为事前一次性补贴、补贴率方式补贴、事后奖励方式补贴及其他补贴四类，对这四类创新补贴和创新投入的关系进行了研究。结果显示，只有补贴率方式和事后奖励方式对创新投入具有显著的提高作用，其他各类补贴对于创新投入不存在显著影响。而且对于国有企业，所有类型的创新补贴均对企业的创新投入没有影响。

也有研究持有"挤出效应"观点，认为企业获得创新补贴后，会减少私人的创新投入。Wallsten（2000）认为，即使企业没有获得政府的创新补贴，仍然会从事创新活动。因此，政府的创新补贴并没有提高企业的创新投入，并且对就业的增长也没有促进作用。Higgins 和 Link（1981）也认为，创新补贴对企业的创新投入具有挤出效应，而且这一挤出效应是由于创新补贴的增加扩大了社会对相关资源的需求量，需求量的上升导致资源价格上升，于是企业从事创新活动的成本增加，最终导致企业创新投入的减少。Carmichael（1981）运用资本资产定价模型框架研究创新补贴对于企业创新投入的影响。研究发现，政府 1 美元的创新补贴会挤出 8 美分的企业私人创新投资。Simachev 等（2015）研究了俄罗斯政府对企业创新的资助效果，也发现创新补贴与税收优惠均对企业的创新投入产生挤出效应。

国内许多研究也持"挤出效应"观点。戴晨和刘怡（2008）比较了税收优惠和财政补贴政策对我国企业创新活动的影响，发现税收优惠对企业创新投入具有显著的激励作用，财政补贴政策对于企业创新投入却不具备显著的激励作用，无法有效激励企业提高创新投入。所以，政府应以税收优惠为主、财政补贴政策为辅，推动企业创新。Yu（2016）以我国可再生能源行业为样本，发现创新补贴对企业的创新投入具有明显的挤出效应，且企业所有权属性在创新补贴与创新投入之间具有调节作用。吕久琴和郁丹丹（2011）的研究也发现我国政府的创新补贴对当年及下一年的企业创新投入均具有显著的挤出效应。

（二）创新补贴对企业绩效的影响

创新补贴对于创新投入的影响，是创新补贴进入企业后与其关系较为密切的一个研究领域，但是，无论创新补贴对于创新投入的影响是"激励效应"还是"挤出效应"，它只是一个手段，最终的落脚点应该放在创新补贴通过创新活动到底对企业的绩效是否具有提高作用上，因为这才是企业的最终目标。因此，研究者们在关注创新补贴对于创新投入的影响的同时，也十分关注创新补贴对于企业绩效的影响。

创新补贴有助于解决市场失灵带来的创新投资不足问题，进而有助于推动企业的创新活动，进而提高企业绩效，许多学者的研究都证实了这一观点。Lerner（1999）检验了美国的 SBIR 项目对于高科技公司的长期业绩的影响。通过与未获得该补助的对比组进行比较，发现获得 SBIR 的公司具有更高的员工增长率和销售增长率。Girma 等（2007）考察了爱尔兰的政府补助对于企业生产率的影响，研究发现，创新补贴可以提高企业的全要素生产率。Colombo 等（2011）研究了意大利政府的创新补贴对于新技术企业的绩效影响，研究发现，以竞争为基础获得的创新补贴有助于企业绩效的提高。Branstetter 和 Sakakibara（1998）研究了日本的研究联盟对企业的补助情况，发现获得创新补贴使联盟成员产生更多的专利，即研究项目更加富有成效。Kang 和 Park（2012）以韩国的生物科技企业为研究对象，将合作形式划分为上游合作和下游合作两类，研究发现政府的创新补贴对企业间合作的支持有助于企业获得更好的创新成果，而对上游合作的支持获得的成效更大。

我国的许多研究也认为创新补贴有助于企业绩效的提高。刘德胜和张玉明（2010）认为，创新补贴与企业绩效的关系不明显并不能说明创新补贴效率低下，这可能是由创新补贴与企业绩效的间接关系造成的，他们的研究认为，我国政府的创新补贴是通过刺激中小企业创新投入，间接提高企业绩效。胡永健和周寄中（2009）研究了创新基金对于科技型中小企业创新活动的影响，认为创新基金对于企业创新活动有明显的促进作用。研究发现，政府的创新补贴对企业利润的增加起到了积极的促进作用，但销售额变化影响不大。总体而言，创新补贴降低了企业的创新成本，对企业的经济效益具有直接的促进作用。白俊红和李婧（2011）、白俊红（2011）认为，创新补贴可以弥补企业的资金缺口，降低研发成本，增强企业抵御风险的能力，同时也增强了企业参与创新的积极性，有助于企业更有效地从事创新活动，从而显著提升企业的创新效率，推动企业新产品销售收入的提高，并且当企业的知识存量较高、规模较大时，创新补贴对销售收入的提高效果更好。

　　许多研究认为创新补贴没有达到推动企业绩效的目标。Klette 和 Moen（1999）研究了挪威政府对于 IT 业资助的效果，研究显示，即使大量的创新补贴被给予，在同一行业内，获得补贴的公司与没有获得补贴的公司没有显著差异，被资助的行业与其他行业相比没有任何出色的表现，与 OECD 国家的同一行业相比，也没有过人之处。因此，他们认为政府资助 IT 业的努力是失败的。Werner（2004）以西德制造业企业为研究对象，探讨创新补贴对于企业绩效的影响，研究发现政府的创新补贴对于企业生产率的提高并没有显著影响。Simachev 等（2015）研究了俄罗斯政府对企业创新的资助效果，发现政府对于创新活动的资助除了对企业出口有提高作用外，对于其他的企业绩效指标（销售收入、新产品产出）均没有显著影响。但是，直接的创新补贴对企业绩效的正面影响大于优惠的税收政策对企业绩效的正面影响。另外，也有研究认为创新补贴对企业绩效的影响并不是简单的线性关系。Jorge 和 Suarez（2011）认为，创新补贴与企业的无效率存在曲线关系，随着创新补贴规模的增加，公司的无效率水平逐渐上升至某一点，随后又开始下降。他们认为，西班牙的制造企业中有 85% 处于创新补贴规模与企业无效率的上升阶段。

　　在我国，也有研究认为创新补贴对企业绩效的提高作用并不明显。Hu（2001）以北京市海淀区的高新企业为研究对象，发现创新补贴对企业生产率的影响是负的，而且是不显著的，且国有企业把创新活动转化为生产率的效率更低。朱平芳和徐伟民（2003）以上海的大中型企业为研究对象，也得出了类似的结论，他们发现政府对企业的创新补贴并没有对其专利产出产生显著影响，并指出原因可能是与创新补贴的约束机制不严，以及我国政府对企业的研发活动不够重视有关。Peng 和 Liu（2018）将政府补贴分为事前政府补贴和事后政府补贴，以中国清洁能源行业 58 家上市公司为样本，运用调节效应模型分析发现，政府事前补贴对研发投资与创业型企业成长的关系具有负调节作用，事后政府补贴对研发投资与创业型企业成长之间的关系具有正向调节作用。

我国的许多研究基于我国国情，探究创新补贴对国有企业和民营企业绩效的影响差异。王一卉（2013）认为，虽然整体而言，创新补贴对于提高企业创新绩效具有积极作用，但是，在国有企业中，创新补贴的增加则会引起企业创新绩效的下降。许国艺等（2014）、杨洋等（2015）也得到类似结论，认为创新补贴对民营企业创新绩效的促进作用更大。

为深入探究创新补贴对企业绩效的影响，许多研究考虑引入其他因素，以验证这些因素对创新补贴资助效果的影响。白俊红（2011）考虑企业的知识存量、企业规模、行业特征及产权类型四个因素，发现知识存量和企业规模对于创新补贴效果的促进作用比较显著。朱云欢和张明喜（2010）考虑了企业规模、市场销售情况、企业过去已积累的技术与知识、行业因素。胡卫（2007）认为，资助规模、资助政策的稳定性、企业的技术专有性均会对创新补贴的资助效果产生影响。许治等（2012）考虑了市场集中度、项目风险改善程度、行业技术特征三个因素。

三、企业升级机理研究

改革开放以来，我国经济持续高速发展，但是，随着资源约束趋紧，人力成本提升，竞争优势有所减弱，依靠低成本的粗放型、低效率增长模式已不可持续，迫切需要转变为高质量发展模式。企业升级是使企业迈向更具获利能力的资本密集型和技术密集型领域的过程，是使企业能力得到增强的过程，因此，企业升级的机理研究对于我国经济的高质量发展尤为重要。

（一）企业升级的模式

许多研究考察了企业升级的模式或类型。Gereffi（1999）认为，后进国家应通过以下途径实现企业升级：①进口投入的组装；②增加当地生产和采购；③设计其他公司品牌的产品；④在内部和外部市场销售自有品牌商品。Humphrey 和

Schmitz（2000）认为，企业升级包括流程升级、产品升级、功能升级和跨部门升级四种形式。流程升级指通过重组生产系统或引进先进技术，更有效地将投入转化为产出；产品升级指进入更复杂的产品线（可以用增加的单位价值来定义）；功能升级指获取新功能（或删除现有功能），以增加活动的整体技能内容；跨部门升级指集群企业进入新的、价值更高的生产领域。对于跨部门升级，Kaplinsky 和 Morris（2002）称为链条升级。彭伟和符正平（2014）解释链条升级为基于原有价值链条基础上的多元化。

许多研究基于我国国情，探讨我国企业升级的模式。姜劲和孙延明（2012）认为企业升级包括三种类型：流程升级、产品升级和功能升级。流程升级指通过更高技术的引入或者对生产系统的重组来提高企业输入输出转化的效率，可通过增加内部流程的效率来实现，如减少废料、增加库存周转、实现多品种小批量高频率的配送等。产品升级指引入新产品，或者对原产品予以改善，或对产品开发流程进行变革，从事更加复杂产品的生产，增加产品的单位价值。功能升级指通过增加所从事活动的各种附加价值，例如，专注核心业务而把物流等职能进行外包，或转变核心业务职能，例如从以制造为主变为以研发为主等。

（二）基于全球价值链的企业升级

许多研究基于全球价值链（Global Value Chain，GVC）考察企业升级。Kaplinsky 和 Morris（2002）认为全球价值链指在全球性的跨企业网络组织中，企业在生产经营过程中发生的各项行为，如产品研发、产品的生产加工、企业的品牌营销以及售后服务等活动。UNIDO（联合国工业发展组织）认为全球价值链是散布于全球的、处于全球价值链上的企业进行从设计、产品开发、生产制造、营销、出售、消费、售后服务直到最后循环利用等各种价值增值活动（黎红萍，2019）。

全球价值链的治理模式对企业升级具有影响。Humphrey 和 Schmitz（2000）将全球价值链治理模式分为网络性、准科层级和科层级三种类型。其中，网络型指企业基于互惠式依赖合作，根据竞争力特点占据价值链中的不同环节。准科层型指企业可对其他企业实施控制。科层型指领导企业对其他企业的直接股权控制。Gereffi 等（2005）确定在决定全球价值链治理和变化方面发挥重大作用的三个变量：交易的复杂性、对交易进行编码的能力、供应商的能力，并以此为基础产生了五种类型的全球价值链治理模式：层级、约束、关系、模块和市场，体现了合作与权力不对称的高层次到低层次。黎红萍（2019）总结了企业在不同阶段的四种典型 GVC 切入模式：标准参与、紧密追随、追随承接、代工。同时发现，企业由代工升级到追随承接模式需要提高模仿创新能力，而追随承接升级到紧密追随模式需要提高产品开发能力和品牌管理能力，紧密追随模式若想占据微笑曲线的最右端则需要加强自主创新能力。毛蕴诗和郑奇志（2016）认为，全球价值链的主导者从发达国家企业转变为新兴经济体优秀企业，主要的内外部驱动因素包括：全球价值链高端存在巨大利润空间、新兴经济体自身巨大的市场空间及其企业家精神与创新驱动，另外，企业存在多种转型升级路径，从价值链低端向品牌营销、研发设计等高端环节延伸，从而提升原本生产制造环节的附加值。

（三）基于产业集群的企业升级

产业集群的概念是波特较早提出的，并被学术界广泛应用。波特（2003）认为，产业集群指某一领域的企业或机构在地理上相邻、互相连接、彼此共通。产业集群的主要特点是：①集群中的企业的地理位置相对集中。②集群中的企业集中于有限的产品或生产过程。③集群中的企业以正式或非正式的方式协作，形成关系网络。④集群中的企业间存在技术外溢。⑤集群中的企业深深嵌入当地的经济、社会、文化（陈燕，2017）。

从产业集群角度，主要研究企业间的学习、互动、合作以及当地治理对于企业升级的影响（温思雅，2015）。符正平和彭伟（2011）研究集群企业社会网络特征对企业升级的影响，发现集群企业在网络占据的中心性位置对产品升级、流程升级有显著的正向影响；集群企业所建立的产学研合作网络及产业内部网络的关系强度越强，越有利于实现产品升级与流程升级，集群企业所建立的服务中介网络的关系强度对其产品升级、流程升级并没有显著的影响。

有研究认为产业集群只关注集群内企业间的关系，忽视了集群与外部的联系，把产业集群和全球价值链相结合会更有利于企业升级。Pietrobelli 和 Rabellotti（2004）分析了将产业集群嵌入全球价值链的方式，如吸引价值链上的领导企业、促进当地供应商的升级、加强与价值链的关联度、创造进入新市场和新价值链的通道、帮助中小企业达到国际标准等。李飞星和罗移祥（2013）构建了网络能力的理论模型，以全球价值链治理为调节变量、资源获取为中介变量，使用层级回归方法探讨全球价值链治理对企业网络能力和竞争力的影响机理与影响路径，研究认为企业可以通过提高企业网络能力、嵌入全球价值链条、接受国际主导企业的治理标准、采取相应的升级模式逐步实现企业在全球价值链上的升级。

（四）企业升级的主要途径

许多研究考察企业升级的路径。Amsden（1989）认为，处于新兴工业化国家或地区的企业，实现企业升级的路径是：委托代工制造（OEM）—研发设计（ODM）—建立自主品牌（OBM）（唐辉亮和施永，2011）。毛蕴诗和吴瑶（2009）提出了企业升级的七种路径：替代跨国公司产品，提升企业技术实力；通过技术跨越，直接进入先进技术领域；跨越多重技术领域的嫁接，实现产品功能技术的交叉；从 OEM 到 ODM 再到 OBM 的多种方式组合（OEM-ODM-OBM；OEM-ODM-OBM 的变形与扩展；混合路径）；以产业集群、园区为载体促进企业升级；国内市场的天生 OBM 企业；通过技术积累，带动企业升级。

创新与企业升级紧密联系，且创新是实现企业升级的重要途径，这一观点已得到广泛的认可。Kaplinsky 和 Morris（2002）认为，应把创新放在一个相对的背景下予以讨论，即只有当企业的创新速度比竞争对手快时，才能够实现企业升级。孔伟杰（2012）认为，企业的创新能力是企业转型升级的最关键因素，创新能力越强的企业越倾向于转型升级。企业规模对企业转型升级具有正向促进作用，并且通过规模分组的比较，发现中型企业更倾向于转型升级。许泱和徐朝辉（2021）发现创新对企业升级具有积极的推动作用，且随着时间的推移，创新对企业升级的推动作用呈动态优化趋势，公司治理水平在创新与企业升级关系中具有调节作用，较高的治理水平有助于促进创新对企业升级的推动作用。

现有研究从不同角度分析创新对于企业升级的重要性。包玉泽等（2009）在对企业技术能力研究相关文献整理的基础上，对全球价值链背景下企业升级的本质予以探讨，并认为基于企业技术能力视角的研究应该坚持创新观点，把企业升级过程看作是价值链上的企业通过一系列技术积累活动逐步获得技术能力的过程，而在这个过程中，创新能力的获取是问题的关键。刘锦英和徐海伟（2022）认为，企业转型升级的本质在于创新，而其中的关键在于选择合适的升级路径。他们从技术创新与价值创新耦合视角探讨中国企业转型升级的路径，并认为企业转型升级路径可分为技术创新独占型、技术创新与价值创新并列型、价值创新独占型、价值创新引领型、技术创新引领型及技术创新与价值创新并进型共六种类型。

组织学习也是推动企业升级的重要途径。Kaplinsky 和 Morris（2002）认为，全球价值链上的供应链学习能够推动企业的流程升级，而企业内部的各职能部门间的学习，以及对供应商、客户的学习则有助于推动产品升级。姜劲和孙延明

（2012）认为，组织学习是代工企业技术能力提升，进而实现企业升级的必要途径。他们认为组织学习包括组织内部学习和组织外部学习，组织学习的过程包括外部知识获取、组织内部知识处理以及组织内部知识运用。代工企业通过从所处环境（与协作伙伴建立长期的关系）中获取知识，并与组织内部知识分享和运用，实现技术能力提升，从而达到企业升级的目标。

许多学者从组织学习的不同角度，如集群间学习、出口学习等角度研究组织学习对企业升级的重要作用。Grabher 和 Ibert（2006）认为，企业基于集群网络的合作交流、人际互动等学习方式对集群企业的创新及其转型成长有着决定性作用，也就是说，集群网络学习对于促进企业的技术能力和推动企业升级都具有重要作用（李慧巍，2013）。周云和唐晓（2016）研究出口学习能力对制造业企业转型升级的影响，以及学习能力影响制造业企业转型升级的内在作用机制，他们发现：出口学习能力对制造业企业升级具有积极影响；出口学习能力通过"技术创新效应"促进企业升级；"技术创新效应"存在规模差异，规模较小企业的"技术创新效应"显著大于规模较大企业。罗顺均（2015）运用以珠江钢琴为背景的嵌套式案例，探究企业通过"引智"学习推动企业升级的机制，发现："引智"方式经历了一个动态演进过程，从注重简单灵活的问题导向方式演变为注重系统性的项目导向方式，最后演变为注重长期性的内化导向方式；组织惯例作为组织认知和行为的结合体，对于企业通过"引智"学习活动推动企业升级产生了重要的影响；在企业后发追赶的过程中，外部环境因素和内部吸收能力共同驱动"引智"学习方式的演进；组织惯例生成显著提升了企业技术能力、拓展了市场空间，进而反馈作用于企业面临环境压力和吸收能力，引导企业进入新阶段的"引智"学习和企业升级。

（五）政府补贴与企业升级

目前鲜有文献研究创新补贴与企业升级的关系，现有文献多研究政府补贴与企业技术升级、创新升级、产业升级等的关系。Boeing 等（2022）发现，虽然研发补贴对于企业的私人研发投入具有挤出效应，但是，社会整体的研发投入（包括私人和公共的研发投入）有所增加，从而产生了更为广泛的经济效益，包括推动技术升级、加强资本深化、促进经济增长。戴静等（2021）以债务期限配置作为切入点，探讨政府补贴在债务短期化条件下对于企业技术升级的影响。研究发现，债务期限短期化会导致企业的长期技术升级投资面临融资约束，致使企业的技术升级动机有所下降、套利性动机有所增强。而政府补贴有助于弥补金融市场期限配置失灵，通过直接给予企业创新资金，缓解企业的融资约束，进而推动企业技术升级。同时，进一步运用我国上市公司数据进行实证检验，发现债务期限配置较短的企业，所获政府补贴对于企业的专利申请，特别是发明专利申请具有显著的促进作用，且在国有企业、市场化程度较高地区、非高技术行业，这一促进作用更为明显。彭桥等（2020）通过构建双寡头垄断模型研究政府补贴与产业结构升级的关系，认为当其他企业是高技术企业，且企业所获政府补贴和技术进步带来的长期收益大于企业技术升级的成本时，企业进行技术升级是占优策略；当其他企业都在实施技术升级时，低技术企业的技术升级在与其他高技术企业进行竞争时没有成本优势，且竞争将导致企业升级后的收益减少，若此时企业技术升级的成本较高，且已经超过政府补贴和技术升级后带来的收益，那么企业不会选择技术升级。因此，政府对企业产业升级的补贴存在两阶段效应：当政府补贴低于某临界值时，政府能够促进企业的产业升级，但政府补贴对产业结构的边际影响较小；当政府补贴高于某临界值时，政府补贴对产业结构升级的边际影响大于第一阶段，政府补贴能够促进企业的产业升级。

有文献以创新补贴为研究对象，研究其对企业创新升级的影响。王凤荣等（2019）从绿色发展角度，以"两高一剩"上市公司为研究对象，考察创新补贴对于企业创新能力和企业创新升级的影响。研究结果表明，创新补贴对于企业创新升级具有一定的促进作用，但并未显著提高企业的经营绩效。对于不同特征的"两高一剩"企业，创新补贴作用也有所不同：在要素市场扭曲地区，创新补贴充分发挥"支持之手"的作用，而在资本密集型"两高一剩"企业中，创新补贴则呈低效率激励。另外，政府创新补贴有效缓解了企业创新升级渠道对产业经济绿色发展的阻碍作用，即创新补贴有效促进了产业的绿色发展。

也有研究从异质性政府补贴及异质性企业角度，研究政府补贴对于企业技术升级的影响。岳文和赵静燕（2020）从理论和实证两个方面对这一问题予以探究，在理论方面，他们在异质性企业贸易模型的框架下，构建出包含不同类型政府补贴和技术升级的异质性企业模型，并发现行业补贴和出口补贴对企业技术升级具有负面影响，研发补贴和生产补贴对企业技术升级有着正向的激励作用，救助性补贴对企业的技术升级没有显著影响。在实证方面，运用中国企业层面的微观数据分析，发现政府补贴整体而言有利于推动中国企业的技术升级，进一步区分不同行业、不同区域和不同企业所有制的检验结果显示，政府补贴有利于促进技术密集型行业企业、中部和东部沿海地区企业、民营企业及非出口企业的技术升级，对资本密集型和劳动密集型行业企业、东北地区和西部地区企业、外资企业、集体企业、国有企业及出口企业技术升级的影响则并不显著。

另外，有研究认为政府补贴对于企业的转型升级没有显著的推动作用。黄昌富等（2018）以制造业上市公司为样本，考察政府补贴、产能过剩与企业转型升级的相互关系，认为政府补贴在产能过剩与企业转型升级关系中具有负向调节作用。具体而言，政府补贴在宏观上加剧了产能过剩、挤出了创新投入、妨碍了技术创新，造成公平与效率受损，损害了社会整体的资源配置效率。从政府补贴对企业的实际扶持效果看，政府补贴不仅无法对企业的转型升级和创新发展起到实质性的推进作用，反而刺激了产能过剩企业的惰性，使企业产生"补贴依赖"。

四、文献述评

现有关于创新补贴对企业外部融资影响的研究有待深入，且对于异质性创新补贴对于企业外部融资的研究成果更为有限。以我国企业为样本的实证研究的局限性主要表现为以下三点：首先，现有国内文献多研究政府补贴、研发补贴对企业外部融资的影响（史伟和霍丽，2014；王刚刚等，2017；林小玲，2019；郭晓丹和何文韬，2011），国外文献多研究研发补贴对于企业外部融资的影响（Kleer，2010；Takalo and Tanayama，2010；Meuleman and Maeseneire，2012），鲜有文献聚焦创新补贴对企业外部融资的影响。政府补贴、创新补贴与研发补贴的范围不同。与创新补贴相比，政府补贴的范围更大，政府补贴不仅包括创新补贴，还包括企业上市补贴、扶贫补贴、征地补贴，等等。与研发补贴相比，创新补贴的范围更大，因为创新活动不仅包括研发活动，也包括非研发创新活动（Hansen and Serin，1997；郑刚等，2014）。由于创新对于企业和国家的发展具有重要推动作用，因此研究创新补贴对企业（包括外部融资）的影响具有较强的实际意义。其次，鲜有文献对创新补贴予以分类，研究不同种类创新补贴对于企业外部融资的影响。Kleer（2010）将研发补贴分为"基础研究项目补贴"和"应用研究项目补贴"，研究两类补贴的信号作用，但是，Kleer（2010）仅从理论层面分析了不同种类研发补贴对外部融资的影响，并没有运用实际企业数据予以验证。龚红和朱翎希（2021）将政府补贴划分为研发补贴和非研发补贴，研究两类补贴的"光环效应"对企业外部融资的影响，但是，龚红和朱翎希（2021）仅以新能源企业为样本予以研究，缺乏对各行业企业的大样本检验，研究的深度也有待进一步挖掘。最后，现有文献对于创新补贴经济后果的研究较为重视，研究成果丰富，关于企业升级机理的研究成果也较为丰富，但是，缺乏将企业升级作为创新补贴经济后果的研究，也缺乏将创新补贴、外部融资、企业升级纳入同一个研究框架的研究。

现有关于创新补贴经济后果的研究主要关注的问题是：创新补贴对于企业创新投入具有"激励作用"和"挤出作用"，或其他作用？创新补贴对于企业绩效是否具有提高作用？虽然国内外研究尚未达成一致的或被广泛认可的结论，但是，相关研究较为倾向于创新补贴对企业创新投入和企业绩效具有正面影响，国内研究的这一倾向更加明显。现有关于企业升级机理的相关研究主要关注企业升级的模式、途径等，并多从全球价值链和产业集群角度予以分析。企业能够升级是各种因素的综合作用，那么，创新补贴是否能够助力企业升级？创新补贴、外部融资和企业升级三者的关系如何？这些问题现有文献鲜有涉及。本书将创新补贴与外部融资、创新补贴与企业升级的相关研究纳入同一个研究框架，丰富了政府行为对企业升级影响的相关研究，为企业升级的影响机制研究提供了新的理论视角。

综上所述，现有创新补贴对于外部融资影响的研究成果较为有限，研究深度不足，鲜有研究涉及异质性创新补贴对于企业外部融资的影响，另外，现有关于创新补贴经济后果和企业升级机理的研究成果较为丰富，但是，缺乏创新补贴对于企业升级影响的相关研究。本书针对目前理论研究的空隙以及实践问题的呼唤，较为深入地研究了不同种类的创新补贴对于外部融资及企业升级的影响，具有一定的理论价值和现实意义。

第三章　理论基础与理论框架

本章首先系统介绍了市场失灵理论、信息不对称理论、熊彼特创新理论和资源基础理论四个理论，为后续研究奠定理论基础。其次，以上述理论为基础，构建出本书的理论框架，后续对异质性创新补贴对外部融资和企业升级影响机理的论述均基于这一理论框架。

第一节　理论基础

本书基于市场失灵理论、信息不对称理论、熊彼特创新理论、资源基础理论，深入系统地研究异质性创新补贴、外部融资和企业升级三者之间的关系。本节将系统阐述各理论的主要内容及其在本书中的应用原理。

一、市场失灵理论

市场失灵理论是创新补贴存在的主要原因之一。根据市场失灵理论，创新活动的技术溢出效应，使私人的创新投资量低于社会最优投资量，需要政府对创新活动予以补贴，保证创新投资达到最优水平。另外，创新活动不确定性较高、风险较大，企业的创新积极性不足，需要政府通过补贴等形式予以鼓励和刺激。本节主要论述了市场失灵理论的提出、主要内容，以及理论中与创新补贴相关的内容。

（一）市场失灵理论的产生与发展

古典经济思想倡导自由竞争，认为市场可以通过"看不见的手"自发调节经济生活，实现资源的合理配置。19世纪末20世纪初，西方国家发展到垄断资本主义阶段，经济危机更是导致西方国家经济严重萧条，整个社会动荡不安，于是人们开始怀疑"看不见的手"能否调节经济，推动了市场失灵理论的出现。

1920年，庇古的经典著作《福利经济学》出版发行，书中用边际社会净产品与边际私人净产品之间经常产生的相互背离定义外部性，提出税收或补贴的政府矫正对策，为国家干预提供了理论基础。1933年，张伯伦的《垄断竞争理论》和罗宾逊的《不完全竞争经济学》均对古典经济学中的完全竞争市场提出挑战，他们对于垄断和垄断竞争条件下的生产者行为的研究，成为市场失灵理论的重要内容。1936年，凯恩斯的《就业、利息和货币通论》出版，他认为，只有在完全竞争的市场机制下，"看不见的手"才能发挥作用，然而，现实中完全竞争市场是不存在的，"看不见的手"因此不能发挥其应有的调节作用，此时，政府应该发挥部分调节作用。1954年，萨缪尔森发表《公共支出的纯理论》一文，该文研究了公共产品的最优供给问题，并认为公共产品的生产在市场条件下无法得到最优均衡解。无解的原因在于，消费者的偏好无法通过市场准确表达，且消费者对于公共品的需求是联合而且集中的，与市场分散决策的特征有着本质的差别。1958年，巴托发表《市场失灵的剖析》一文，文中提出市场失灵的概念，认为市场失灵是指在"外部性""公共产品""市场垄断""不确定性"等方面，市场的竞争机制和价格调节机制失去效应，因而出现市场在资源配置上的失灵状态。

（二）市场失灵理论的主要内容

市场失灵理论的主要内容包括以下三方面：

（1）垄断。当市场被少数几家企业或一家企业控制时，垄断企业会通过将价格调整至边际收益等于边际私人成本的方式增加其利润，而不担心会有新的市场进入者。为阻止垄断企业对价格的垄断，政府需要对市场进行监控，并采用适当的政策工具，确保进入壁垒的存在且不会鼓励垄断力量的行使。

（2）外部性。外部性指某一个人或企业的经济行为给不参与交易的第三方带来有害或有益的影响，却没有因此承担相应的成本费用或者没有获得相应报酬的现象。当存在负面影响时，需要政府制定政策减少市场交易对第三方的损害。当对第三方的影响为有益时，政府应制定政策鼓励此类商品的生产。也就是说，外部性问题不能通过市场解决，必须依靠政府的介入，如征收附加税或发放补贴，使私人决策的均衡点靠近社会决策的均衡点。

（3）公共产品。公共产品指某人对某些商品或服务的消费并未减少其他人对同样商品或服务的消费或利益享受，这些商品或劳务是无法或难以按单位来进行出售的，因此不能通过市场进行有效供给。公共产品具有两个特征：非竞争性和非排他性。非竞争性指现有消费者对于某一公共产品的消费并不妨碍其他增加的消费者对该公共产品的消费。非排他性是指对某种公共产品未付费的个人不能被阻止享受该公共产品的好处。这两个特征的存在使得私人不愿意从事公共产品的生产，每个人都希望由别人来提供公共产品，自己"搭便车"。可见，市场机制难以对公共产品提供有效的生产和供给，从而导致市场失灵。此时，公共产品的政府供给具有其合理性，但是，并不一定意味着必须由政府来生产该产品或服务，政府资助、政府参股及提供法律保护等都是公共产品市场化的有效方式。

（三）创新补贴与市场失灵理论

在萨缪尔森和巴托开辟的道路上，对市场失灵理论的更进一步研究不断进行，随着创新活动的外部化与市场化，创新活动私人市场的失灵现象开始得到广泛关注，其主要表现为创新活动私人市场的自身缺陷以及对市场在私人最优创新数量上的失灵，而政府授予企业的创新补贴是解决这一市场失灵问题的重要手段之一。具体而言，创新活动市场失灵的原因可归结为以下两个因素：

（1）创新活动的技术溢出效应。创新活动的溢出效应指创新活动所获得的经济利益并没有被从事创新活动的企业独享，而是通过非自愿扩散，溢出到其他企业，使其他企业的技术或生产水平得到提高的现象。由于技术溢出效应的存在，使得私人的创新投资量低于社会最优的创新投资量。具体原因表现为以下两方面：首先，由于技术溢出效应，使社会边际收益率大于私人的边际收益率，如图3-1所示。MR_s为创新活动的社会边际收益，MR_p为创新活动的私人边际收益，MC为创新活动的私人边际成本，由于技术溢出效应的存在，社会边际收益率大于私人的边际收益率，在图中即表示为MR_s线高于MR_p线，因此出现两个均衡点：私人边际收益与私人边际成本相等的均衡点A，其对应的投资额为Q_1，以及社会边际收益与私人边际成本相等的均衡点B，其对应的投资额为Q_2，从图中可见Q_1小于Q_2，即企业的实际创新投资额小于社会最优的投资水平，未达到帕累托最优，此时，需要政府对于企业的创新活动予以补贴或其他优惠政策，弥补Q_1与Q_2的差额。其次，由于技术溢出效应的存在，使得未从事创新活动的企业可以免费获得创新活动带来的收益，即存在"搭便车"的现象。对企业而言，这一外溢很难阻止，使企业的创新投入动力不足，因此需要政府予以补贴。

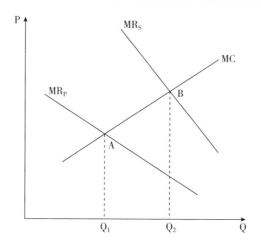

图 3-1 创新活动溢出效应示意图

（2）创新活动的不确定性或风险。创新活动的不确定性较高或风险较大，主要表现在以下三方面：首先，创新活动的成功概率较低。这主要是与科学研究本身的不确定相关的，在科学研究过程中，无论是在研究理论或是研究方法方面，都需要进行新的探索和尝试，面对未知的领域，研究结果也是未知的，而且科学研究活动通常较为复杂，一项科技成果从产生到投入市场，往往需要多种技术共同结合，甚至需要不同创新团队共同合作才能够获得成功，其中任何一个环节出现差错，都有可能导致整个项目的失败，因此，创新活动的成功概率较低，需要政府通过补贴等方式对企业的创新活动予以资助，调动企业从事创新活动的积极性。其次，创新活动的成本较高。通常创新活动的周期较长，需要投入的成本较高，存在的不确定因素较多。例如，在创新的早期阶段，企业的创新支出较高，而巨额的创新支出不能立即产生较高的经济效益，在随后的稳定阶段，新技术用于生产却未取得规模化收益之前，如果其他企业的相关技术取得成功，可能会造成本企业的巨大损失。因此，创新活动的高成本使得企业对创新活动的投入低于最优水平，需要政府予以补贴。最后，市场认可程度的不确定性。由于创新活动的周期较长，使创新的技术或成果在是否能够进入市场、是否能够满足市场需求等方面存在较大的确定性。创新出的技术或成果往往与市场中的其他产品不适合或无法衔接，不能得到市场的认可，此时，企业需要对创新活动投入更多的经费以解决这一问题，如果无法投入更多的经费，则该项创新活动会在没有获得任何收益的情况下被迫终止。因此，市场对创新成果的认可存在较大的不确定性，严重影响了企业的创新积极性，需要政府通过补贴等形式予以鼓励和刺激。

综上所述，创新活动的成果具有非竞争性和部分排他性，产生溢出效应使得其他公司或整个社会收益，企业的私人回报低于社会回报，于是创新投资低于社会最优水平（Wallsten，2000）。另外，创新活动的不确定性也影响了企业从事创新活动的积极性。此时，需要政府对创新活动予以补贴，从而保证私人企业对创新活动进行最优的投资。简单而言，市场失灵的存在导致私人企业对创新活动投资不足，需要政府予以补贴（Arrow，1962）。

二、信息不对称理论

根据信息不对称理论，企业与外部投资者存在信息不对称，而创新补贴作为一种信号，能够缓解信息不对称，有助于企业获得更多的外部融资。本节将从信息不对称理论的提出、主要内容，以及理论中与创新补贴相关的内容三个方面对该理论进行论述。

（一）信息不对称理论的产生与发展

根据古典经济学理论，市场在"看不见的手"的支配下达到供需平衡，其中一个重要的前提是，信息是完全的、充分的，即参与交易的双方均拥有能够做出正确决策的全部信息。然而，现实生活中的信息通常是不完全的或不对称的。1970年，阿克洛夫在其经典文章《柠檬市场：质量不确定性和市场机制》中认为，在二手车市场上，买卖双方对于二手车质量信息的掌握是不对称的，从而提出了柠檬市场模型和逆向市场理论，为信息不对称理论奠定了坚实的基础，并对其后的研究方向具有重大的启发作用。1972年斯彭斯在《劳动市场的信号》一文中研究劳动市场中的信息不对称问题，并开创性地提出信号传递理论，即当存在信息不对称问题时，信号传递能够有效降低信息不对称水平。例如，用人单位通常更愿意雇用学历较高的应聘者，这是因为学历是传递应聘者能力的一个信号。斯蒂格利茨在1974年至1989年发表的一系列论文中，阐述了信息不对称情况下的市场的变化，认为当存在信息不对称问题时：①市场上虽然有人想卖某种商品，也有人想买这种商品，但是交易不一定发生；②即使交易会发生，也可能具有非常特殊的性质；③当市场机制不能发挥作用时，非市场机制会应运而生，但非市场机制可能会造成相反的结果。斯蒂格利茨将不对称理论应用于保险市场、信贷市场、金融市场等方面，他的研究模型和研究方法成为信息经济学研究的规范方法。由于阿克洛夫、斯彭斯和斯蒂格利茨在信息不对称领域所做出的贡献，三人于 2001 年共同获得了诺贝尔经济学奖。

（二）信息不对称理论的主要内容

信息不对称是指在市场交易中，市场的一方无法观测和监督另一方的行为或无法获知另一方的完全信息，或当观测和监督成本高昂时，交易双方掌握的信息处于不对称的状态，即某些参与人拥有但另外一些参与人不拥有信息的状态（张维迎，1996）。信息不对称的产生原因是多方面的，例如，交易者获取信息的能力较差、信息的搜寻成本较高、信息拥有者对信息的垄断等都可能造成信息不对称。尤其是随着社会分工的发展和专业化程度的提高，专业人员与非专业人员之间的信息差异越来越大，社会成员之间的信息分布也越来越不对称。可见，信息不对称是客观普遍存在的。

当存在信息不对称时，通常会导致两种结果：逆向选择和道德风险。

（1）逆向选择是指在签订合同前，进行市场交易的一方拥有另一方并不具有的某些信息，而这些信息很有可能影响后者的利益，因此具有信息优势的一方很可能利用其拥有的信息做出对自己有利，而对另一方不利的事情，获取额外收益，导致不合理的市场分配，市场效率和经济效率因此降低。以借贷市场为例，借款人是交易资金的申请者，对于借入资金的投资项目有全面的了解，对投资的项目的风险和收益也有较多信息。而放款人是资金的提供者，并不直接参与资金项目的运营，对投资项目的了解较少。在这种情况下，借款人具有较多的信息优势，而放款人则处于信息劣势。由于放款人的信息劣势，无法正确可靠的判断借款人的质量，因此可能按照平均质量来进行决策。而借款人具有较多的信息，质量低的借款人会通过积极推销自己获得资金，因此会出现资金流向低质量企业的现象，这种不合理的资金配置现象即是"逆向选择"的结果。

（2）道德风险是指在签订合同之后，交易的一方在使自身利益最大化的同时损害了另一方的利益，但是并不承担由此造成的全部后果。即具有信息优势的一方为自身利益故意隐藏相关信息，从而对另一方造成损害的行为。以借贷市场为例，借款人有信息优势，他们会通过以下形式牟取私利从而侵害放款人的利益：一方面，借款人可能违反借款协议，私自改变借款用途，将资金投入投机性项目或高风险项目，这些都有可能提高借款无法到期偿还的可能性，损害放款人的利益。另一方面，借款人有可能隐瞒投资收益，私吞投资成果，逃避偿付义务，从而损害放款人的利益。另外，借款人可能在获取资金后，对资金的使用效率漠不关心，对投资项目不负责任，不努力工作，从而导致投资项目失败，借入资金不能到期偿还，放款人的利益受到侵害。

信号传递是解决信息不对称问题的一个有效方法（Spence，1973；Ross，1977）。信号传递就是某一主体通过某种行为主动向市场发出信号，将信息传递给缺乏信息的其他主体，从而消除或缓解信息不对称的行为。例如，在劳动力市场，文凭就是一种典型的信号。用人单位无法准确掌握应聘者能力的信息，处于信息劣势地位，而应聘者对于自身能力有较为全面的认识，处于信息优势地位。文凭虽然与能力并不完全相关，但是通常具有较高能力的人才能获得较高的文凭。在这里，文凭作为一种信号，传递了应聘者能力的信息，将不同应聘者区分开，有助于优化用人单位的选择。

（三）创新补贴与信息不对称理论

企业的创新活动存在信息不对称问题。一方面，企业管理者对企业自身的财务状况和经营风险有清楚的了解，在创新项目的性质以及经济潜力等方面拥有更多的信息，处于信息优势地位。另一方面，由于创新项目的专业性和复杂性，债权人或其他投资者往往无法准确辨析创新项目的风险，因此处于信息劣势地位。为应对信息不对称问题，债权人和其他投资者通常会要求更高的回报，使得对创新项目的贷款和投资成本增加，企业的创新积极性受到抑制，资源配置无法达到最优水平，产生逆向选择问题。

创新补贴作为一种信号，可向债权人和其他投资者传递关于创新项目的信号，缓解信息不对称问题，帮助企业获得更多的外部融资。这是因为获得创新补贴的企业通常是政府甄选出的质量较高的项目，政府作为第三者对创新项目所做的审查，向市场传递了积极的信息。

三、熊彼特创新理论

熊彼特创新理论提出了创新的概念，论述了金融系统在创新过程中所发挥的重要作用，是研究创新补贴、外部融资与企业升级三者关系的基础。本小节将从熊彼特创新理论的提出、主要内容及其与创新补贴关系三个方面对该理论进行论述。

（一）熊彼特创新理论的产生与发展

19世纪末20世纪初，西方国家从自由竞争资本主义阶段发展到垄断资本主义阶段，西方国家内部矛盾尖锐，集中体现为经济危机的频发。1873年、1882年、1890年、1900年、1907年爆发了5次经济危机，经济危机爆发的间隔时间多则 10 年，少则 7 年。经济危机频发使得中小企业加速破产，企业兼并活动日益增加，推动了生产和资本的集中。许多学者从不同角度对这一经济发展阶段进行研究、反思，熊彼特的创新理论就是在这一背景下产生的。

1912 年，熊彼特的经典著作《经济发展理论》问世，书中首次提出了创新理论。该书从不同角度描述和分析资本主义发展过程中的经济现象，在描述历史事件的同时展开深刻论述。该书中提出的创新理论突破以往仅从人口、工资、资本等方面分析经济发展的范式，强调创新在经济发展中的重要作用，被誉为西方经济学第一本用创新理论解释资本主义产生和发展的著作。1939 年，熊彼特的《经济周期》一书，基于创新活动分析、阐述了经济周期的产生原因及发展过程。1942 年，熊彼特的另一本经典著作《资本主义、社会主义和民主主义》，被誉为二十世纪最伟大的社会科学著作之一，该书强调企业家的创新精神在经济创造性毁灭中的作用。熊彼特的创新理论分析了技术进步和制度变革在生产力提高过程中的作用，阐述了创新活动所引起的生产力变动在经济、社会发展过程中的推动作用，对经济学发展产生了深远影响。

费里曼以熊彼特的创新理论为基础，将该理论与国家体系相结合，认为国家创新体系对经济发展具有重要影响（费里曼，1987）。费里曼不仅强调政府的技术创新政策是创新的一个重要组成部分，同时，也认为金融系统是国家创新体系的重要组成部分，对技术创新具有重要意义。

20 世纪 50 年代后，创新在经济发展中的重要作用日益显现，且被学术界重视，学者们在熊彼特创新理论的基础上，借鉴演化经济学、系统理论等理论和方法，逐步形成新熊彼特创新理论，也被称为新熊彼特主义或新熊彼特学派。新熊彼特创新理论将研究重点从微观的企业（企业家）层面，扩展到中观的产业层面，以及宏观的公共层面和货币层面，认为技术创新是经济发展的主要源泉之一，但是并不是唯一源泉，产业部门、金融部门、公共部门对经济发展也具有重要作用。熊彼特创新理论探讨各种创新成果如何推动经济系统从微观到中观，再到宏观的根本性质变，即探讨产业部门、金融部门、公共部门在共同创新基础上的经济系统的整体发展（颜鹏飞和汤正仁，2009）。Hanusch 和 Pyka（2007）认为，高效的熊彼特创新发生在一条狭长的走廊中，这一走廊的上界是过度增长或泡沫经济，下界是低速增长或经济停滞。有效的经济政策应使经济处于稳步增加状态，保障经济不出现过度增长并引发泡沫经济，还要避免经济低速发展甚至停滞，即保障经济在走廊中保持较为稳定的高速发展趋势（金杭滨和蒋智华，

2022）。

（二）熊彼特创新理论的主要内容

熊彼特创新理论的主要内容包括以下四个方面：

（1）提出"创新"的概念。创新是熊彼特创新理论的核心概念，被定义为生产函数的变动或转移，是将企业所能够支配的原材料和力量组合起来，生产其他产品，或者用不同的方法生产相同的产品，意味着以不同的方式把原材料和要素组合起来，即将新的生产条件和生产要素的"新组合"纳入生产体系，从而获取潜在利润的活动或过程。具体而言，创新具体包括以下五种情况：①采用一种新产品，或一种产品的一种新的特性，即产品创新；②采用一种新的生产方法，是在有关制造部门尚未通过经验鉴定的方法，也可以是商业处理一种产品的新的方式，即流程、工艺创新；③开辟一个新市场，是某一制造部门以前不曾进入的市场，即市场创新；④掠取或控制原材料或半成品的一种新的供应来源，无论这一来源以前是否存在，还是第一次创造出来的，即供应链创新；⑤实现一种新的组织形式，例如：造成一种垄断地位或打破一种垄断地位，即组织创新。

（2）强调企业家的重要作用。熊彼特把新组合的实现称为"企业"，把能实现新组合的人称为"企业家"。企业家是创新、生产要素的新组合以及经济发展的主要执行者或推动者，是资本主义发展的"灵魂"。企业家的行为和动机是"理智的"，他们为获取垄断利润或创新利润而进行创新。当企业家发现社会中存在某种潜在利益时，就会创造或引进新的生产方式（即创新）去获取这一利益，并在利益的追求过程中不断改进所采用的生产方式、方法，力求利益最大化。当企业家实现了利益最大化时，会暂时停止创新，直到其他利益吸引着他们再次进行创新（侯彬和邝小文，2005）。可见，企业家进行创新的直接原因是获取垄断利润和创新利润，而企业家所具有的"企业家精神"，则是企业家进行创新的主要推动力，是创新发展的关键。

（3）多层次的经济周期理论。熊彼特认为，由于创新或生产要素"新组合"的出现，并非像"概率论一般原理"般连续均匀地分布在时间序列上，而是时断时续、时高时低、时疏时密，这样就产生了经济周期。在资本主义漫长的历史发展过程中，创新是千差万别、多种多样的，对经济发展的影响程度、时间不同，从而形成经济周期的起伏波动。熊彼特总结前人观点，并结合自己的见解，首次提出在资本主义的发展过程中，同时存在着长期、中期、短期三种周期。第一种周期是经济长周期，又称"长波"或"康德拉季耶夫周期"，这一周期历时约50年或更长的时间。熊彼特沿袭康德拉季耶夫的观点，将资本主义的经济发展划分为三个长周期，并以创新理论为基础，以各时期的重要技术发明和应用，或生产技术的突出发展，作为划分各"长周期"的标志。第二种周期是通常所说的资本主义周期，或称"尤格拉周期"，历时平均约9~10年。第三种周期是短周期，又称"短波"或"基钦周期"，历时约40个月，大概三年半的时间。上述三种周期并存且互相交织重叠，也进一步证明了"创新理论"的正确性。

（4）强调"变动"与"发展"的观点。熊彼特认为资本主义在本质上是经济变动的一种形式，从来都不是静止的。当经济处于静态的均衡状态时，不存在垄断利润，也就不存在企业家，不存在创新，社会不会向前发展。相反，当经济处于变动过程中时，企业家会发现潜在利润，并通过创新获取这一潜在利润。而创新不仅为企业家带来超额利润，也会吸引其他企业的模仿和再创新，从而带动社会创新水平的整体提升，推动经济的发展和进步。

（三）创新理论在本书的运用

根据熊彼特创新理论，创新可以通过建立信誉从而获得投资，并强调信贷在其中的重要作用。具体而言，在没有创新的循环流转中，产品和生产手段之间不一定存在差距，此时，信贷并不是至关重要的。但是，在实现新的组合时，确实会出现有待弥合的资金缺口，而弥合这一缺口是贷款者的职能。当贷款者履行了这一职能时，生产品的供应者便不必"等待"，企业家也不必预付给供货者现金或货物了，于是，缺口得以弥合。否则，在私有制的交换经济中，要实现创新发展是非常困难的。货币市场或资本市场的主要职能是运用借贷交易为发展筹措资金，因此，货币市场或资本市场对于创新而言具有重要的意义。综上所述，微观企业进行创新，并逐步扩展为整个经济系统的全面变革，这一变革过程需要金融系统特别是信贷系统的支持和推动。即金融系统对创新的推动至关重要。由此可见，企业外部融资对于推动企业创新具有重要意义，有助于实现企业升级。

根据新熊彼特创新理论，产业部门、公共部门和金融部门是经济发展的三大支柱，即Hanusch和Pyka（2007）提出的面向未来的三轴心发展模式（即三大支柱）：产业部门、公共部门以及金融部门，并认为创新不仅发生在每个部门的内部，各个部门之间也会相互影响，共同推动经济发展。由此可见，在新熊彼特创新理论中，公共部门的经济政策、金融部门提供的资金，应助力产业部门的创新发展，进而推动经济的高速且稳定发展。据此，政府提供的创新补贴应与金融部门提供的外部融资相协调，共同助力企业的创新发展，帮助企业实现升级。因此，熊彼特创新理论为创新补贴、外部融资与企业升级的关系研究提供了理论基础。

四、资源基础理论

资源基础理论研究的主要问题是：为什么企业间的绩效会存在差异，以及企业如何利用其拥有的异质性资源建立和保持竞争优势（姜忠辉和赵德志，2007）。资源基础理论为研究异质性创新补贴对外部融资和企业升级的影响差异，以及异质性创新补贴、外部融资与企业升级三者关系提供了理论基础。本节将从资源基础理论的产生与发展、涉及的主要内容及其在本书中的应用三个方面进行论述。

（一）资源基础理论的产生与发展

20 世纪 50 年代后，随着"二战"的结束，全球经济开始复苏，企业蓬勃发展，如何提升企业竞争力成为社会各界关注的重要议题。1959 年，Penrose 的经典著作《企业成长理论》出版发行，该书将企业成长作为研究对象，认为企业本质上是资源的集合，对资源的使用是通过企业的管理框架组织起来的。在某种意义上，任意特定时刻企业所生产的最终产品仅仅代表企业使用其资源的方法之一，仅仅是企业发挥其基础潜能的一个事件结果。企业使用自己拥有的生产资源所产生的服务是企业成长的原动力，企业的成长并非由市场的均衡力量决定，而是由每个企业自身的独特力量（即由使用资源所产生的服务或能力）所推动。Penrose 将企业视为资源的集合、企业成长是纯内因成长等观点为资源基础理论奠定了基础。

20 世纪 80 年代，以波特为代表的战略管理者着重研究外部因素对企业竞争力的影响，但是，越来越多的学者发现外部因素并不能解释处于相同外部环境下企业间的绩效差异。1984 年，Wernerfelt 发表经典论文"企业的资源基础观"被公认为资源基础理论产生的标志。Wernerfelt 从资源而非产品角度分析企业，认为企业依托异质性资源、知识及能力构建资源位置壁垒是解释企业获取高额利润的关键，"资源—知识—能力"理论框架为企业资源分配及战略发展提供了依据，也为后续的企业资源管理相关研究指明了方向（张璐等，2021）。

自 Wernerfelt 开创资源基础理论之后，以 Barney（1991）、Peteraf（1993）为代表的诸多学者对其不断完善，使其逐步建立起较为系统的理论体系。Barney 从企业自身的异质性资源特征角度分析企业持续竞争优势的来源。Barney 认为，能够让企业产生持续竞争优势的企业资源，应具备四个特征：价值性、稀缺性、不可模仿性和不可替代性。Barney 进一步完善前期成果，将战略性资源的特征概括为价值性、稀缺性、不可完全模仿性和组织性，并认为资源需要有效的整合才能够充分发挥作用。Peteraf 则是从市场竞争角度，认为异质性资源产生竞争战略差异，使企业的竞争优势和业绩有所差异。Peteraf 阐述了基于资源的竞争优势观点的基本原理，并将前人观点整合为一个关于资源和企业绩效的模型。这一模型的实质是，企业能够持续竞争优势的四个战略（或条件）：优势资源（资源的异质性）、后竞争限制、不完善的资源流动性和前竞争限制。

（二）资源基础理论的主要内容

资源基础理论认为企业是"异质性"资源的集合体，企业的竞争优势来源于企业内部的异质性资源与能力。资源基础理论的基本框架是："资源—战略—绩效"，即企业资源的差异导致其采用的战略有所差异，而战略的差异进一步导致企业绩效的差异。资源基础理论解释了同一行业、同样的外部环境下企业的绩效差异，是战略管理领域的重要理论。资源基础理论的主要内容包括以下四个方面：

（1）异质性资源是企业竞争优势的源泉。Penrose（1959）认为，企业内部资源所产生可获得或潜在可获得的生产性服务的异质性导致了企业的独特性。Wernerfelt（1984）认为，异质性资源有如下特性：有价值、稀缺、不完全模仿和不完全替代。Barney（2002）在总结前人观点基础上，进一步完善异质性资源的特性，认为异质性资源的特性包括价值性、稀缺性、不可完全模仿性和组织性。价值性指资源能够使企业消除环境中存在的威胁，或能够开发利用环境中的机会，体现了企业在价值创造方面的资源和能力差异。然而，资源仅具有价值性还不够，还应具有稀缺性，稀缺性是与竞争企业相比较而言的稀缺。不可完全模仿性也是异质性资源的重要特征，因为如果资源是企业的竞争对手能够以较低成本模仿，或通过其他的资源进行功能替代的，那么可持续竞争优势也无法实现。此外，有价值的、稀缺的、不可完全模仿的资源应经过有效的整合才能充分发挥其应有的作用，这就需要资源的另一个特性：组织性。组织性是可以有效整合有价值性、稀缺性以及不可完全模仿性的组织能力，是无形能力的外在体现，它根植于企业的工作流程、惯例、企业文化等抽象的资源中（刘力钢等，2011）。

（2）将动态能力引入资源基础理论。Teece 和 Pisano（1994）提出动态能力概念，认为动态能力是企业构建、整合、重构内部及外部资源，助力企业创造产品和流程以应对动态变化市场环境的能力。Eisenhardt 和 Martin（2000）、Winter（2003）进一步认为，动态能力是区别于一般能力的、更具目的性与针对性的高阶能力，它是在企业积累经验、吸收外界知识与动态学习过程中由企业所具备的基础能力或一般能力演化而来的，是企业在应对动态变化的外部环境过程中所形成的一套适应性惯例或行为集合，通过高效开发和运用内外部资源保障企业的可持续发展（张璐等，2021）。Eisenhardt 和 Martin（2000）认为，企业具有不断变革的能力，因此竞争优势只存在于动态市场，且这类市场不存在持续的竞争优势。动态能力成为竞争优势源泉的途径在于其在使用上是否能够更为迅速，而"更迅速或更快捷"地使用动态能力本身就是一种能力。在快速变化的动态市场上，企业保持持续的竞争优势必须做到：一是企业应在战略选择中更为迅速或快捷地运用动态能力，从而在快速变化的市场中反应更为敏捷、更能够快速地适应变化、对竞争环境中的变化更警觉，也就是说，企业能够比竞争对手更为快速地适应快速变化的市场环境；二是对其他竞争对手而言，迅速模仿、变化的能力，以及对市场变化的警觉成本是高昂的。此时，动态能力是企业持续竞争优势的源泉（姜忠辉和赵德志，2007）。

（3）强调企业的能力和知识。在经典资源基础理论框架基础上，进一步产生了企业能力观和企业知识观。企业能力观认为，企业是累积性的知识和能力的集合，企业的组织能力是企业的重要资源之一，尤其是企业整合知识的能力是企业保持竞争优势的关键。Foss（1996）认为，企业的核心能力既是组织资本，又是社会资本，这一能力能对企业知识予以协调和整合。Prahalad 和 Hamel（1990）认为，企业对不同生产技能的协调能力、整合多种知识的能力是企业竞争优势的来源。企业知识观认为组织能力是知识整合的结果，知识的创造、储存和应用是企业竞争优势的来源。根据企业知识观，企业是隐性知识的存储载体，企业存在的意义是能够节约沟通和协调成本。Grant（1996）认为，企业是对专家的知识予以整合的协调机制，Spender（1996）认为，企业的竞争优势来源于新知识的创造。可见，企业知识观把知识作为企业的一种异质性资源，知识的创造、存储和应用是企业竞争优势的来源（刘力钢等，2011）。

（4）衍生出的资源行为观，主要探究什么样的行为能够帮助企业积累资源、构建能力。Baker 和 Nelson（2005）认为，新创企业应对现有资源进行"将就利用和拼凑重构"，突破资源约束，提升企业绩效和竞争力。Wernerfelt（2010）认为，组织应在现有资源的基础上扩展资源组合以获取新资源，从而在新资源竞争中获得并放大优势。Maritan 和 Peteraf（2010）认为，关注资源和能力的投资、异质性资源的评估、资源管理的流程构建有助于资源的获取和积累，进而实现资源跃迁。Sirmon 等（2007）将资源管理与价值创造联系起来，构建了资源管理模型，这一模型包括构建资源组合、捆绑资源以构建能力、利用能力为客户创造价值，为企业获得竞争优势，为业主创造财富。该模型厘清了资源与能力的内在关系，有助于打开从资源配置到持续竞争优势的黑箱。Sirmon 等（2011）比较资源管理和资产编排相关理论，在动态能力基础上提出了资源编排理论。该理论认为，突发事件、产业结构及边界等的动态变化会提升环境的不确定性，并改变资源、能力、战略之间的关系，此时，企业各层级应随环境的变化而采取相应的资源管理行为，企业在资源编排过程中应采取构建、捆绑和利用三类行动活化资源，即通过跨边界获取、积累和剥离实现资源组合结构化，依靠各层级维持、丰富既有资源和开拓创造新资源的行为进行资源捆绑以构建能力，并通过动员、协调、部署来利用能力创造价值（张璐等，2021）。

（三）资源基础理论在本书中的应用

资源基础理论主要运用于异质性创新补贴与企业升级关系，以及异质性创新补贴、外部融资与企业升级三者关系的研究中。具体而言，首先，根据资源基础理论，异质性资源是企业竞争优势的源泉。企业所获得的创新补贴是企业的一种资源，这一资源的异质性会影响企业的持续竞争优势，并最终决定企业是否能够实现升级。其次，根据资源基础理论，企业的知识和能力是企业获取、持续竞争优势的关键。企业获得创新补贴能够帮助企业积累经验、培养人才、升级厂房或设备积累，即创新补贴具有积累效应。积累效应帮助企业积累了知识，提高了企业的创新能力，从而有助于企业升级。最后，外部融资也是企业的一项重要资源，企业所具有的外部融资的差异，会导致其对创新补贴的运用策略产生差异，进而影响创新补贴的使用效率。

第二节 理论框架

市场失灵理论体现了创新补贴对企业发展的必要性和重要性。企业的创新活动需要投入大量资金，且风险较大。创新活动从事大量新的探索与尝试，存在大量的不确定性，成功概率较低。即使创新活动成功了，取得了预期成果，也要面对市场失灵问题。企业的创新活动所产生的创新成果具有部分外部性和非排他性，市场上的竞争者能够通过模仿等方式分享创新成果的收益，这就是创新活动的溢出效应。溢出效应的存在降低了企业的创新积极性，从而导致企业的创新投资量低于社会最优的创新投资量。此时，需要政府对企业的创新活动给予补贴，降低企业创新活动的成本和风险，提高企业的创新积极性，从而保障整个社会的最优创新投资量。

信息不对称理论是创新补贴对企业外部融资研究中被广泛运用的理论。根据这一理论，由于创新活动专业性较强、风险较大，从事创新活动的企业与外部投资者之间具有信息不对称问题，创新补贴作为一种正面信号被传递给外部投资者，缓解了企业与外部投资者之间的信息不对称问题，帮助企业获得更多的外部融资。本书在研究异质性创新补贴对外部融资的影响部分，进一步深入分析创新补贴的信号传递作用。本书认为，创新补贴之所以具有信号传递作用是因为创新补贴证实了创新项目的质量，降低了外部投资者的风险，此时，创新补贴这一信号对外部投资者接受并使用，这一信号才能够起到帮助企业获得外部融资的作用。也就是说，创新补贴降低了项目或企业的风险，因此是一个有用的信号，有助于企业获得外部融资。本书中论述的创新补贴的"证实作用"是信息不对称理论的具体应用，也是对这一理论的进一步深化和拓展。

熊彼特创新理论所提出的创新概念一直备受推崇，并得到广泛运用，本书的创新概念也以此为基础。熊彼特创新理论还强调金融系统在创新中的重要作用，认为微观企业进行创新，并逐步扩展为整个经济系统的全面变革，这一过程需要金融系统特别是信贷系统的支持和推动。可见，外部融资对于企业创新具有重要影响。而创新补贴也是推动企业创新的重要方式，如果创新补贴能够帮助企业获得更多的外部融资，那么，将进一步推动企业创新，最终提升社会的整体创新水平。同时，在研究异质性创新补贴、外部融资、企业升级三者之间的关系时，根据熊彼特创新理论，外部融资充裕的企业应更有可能实现企业的升级，所以外部融资对于创新补贴与企业升级之间的关系也具有一定影响。

资源基础理论认为，企业是异质性资源的集合体，企业的竞争优势来源于企业内部的异质性资源与能力。企业获得的创新补贴对企业而言是无偿的资金流入，无疑是企业的一种资源。这一资源具有异质性，不同种类的创新补贴对于企业发展具有不同的影响，因此，有必要研究异质性创新补贴对于企业发展的两个重要方面——外部融资和企业升级——的影响，即资源基础理论为研究异质性创新补贴相关问题的必要性奠定了理论基础。此外，企业已获得的外部融资也是企业的一项重要资源，这一资源的异质性致使企业在战略、行为、绩效等方面存在差异。在本书研究异质性创新补贴、外部融资和企业升级三者关系中，认为在企业已具有的外部融资这一资源的影响下，企业对于创新补贴的态度、运用策略和效率具有差异，从而导致企业利用创新补贴实现企业升级的结果也会有所差异。

基于以上理论，本书研究异质性创新补贴对于企业外部融资和企业升级的影响，主要从以下三个方面展开：

（1）异质性创新补贴通过证实作用和保障作用降低所资助的创新项目或企业风险，帮助企业获得更多的外部融资。证实作用指创新补贴的获得说明政府作为独立的第三方，认可了创新项目的质量，外部投资者基于政府的这一认可，愿意为企业提供更多的资金支持。这一作用与创新补贴是一种正面信号的观点较为接近，本书认为，政府对于企业创新项目的认可降低了外部投资者的风险，使得外部投资者对于项目更加了解、更有信心，因此，外部投资者才更愿意为企业提供资金支持。保障作用指创新补贴能够在一定程度上保障创新项目的顺利开展、补偿项目失败造成的资金损失，从而降低了外部投资者的投资风险，使其更愿意为企业提供资金。对于异质性创新补贴而言，由于研发类补贴、其他类补贴、改进类补贴所资助创新项目或企业的风险依次递减，造成不同种类补贴的证实作用和保障作用降低风险的程度有所差异，在是否能够将风险降至外部投资者可接受的风险范围内等方面也有所差异，从而使不同种类的创新补贴对外部融资的影响效果有所差异（见图3-2）。

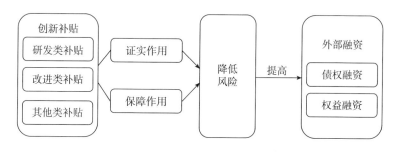

图3-2　异质性创新补贴对外部融资影响理论结构

（2）异质性创新补贴在甄选效应和积累效应的共同作用下推动企业实现升级。企业升级在本书中主要体现为企业长期绩效实现质的提升。甄选效应指企业获得创新补贴说明政府作为独立的第三方认可了创新项目的质量，政府"甄选"出了能够完成创新项目的优秀企业，这些企业的绩效在较长时间内表现相对较好，更有可能实现企业升级。积累效应指获得创新补贴的企业能够利用创新补贴不断积累创新经验、人才、资源，从而实现企业升级。对于异质性创新补贴而言，研发类补贴、其他类补贴、改进类补贴所资助创新项目或企业的风险依次递减，而风险较大的创新项目若获得成功，将助力企业取得更高的收益，更可能实现企业升级，因此，异质性创新补贴对企业升级的影响也有所差异（见图3-3）。

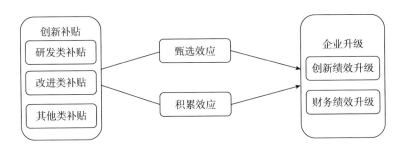

图3-3 异质性创新补贴对企业升级影响理论结构

（3）外部融资对于异质性创新补贴与企业升级之间的关系具有调节作用。根据资源基础理论，企业是资源的集合体，企业资源的异质性导致了企业的独特性。企业已经拥有的外部融资是企业的重要资源，不同企业所拥有的不同的外部融资资源致使企业在对待创新补贴的态度、利用创新补贴方式及效率等方面有所差异，从而影响了创新补贴对企业升级的提高作用。换言之，本书认为，企业在已拥有的外部融资方面的差异会对创新补贴的甄选效应和积累效应产生影响，进而影响企业利用创新补贴实现企业升级的过程及结果。对于异质性创新补贴而言，由于其资助项目和企业的风险不同，致使企业已拥有的外部融资对异质性创新补贴与企业升级关系的影响有所差异（见图3-4）。

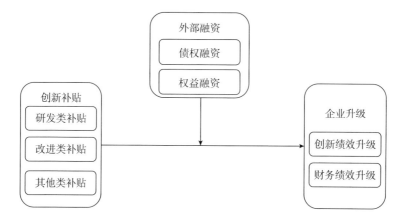

图 3-4　异质性创新补贴、外部融资、企业升级三者关系理论结构

第四章 异质性创新补贴对外部融资的影响研究

本章主要探究异质性创新补贴对企业外部融资的影响。首先，论述企业所获异质性创新补贴对外部融资的影响机理，并提出研究假设。其次，运用实证分析方法对研究假设予以检验。最后，在本章小结里总结本章的主要研究结论。

第一节 理论分析与研究假设

现有研究普遍认为，政府为企业提供的创新补贴不仅能够提高企业的创新积极性，还能够作为一种信号缓解企业与外部投资者之间的信息不对称问题（Lerner，1999；Meuleman and Maeseneire，2012；刘传宇和李婉丽，2020）。本书进一步深化、拓展了这一观点，强调风险因素在企业外部融资中的重要性，认为风险是外部投资者进行投资决策时考虑的重要因素，风险较大的创新项目往往让外部投资者，特别是银行等债权人望而却步。而创新补贴的"证实作用"和"保障作用"能够降低创新项目或企业的风险，当风险降低至外部投资者能够接受的范围内时，外部投资者才能够为企业提供资金，企业才会获得更多的外部融资。

以往研究多认为，风险越大的项目或企业，其与外部投资者之间的信息不对称问题越严重，创新补贴越能够更好地发挥信号作用，为企业吸引更多的外部融资（刘传宇，2018）。但是，若项目或企业的风险过大，创新补贴虽然能够缓解企业与外部投资者之间的信息不对称问题，却无法把风险降至外部投资者可接受的范围内，外部投资者仍然不会为企业提供资金。因此，本书认为，创新补贴对外部融资影响的核心在于创新补贴能够降低风险，当创新补贴将项目或企业的风险降至外部投资者可接受的范围内时，才能帮助企业获得更多的外部融资。

创新补贴的"证实作用"指创新补贴的获得说明政府作为独立的第三方，认可了创新项目的质量，外部投资者基于政府的这一认可，愿意为企业提供更多的资金支持。专家评审是政府审批创新补贴的重要环节，专家主要对创新项目的下列内容予以评估：立项的意义、技术路线和实施方案、申请单位的技术实力和支撑条件、技术的先进性和创新性、经费预算、预期效果、市场前景等（祝彦杰和许谭，2013；黄慧玲，2014）。企业获得创新补贴说明企业在以上方面的优势更为突出。外部投资者收到这一信号，对创新项目及企业更有信心，认为投资这一项目或企业的风险相对较小，从而愿意为企业提供资金支持，企业的外部融资增加。在创新补贴的证实作用下，企业只要获得创新补贴，就证实了创新项目的质量，与创新补贴的数量的相关性较小，即与未获得创新补贴的企业相比，获得创新补贴即可证明企业创新项目的高质量，从而帮助企业获得更多的外部融资。

创新补贴的"保障作用"指创新补贴能够在一定程度上保障创新项目的顺利开展、补偿项目失败造成的资金损失，从而保障债权人和投资者的权益，使其更愿意为企业提供资金。可见，创新补贴的"保障作用"能够降低项目或企业的风险，这是由于：一方面，创新补贴应专款专用于创新项目，保障了创新项目的顺利开展。创新项目只有顺利开展才有可能取得预期成果并获得收益，外部投资者收回本金、取得投资收益的概率才能更高，外部投资者才更愿意为企业提供资金支持。另一方面，创新补贴资金能够补偿外部投资者的损失。政府提供给企业的创新补贴资金通常不会在项目开始时一次性拨付，而是滞后一段时间拨付或分期拨付。如果创新项目没有取得预期成果，或企业的生产经营状况不佳，创新补贴资金作为一项资金流入，能够在一定程度上补偿外部投资者的资金损失，保障外部投资者的权益。创新补贴的保障作用与企业所获创新补贴的金额紧密相关，企业所获创新补贴金额越大，企业的保障作用越强，能够吸引的外部融资越多。

本书以创新补贴所资助项目的性质为依据，结合企业所获创新补贴的实际情况，将创新补贴分为三类：研发类补贴、改进类补贴、其他类补贴。三类补贴的最大差异在于其资助的创新项目的风险存在差异。

研发类补贴所资助的研发项目位于创新链前段，存在大量的实验或探索性工作，在三类补贴中风险最大。改进类补贴所资助的创新项目位于创新链的中后段，是对已取得的研发成果或已有技术的改进或市场化，在三类补贴中风险最小。其他类补贴主要包括披露模糊以致无法准确分类的创新补贴和种类繁多的其他创新补贴，其中，创新补贴的模糊披露使利益相关者无法准确判断该补贴的具体性质或情况，增加了外部投资者对该补贴合理性的质疑，也增加了企业利用该补贴进行盈余管理的风险，种类繁多的其他补贴增加了风险评估的难度，因此，在三类补贴中，其他类补贴所资助项目的风险居中，即小于研发类补贴的风险，但是大于改进类补贴的风险。

创新项目属于风险较大的投资项目，需要从事新的探索与尝试，从研发到生产再到投入市场，其中任意一个环节出现差错，都可能导致整个项目的失败，即使创新项目成功了，取得了预期成果，也要面对市场失灵带来的"搭便车"等问题。风险是外部投资者进行投资决策考虑的主要因素。由于创新项目普遍具有较高风险，因此外部投资者对创新项目的投资相对谨慎。创新补贴的证实作用和保障作用虽然能够在一定程度上降低创新项目的风险，但是，如果创新项目的风险过大，创新补贴的证实作用和保障作用无法将创新项目风险降低至外部投资者可接受的范围内，外部投资者仍然不会提供资金，企业无法获得更多的外部融资。可见，创新补贴资助项目的风险越大，创新补贴对外部融资的提高作用越小。

研发类补贴所资助项目的风险是三类补贴中最大的。虽然企业获得研发类补贴表示政府对项目质量的认可，但是研发项目具有大量的实验或探索性工作，评审专家对项目的判断也存在较大不确定性，因此，研发类补贴的证实作用较弱，与未获研发类补贴的企业相比，获得研发类补贴无法帮助企业获得更多的外部融资。对于已获得研发类补贴的企业，由于研发项目风险较大，企业需要获得更大金额的研发类补贴才能发挥其保障作用，降低项目风险。但是，根据 Chen 等（2018）的研究，过大金额的研发类补贴可能意味着项目风险很高，回报更不稳定，从而削弱研发类补贴的保障作用。可见，研发类补贴的保障作用也较弱，在已获得研发类补贴的企业中，与获得较少研发类补贴金额的企业相比，获得较多研发类补贴金额的企业无法获得更多的外部融资。综上所述，无论企业是否获得研发类补贴，无论企业所获研发类补贴金额是多还是少，均对外部融资没有显著影响。因此，提出假设一：

假设一：研发类补贴对于外部融资的影响并不显著。

改进类补贴所资助项目的风险在三类补贴中是最小的。这类项目是对已经取得的研发成果或已有技术的改进或市场化，实验或探索性工作相对较少，项目获得预期成果的可能性较大，风险较低。外部投资者，特别是对风险较为敏感的银行等债权人，更加青睐该类项目，愿意为该类项目提供资金。对外部投资者而言，改进类补贴几乎不包含负面信息（Chen et al.，2018）。改进类补贴的证实作用和保障作用能够将项目风险降低至外部投资者可接受的范围内，因此，能够帮助企业获得更多的外部融资。具体而言，首先，改进类补贴的证实作用较为显著，与未获改进类补贴的企业相比，获得改进类补贴的企业能够获得更多的外部融资。其次，改进类补贴的保障作用也较为显著，在获得改进类补贴的企业中，企业所获改进类补贴的金额越多，能够获得的外部融资也越多。因此，提出假设二：

假设二：改进类补贴有助于企业获得更多的外部融资。

其他类补贴所资助项目的风险在三类补贴中处于中间位置，小于研发类补贴，大于改进类补贴。对于风险相对较小的创新补贴而言，证实作用更为显著，能够帮助企业获得更多的外部融资，而保障作用的发挥需要较大金额的资金，且需要考虑更多的因素，相对而言较难实现。其他类补贴属于这类补贴。首先，其他类补贴的证实作用较为明显。政府授予企业其他类补贴，一方面，传递了政府认可相关项目的信息；另一方面，该类补贴的披露较为模糊，可能向外传递的信号是企业与政府具有良好"关系"，政府能够在一定程度上对企业发展提供更多支持。其次，其他类补贴的保障作用并不明显。其他类包括种类繁多的其他补贴，这些补贴单项金额较小，无法实现保障作用。披露较为模糊的补贴可能是企业通过寻租等方式获得的，其金额如果过大，说明企业可能自身经营不佳、过分依赖补贴，不利于企业的外部融资。综上所述，其他类补贴的证实作用较为明显，保障作用并不明显，因此，提出假设三：

假设三：与未获其他类补贴的企业相比，获得其他类补贴的企业具有更多的外部融资。

从前文的分析可见，风险对于创新补贴与外部融资关系具有重要影响。研发类补贴、改进类补贴、其他类补贴对于外部融资的影响有所差异，主要原因是三类补贴所资助项目的风险有差异。当创新补贴将项目或企业的风险降至外部投资者可接受的范围内时，才能帮助企业获得更多的外部融资。

为进一步验证风险对异质性创新补贴与外部融资关系影响的重要性，本章考察了新创企业所获异质性创新补贴对于外部融资的影响。新创企业成立时间较短，内部资源较为匮乏，因此，风险较大。Gage（2012）发现，约3/4的新创企业都将以失败告终。何晓斌等（2013）发现，我国近2/3的新创企业会在5年内倒闭。企业的风险越大，创新补贴将项目或企业风险降至外部投资者可接受的范围内的难度越大，对外部融资的提高作用越小。因此，由于新创企业风险较大，新创企业所获创新补贴对于外部融资的提高作用有所减弱，且对于三类创新补贴均适用。因此，提出假设四：

假设四：与非新创企业相比，新创企业所获各类创新补贴对于外部融资的提高作用更弱。

第二节　样本选择与数据来源

一、样本选择

本书选择 2007~2016 年的 A 股民营上市公司作为样本予以研究。之所以选择民营上市公司作为研究样本，主要原因包括以下两点：首先，国有上市公司是政府投资和控制的企业，与政府有天然关系，在政府、企业、外部投资者三者关系中，政府无法作为独立的第三方对企业的创新项目予以甄选，创新补贴的证实作用无法正常发挥。其次，在我国银行的信贷活动中，"成分论"的阴影仍然挥之不去。银行对贷款对象的选择在很大程度上受企业所有制的影响，国有企业更受银行的青睐（顾婧瑾，2007；梁文玲，2001）。综上所述，为避免所有制因素对检验结果的干扰，本书仅选择民营上市公司作为研究样本。

之所以选择 2007~2016 年的样本，原因在于：一方面，2006 年 2 月公布（2007 年 1 月 1 日实施）的企业会计准则较之前的企业会计准则有较大变动，在政府补贴的披露和处理上存在较大差异；另一方面，2016 年财政部着手对《企业会计准则第 16 号——政府补助》予以修订，并于 2017 年 5 月公布修订后的准则，2017 年 6 月 12 日实施。为避免准则修订对数据披露产生影响，本书选择 2007~2016 年这一会计准则未发生变动的期间作为研究期间。

另外，本书剔除金融业、保险业及公共事业公司样本，以及数据不全和信息披露不充分的公司样本。最终，共获得 12352 个研究样本。

二、数据来源

创新补贴数据根据企业年报附注中披露的相关信息，以关键字为依据手工收集整理，企业年报来源于上海证券交易所官方网站和深圳证券交易所官方网站。上市公司相关财务数据来源于国泰安（CSMAR）数据库的上市公司财务数据库版块。企业创新投入数据来源于万得（Wind）数据库。另外，数据的整理、统计、分析等相关工作主要运用 Excel 2019 和 Stata 17.0 软件。

第三节　变量选择

为检验异质性创新补贴对企业外部融资的影响，本书借鉴前人研究，对异质性创新补贴、外部融资及其他相关变量予以合理度量。

一、自变量的选择

本章自变量为企业的异质性创新补贴，本书将创新补贴分为三类：研发类补贴、改进类补贴、其他类补贴。因此，自变量度量主要是对研发类补贴、改进类补贴、其他类补贴的度量。

根据 2006 年公布的《企业会计准则第 16 号——政府补助》，政府补助划分为与资产相关的政府补助和与收益相关的政府补助，核算方法采用收益法中的总额法。具体而言，对于与资产相关的政府补助，在取得补助时先确认为递延收益，（计入的会计科目为"递延收益"，或"其他流动负债—递延收益"，或"其他非流动负债—递延收益"）。自相关资产可供使用时起，在该项资产使用寿命内平均分配，计入当期损益（计入的会计科目为"营业外收入"）。对于与收益相关的政府补助，如果是用于补偿企业以后期间费用或损失的，在取得时先确认为递延收益（计入的会计科目为"递延收益"，或"其他流动负债—递延收益"，或"其他非流动负债—递延收益"），随后在确认相关费用的期间计入当期损益（计入的会计科目为"营业外收入"），如果是用于补偿企业已发生费用或损失的，取得时直接计入当期损益（计入的会计科目为"营业外收入"）。由此可见，企业获得创新补贴后，计入的会计科目包括"递延收益""其他流动负债—递延收益""其他非流动负债—递延收益""营业外收入"，本书通过上市公司年度报告附注中以上科目披露的信息收集、整理创新补贴数据。另外，"营业外收入"中记录的创新补贴金额包括以前年度获得的政府补助先计入"递延收益"

"其他流动负债—递延收益""其他非流动负债—递延收益"科目，于当年转入"营业外收入"的政府补助金额，该政府补助不是本年获得的政府补助，因此，在数据整理过程中，本书通过各会计科目的对比、分析，甄选出企业当年所获政府补助数据。

本书通过关键字在政府补助数据中进一步挑选、整理出异质性创新补贴数据。首先，根据关键字在政府补助数据中筛选出创新补贴数据，关键字包括研究、研发、研制、产学研、科研、技改、新产品、创新、课题、863项目等。如果关键字无法判断是否属于创新补贴，进一步参照政府补助的颁发部门，如颁发部门为科技局（厅、委），则认为该政府补助属于创新补贴。随后，继续根据关键字对创新补贴数据予以分类，确定出研发类补贴、改进类补贴、其他类补贴的数据。其中，确定研发类补贴的关键字包括研究、研发、研制、产学研、科研、新产品、开发等；确定改进类补贴的关键字包括：技改、技术升级、技术改进、技术改造、工艺改进、成果转化、成果产业化、技术应用等；无法归类为研发类补贴、改进类补贴的创新补贴则归类为其他类补贴。

另外，医药企业在政府补助的披露中通常仅列示药品名，如"消毒安肾胶囊项目""参芪扶正注射液"等，由于医药企业所获创新补贴通常是对药品的研究和开发，因此，若医药企业披露的政府补助名称为药品名或项目名，则也将其归类为研发类补贴。

本章创新补贴以及各类创新补贴的度量标准如下：

（1）创新补贴，包括创新补贴总额（IST）以及是否获得创新补贴变量（ISD）。创新补贴总额（IST）为企业当年所获创新补贴的金额总计，为消除绝对数引起的偏差，用这一数值除以营业收入，得到标准化数值。是否获得创新补贴变量（ISD）为虚拟变量，代表企业当年是否获得创新补贴，若企业当年获得创新补贴，该变量取值为1，否则，取值为0。

（2）研发类补贴，包括研发类补贴金额（RDST）以及是否获得研发类补贴变量（RDSD）。研发类补贴金额（RDST）为企业当年所获研发类补贴金额总计，为消除绝对数引起的偏差，用这一数值除以营业收入，得到标准化数值。是否获得研发类补贴（RDSD）为虚拟变量，代表企业当年是否获得研发类补贴，若企业当年获得研发类补贴，该变量取值为1，否则，取值为0。

（3）改进类补贴，包括改进类补贴金额（IPST）以及是否获得改进类补贴变量（IPSD）。改进类补贴金额（IPST）为企业当年所获改进类补贴金额总计，为消除绝对数引起的偏差，用这一数值除以营业收入，得到标准化数值。是否获得改进类补贴（IPSD）为虚拟变量，代表企业当年是否获得改进类补贴，若企业当年获得改进类补贴，该变量取值为1，否则，取值为0。

（4）其他类补贴，包括其他类补贴金额（OTST）以及是否获得其他类补贴变量（OTSD）。其他类补贴金额（OTST）为企业当年所获其他类补贴金额总计，为消除绝对数引起的偏差，用这一数值除以营业收入，得到标准化数值。是否获得其他类补贴（OTSD）为虚拟变量，代表企业当年是否获得其他类补贴，若企业当年获得其他类补贴，该变量取值为1，否则，取值为0。

二、因变量的选择

本章的因变量为企业所获外部融资金额，外部融资分为债权融资和权益融资两类。本章以企业现金流量表数据度量企业的外部融资金额，运用这一度量方法能够较为清晰、准确地获得债权融资和权益融资金额。本小节将具体介绍外部融资、债权融资和权益融资三个变量的度量标准。

（1）外部融资（EDT）。外部融资变量代表企业所获外部融资的总金额，即企业所获债务融资和权益融资金额总和。本章根据上市公司年报中现金流量表第三部分"筹资活动产生的现金流量"项下的"吸收投资收到的现金""取得借款收到的现金""发行债券收到的现金"之和对企业的外部融资金额予以度量。为消除绝对数引起的偏差，将该数值除以期初总资产，得到标准化数值。

（2）债权融资（DT）。债权融资变量代表企业所获债权融资的总金额，以现金流量表中"筹资活动产生的现金流量"项下的"取得借款收到的现金"与"发行债券收到的现金"之和度量。为消除绝对数引起的偏差，将该数值除以期初总资产，得到标准化数值。

（3）权益融资（ET）。权益融资变量代表企业所获权益融资的总金额，即企业获得的权益性投资款。以现金流量表中"筹资活动产生的现金流量"项下的"吸收投资收到的现金"金额度量。为消除绝对数引起的偏差，将该数值除以期初总资产，得到标准化数值。

三、控制变量的选择

控制变量的选择主要在于控制内部融资，兼顾企业特质，并考虑企业的创新水平。本章借鉴 Meuleman 和 Maeseneire（2012）、程新生等（2012）、王刚刚等

（2017）的研究选取下列控制变量：

（1）流动资产占比（LA）。本章以上市公司资产负债表中的"流动资产合计"项目度量流动资产，将该数值除以总资产，得到流动资产在总资产中的占比。

（2）自由现金流量（CFO）。本章以上市公司现金流量表中的"经营活动产生的现金流量净额"项目度量自由现金流量，为消除绝对数引起的偏差，将该数值除以期初总资产，得到标准化数值。

（3）企业规模（SIZE）。本章以上市公司资产负债表中"资产总计"项目度量企业规模，并对该数值取对数，得到标准化数值。

（4）资产负债率（LEV）。本章以上市公司资产负债表中的"负债合计"除以"资产总计"度量资产负债率。

（5）无形资产占比（INGA）。本章以上市公司资产负债表中的"无形资产"除以"资产总计"度量无形资产占比。

（6）创新投入（RD）。本章以数据库中披露的上市公司的研发费用除以营业收入，得到创新投入密度，以此计量创新投入变量。

（7）企业年龄（AGE）。本章以研究当期年度减去企业成立年度度量企业年龄，并取对数以消除绝对数引起的偏差。

（8）年度虚拟变量（YEAR）。本章以2007年作为参照组设置年度虚拟变量。

（9）行业虚拟变量（IND）。本章以中国证监会公布的《上市公司行业分类指引》中的一级行业分类确定企业的行业归属。

本章涉及的相关变量的名称、符号、度量标准等如表4-1所示。

表4-1　本章主要变量测度表

变量类型	变量名称		变量符号	变量度量
自变量	创新补贴	创新补贴总额	IST	企业当年所获创新补贴金额/营业收入
		是否获得创新补贴	ISD	企业当年获得创新补贴，取值为1；否则，取值为0
	研发类补贴	研发类补贴金额	RDST	企业当年所获研发类补贴金额/营业收入
		是否获得研发类补贴	RDSD	企业当年获得研发类补贴，取值为1；否则，取值为0

续表

变量类型	变量名称		变量符号	变量度量
自变量	改进类补贴	改进类补贴金额	IPST	企业当年所获改进类补贴金额/营业收入
		是否获得改进类补贴	IPSD	企业当年获得改进类补贴，取值为1；否则，取值为0
	其他类补贴	其他类补贴金额	OTST	企业当年所获其他类补贴金额/营业收入
		是否获得其他类补贴	OTSD	企业当年获得其他类补贴，取值为1；否则，取值为0
因变量	外部融资		EDT	（吸收投资收到的现金+取得借款收到的现金+发行债券收到的现金）/期初总资产
	债权融资		DT	（取得借款收到的现金+发行债券收到的现金）/期初总资产
	权益融资		ET	吸收投资收到的现金/期初总资产
控制变量	流动资产占比		LA	流动资产合计/资产总计
	自由现金流量		CFO	经营活动产生的现金流量净额/期初总资产
	企业规模		SIZE	ln（资产总计）
	资产负债率		LEV	负债合计/资产总计
	无形资产占比		INGA	无形资产/资产总计
	创新投入		RD	研发费用/营业收入
	企业年龄		AGE	ln（当期时间−成立时间）
	年度虚拟变量		YEAR	以2007年作为参照组设置年度虚拟变量
	行业虚拟变量		IND	以中国证监会公布的《上市公司行业分类指引》中的一级行业分类确定

第四节 检验方法和模型设计

一、检验方法

本章运用的主要研究方法包括描述性统计分析、相关性分析、多元回归分析，现将各方法的运用加以简单介绍。

（一）描述性统计分析方法

描述性统计分析用于整理、描述、解释数据。研究中收集的数据量较为庞大，因此，用简明的统计量对这一庞大数据进行描述和概括至关重要。描述性统计分析能够通过对数据进行初步整理，帮助分析者掌握数据的基本统计特征，把握数据的总体分布形态。本章运用描述性分析方法探究异质性创新补贴、外部融资、其他主要变量等数据的基本统计特征，为后续的回归分析奠定基础。

（二）相关性分析方法

相关性分析指对于两个或多个具备相关性的变量进行的分析。若变量间具有关联，但无法运用函数关系精确表达，在统计上称之为变量间的统计关系或相关关系，对这一关系的分析被称为相关性分析。本章根据相关系数的方向和显著性，初步分析异质性创新补贴与企业外部融资的关系，以及其他主要变量的相关关系，为后续的回归分析奠定基础。

（三）多元线性回归分析法

多元线性回归分析是指存在两个或两个以上自变量的线性回归分析。多元线性回归分析首先需要确定自变量和因变量，随后采用普通最小二乘法进行回归参数的估计，最后对回归方程的显著性进行检验。本章通过分析方程中回归系数的符号与显著性，检验异质性创新补贴对企业外部融资的影响。

二、模型设计

本节介绍检验异质性创新补贴对外部融资影响的多元线性回归模型。为消除极端值的影响，本书（第四章至第六章）对全部变量进行上下 1% 的 Winsorize 处理。

首先，以全部样本为研究对象，以企业是否获得异质性创新补贴作为自变量，检验异质性创新补贴的证实作用，即检验与未获异质性创新补贴的企业相比，获得异质性创新补贴是否有助于企业获得更多的外部融资。建立如下模型：

$$EDT_t/DT_t/ET_t = \alpha_0 + \alpha_1 ISD_{l/t-1}/RDSD_{l/t-1}/IPSD_{l/t-1}/OTSD_{l/t-1} + \alpha_2 LA_{t-1} + \alpha_3 CFO_{t-1} + \alpha_4 SIZE_{t-1} + \alpha_5 LEV_{t-1} + \alpha_6 INGA_{t-1} + \alpha_7 RD_{t-1} + \alpha_8 AGE_{t-1} + \sum_i \delta_i YEAR + \sum_i \gamma_i IND + \varepsilon \tag{4-1}$$

其中，α_0 为截距，α_1 至 α_8 以及 δ、γ 均为回归系数，ε 为残差。其他主要变量含义如下：

（1）自变量：模型中的自变量为是否获得异质性创新补贴，均为虚拟变量。

考虑到创新补贴对外部融资的影响可能不会在当期显现，所以对第 t 年和第 t-1 年的创新补贴变量均予以检验。其中，$ISD_{t/t-1}$ 代表企业第 t 年或第 t-1 年是否获得创新补贴，$RDSD_{t/t-1}$ 代表企业第 t 年或第 t-1 年是否获得研发类补贴，$IPSD_{t/t-1}$ 代表企业第 t 年或第 t-1 年是否获得改进类补贴，$OTSD_{t/t-1}$ 代表企业第 t 年或第 t-1 年是否获得其他类补贴。

（2）因变量：模型中的因变量为外部融资相关变量，其中，EDT_t 代表企业第 t 年的外部融资总额，DT_t 代表企业第 t 年的债权融资总额，ET_t 代表企业第 t 年的权益融资总额。

（3）控制变量：LA_{t-1} 代表企业第 t-1 年的流动资产占比，CFO_{t-1} 代表企业第 t-1 年的自由现金流量，$SIZE_{t-1}$ 代表企业第 t-1 年的规模（总资产的对数），LEV_{t-1} 代表企业第 t-1 年的资产负债率，$INGA_{t-1}$ 代表企业第 t-1 年的无形资产占比，RD_{t-1} 代表企业第 t-1 年的创新投入，AGE_{t-1} 代表企业第 t-1 年的年龄，YEAR 为年度虚拟变量，IND 为行业虚拟变量。

其次，以获得异质性创新补贴的企业为样本，以企业所获创新补贴总额与各类创新补贴金额为自变量，检验异质性创新补贴的保障作用，考察是否企业所获异质性创新补贴的金额越多，越有助于企业获得更多的外部融资。建立如下模型：

$$EDT_t/DT_t/ET_t = \alpha_0 + \alpha_1 IST_{t/t-1}/RDST_{t/t-1}/IPST_{t/t-1}/OTST_{t/t-1} + \alpha_2 LA_{t-1} + \alpha_3 CFO_{t-1} + \alpha_4 SIZE_{t-1} + \alpha_5 LEV_{t-1} + \alpha_6 INGA_{t-1} + \alpha_7 RD_{t-1} + \alpha_8 AGE_{t-1} + \sum_i \delta_i YEAR + \sum_i \gamma_i IND + \varepsilon \quad (4\text{-}2)$$

模型中的自变量为企业所获创新补贴总额以及各类创新补贴的金额，均为连续变量。其中，$IST_{t/t-1}$ 代表企业第 t 年或第 t-1 年所获创新补贴总额，$RDST_{t/t-1}$ 代表企业第 t 年或第 t-1 年所获研发类补贴的金额，$IPST_{t/t-1}$ 代表企业第 t 年或第 t-1 年所获改进类补贴的金额，$OTST_{t/t-1}$ 代表企业第 t 年或第 t-1 年所获其他类补贴的金额。

模型中的其他变量含义与模型 4-1 相同，不再赘述。

最后，新创企业风险较大，对异质性创新补贴的"证实作用"和"保障作用"具有不利影响，为检验这一问题（假设四），本书在模型（4-1）和模型（4-2）的基础上引入新创企业变量（NV）作为调节变量，根据新创企业变量（NV）与异质性创新补贴变量的交互项系数，判断新创企业对于异质性创新补贴与外部融资关系的调节作用。其中，新创企业变量（NV）的衡量借鉴吴伟伟和张天一（2021）的研究，当企业的成立年限小于或等于 12 年时，该企业属于新创企业，变量取值为 1，否则，取值为 0。

第五节　检验结果

本节将依据研究设计对样本进行实证检验，得到对研究假设的检验结果，并通过稳健性检验，保证检验结果的可靠性。

一、描述性统计分析结果

首先运用全样本对本章涉及的主要变量进行描述性统计分析，主要变量的均值、标准差、最大值、最小值、中位数以及四分位数结果如表 4-2 所示。

表 4-2　本章主要变量的描述性统计结果

变量	均值	标准差	最大值	最小值	中位数	25%分位数	75%分位数
EDT_t	0.226	0.224	2.047	0.000	0.175	0.032	0.353
DT_t	0.189	0.198	2.047	0.000	0.142	0.014	0.299
ET_t	0.037	0.115	1.877	0.000	0.000	0.000	0.007
IST_t	0.004	0.014	0.456	0.000	0.000	0.000	0.003
ISD_t	0.522	0.500	1.000	0.000	1.000	0.000	1.000
$RDST_t$	0.002	0.008	0.372	0.000	0.000	0.000	0.000
$RDSD_t$	0.330	0.470	1.000	0.000	0.000	0.000	1.000
$IPST_t$	0.001	0.007	0.309	0.000	0.000	0.000	0.000
$IPSD_t$	0.256	0.436	1.000	0.000	0.000	0.000	1.000
$OTST_t$	0.001	0.007	0.448	0.000	0.000	0.000	0.000
$OTSD_t$	0.413	0.492	1.000	0.000	0.000	0.000	1.000
LA_t	0.621	0.206	1.000	0.000	0.638	0.483	0.778
CFO_t	0.036	0.702	62.790	−11.056	0.036	−0.009	0.082
$SIZE_t$	21.206	1.142	28.802	10.842	21.133	20.545	21.858
LEV_t	0.568	3.173	142.718	−0.195	0.395	0.218	0.577
$INGA_t$	0.048	0.060	0.895	0.000	0.033	0.015	0.059
RD_t	0.030	0.078	5.729	0.000	0.017	0.000	0.040
AGE_t	2.151	1.113	3.418	−6.908	2.385	1.946	2.708

从表4-2可见，在企业所获外部融资数据方面，企业获得外部融资总金额平均占企业总资产的22.6%，外部融资是企业重要的资金来源。但是，外部融资变量的标准差也较大，有企业的外部融资金额是企业总资产的2倍，也有企业没有外部融资，仅通过内部融资发展。在外部融资的内部构成方面，一方面，企业所获债权融资平均占总资产的18.9%；债权融资的最大值为2.047，这也是外部融资变量的最大值，说明外部融资金额为总资产2.047倍的企业所获资金均为债权融资；债权融资的25%分位数为0.014，说明债权融资覆盖面较广，至少3/4以上的企业具有债权融资。另一方面，企业所获权益融资平均占总资产的3.7%；权益融资的中位数为0，即至少一半的企业没有获得权益融资，然而有企业的权益融资金额是企业总资产的1.877倍，可见，获得权益融资的企业数量较少，但是，对于获得权益融资的企业，权益融资为该企业提供的资金数量较为可观。综上所述，外部融资对企业的发展具有重要作用，而外部融资中的债权融资是企业资金的主要来源。

　　在企业所获创新补贴数据方面，约52.2%的企业获得了创新补贴，创新补贴金额约占营业收入的0.4%，获创新补贴最多企业的创新补贴金额占营业收入的45.6%，可见，政府通过创新补贴的形式对企业的创新活动提供了支持。但是，与外部融资的数据对比，企业所获外部融资总金额占总资产的22.6%，企业所获创新补贴总金额占企业营业收入的0.4%，而总资产通常大于营业收入，可见，创新补贴虽然也是企业的一项资金来源，但是其提供的资金量远不及外部债权人、投资人为企业提供的资金量。

　　在企业所获各类创新补贴数据方面，约33%的企业获得了研发类补贴，约25.6%的企业获得了改进类补贴，约41.3%的企业获得了其他类补贴，很多企业会同时获得两类或三类创新补贴。可见，其他类补贴的覆盖面较广，与理论分析一致。企业所获研发类补贴金额约占营业收入的0.2%，企业所获改进类补贴金额约占营业收入的0.1%，企业所获其他类补贴金额约占营业收入的0.1%，可见，在三类创新补贴中，政府给予企业的研发类补贴金额较多。

　　在控制变量数据方面，企业流动资产占总资产比率平均为62.1%，说明企业的流动资产多于固定资产；企业自由现金流量平均为3.6%，说明企业的经营性现金流量相对较低；企业资产负债率平均为56.8%，说明企业普遍负债率相对较高；企业规模变量的均值为21.206，企业年龄变量的均值为2.151，这两个变量均为实际数值的自然对数，企业年龄变量最小值为负数是企业年龄的数值小于1

所致。

以获得创新补贴的企业作为样本进行描述性统计分析，探索创新补贴总额、各类创新补贴，以及其他相关变量的整体特征，检验结果如表4-3所示。

表4-3　获得创新补贴企业相关变量的描述性统计结果

变量	均值	标准差	最大值	最小值	中位数	25%分位数	75%分位数
EDT_t	0.231	0.216	1.790	0.000	0.190	0.042	0.360
DT_t	0.192	0.187	1.788	0.000	0.153	0.023	0.306
ET_t	0.040	0.114	1.511	-0.020	0.000	0.000	0.010
IST_t	0.008	0.018	0.456	0.000	0.003	0.001	0.008
$RDST_t$	0.004	0.011	0.372	0.000	0.000	0.000	0.003
$RDSD_t$	0.631	0.483	1.000	0.000	1.000	0.000	1.000
$IPST_t$	0.002	0.009	0.309	0.000	0.000	0.000	0.001
$IPSD_t$	0.490	0.500	1.000	0.000	0.000	0.000	1.000
$OTST_t$	0.002	0.010	0.448	0.000	0.000	0.000	0.001
$OTSD_t$	0.791	0.407	1.000	0.000	1.000	1.000	1.000
LA_t	0.634	0.171	1.000	0.039	0.646	0.517	0.767
CFO_t	0.039	0.076	0.600	-0.464	0.040	0.001	0.080
$SIZE_t$	21.338	0.919	25.297	18.291	21.229	20.691	21.881
LEV_t	0.363	0.220	3.401	0.007	0.340	0.193	0.503
$INGA_t$	0.047	0.041	0.526	0.000	0.037	0.021	0.060
RD_t	0.042	0.058	1.519	0.000	0.033	0.010	0.049
AGE_t	2.050	1.092	3.331	-6.908	2.292	1.810	2.604

从表4-3可见，当样本缩小至获得创新补贴的企业时，企业外部融资总额均值为0.231，即企业获得的外部融资总额占企业资产的23.1%，高于全样本下的企业外部融资总额均值。债权融资和权益融资金额亦呈现相同特征，其中，债权融资金额均值为0.192，权益融资金额均值为0.04，均高于全样本下的企业债权

融资和权益融资金额。可见，获得创新补贴的企业普遍会获得更多的外部融资。

在创新补贴方面，获得创新补贴企业所获创新补贴总额均值为 0.008，即创新补贴金额占营业收入的 0.8%。在各类创新补贴方面，对于获得创新补贴的企业，有 63.1% 的企业获得了研发类补贴，有 49% 的企业获得了改进类补贴，有 79.1% 的企业获得了其他类补贴，可见，其他类补贴的覆盖面较广。同时，在获得创新补贴的企业中，企业所获研发类补贴金额的均值为 0.004，企业所获改进类补贴和其他类补贴金额的均值相同，均为 0.002，可见，企业所获研发类补贴的金额相对较多。

在控制变量方面，通过与全样本的描述性统计结果（见表4-3）可以发现，与全样本相比，获得创新补贴的企业通常具有更高的流动资产占比（全样本为 0.621，获创新补贴企业为 0.634）、更大的企业规模（全样本为 21.206，获创新补贴企业为 21.338）、更低的资产负债率（全样本为 0.568，获创新补贴企业为 0.363）、更高的创新投入（全样本为 0.03，获创新补贴企业为 0.042）、更年轻的企业（全样本为 2.151，获创新补贴企业为 2.050）。而全样本和获得创新补贴企业的自由现金流（全样本为 0.036，获创新补贴企业为 0.039）和无形资产占比（全样本为 0.048，获创新补贴企业为 0.047）则较为接近。

二、相关性分析结果

通过检验各变量的相关性，初步探究各主要变量之间的关系，检验结果如表4-4所示。

根据表4-4，结合 Person 相关系数和 Spearman 秩相关系数的正负号以及显著性，发现企业的外部融资与企业是否获得创新补贴正相关，但是与企业获得创新补贴的金额并不存在正相关关系，说明企业获得创新补贴有助于企业获得更多的外部融资，但是，并非创新补贴金额越多，外部融资的金额也越多。对于各类创新补贴，研发类补贴与外部融资总额没有正相关关系，而是否获得改进类补贴或其他类补贴则与外部融资总额具有正相关关系，说明获得改进类补贴或其他类补贴有助于企业获得更多的外部融资。

对于债权融资，企业是否获得改进类补贴或是否获得其他类补贴与债权融资具有正相关关系，且仅从数值上看，改进类补贴与债权融资的正相关关系更为紧密，说明改进类补贴对企业债权融资具有更为明显的提高作用。

表4-4　本章主要变量的相关性统计结果

变量	EDT_t	DT_t	ET_t	IST_t	ISD_t	RDST_t	RDSD_t	IPST_t	IPSD_t	OTST_t	OTSD_t	LA_t	CFO_t	SIZE_t	LEV_t	INGA_t	RD_t	AGE_t
EDT_t	1	0.860***	0.471***	-0.005	0.058**	-0.016	0.016	0.063***	0.078***	0.019	0.048**	-0.209***	-0.087***	0.295***	0.456***	0.115***	-0.135***	-0.010
DT_t	**0.8930*****	1	0.054***	-0.020*	0.047***	-0.027**	0.008	0.067***	0.085***	0.012	0.043***	-0.220***	-0.159***	0.365***	0.479***	0.104***	-0.195***	0.012
ET_t	**0.471*****	**-0.045*****	1	0.087**	0.099***	0.098***	0.101***	0.030***	0.035***	0.075***	0.082***	0.038***	0.063***	0.135***	0.048**	0.004	0.125***	-0.054***
IST_t	**-0.069*****	**-0.079*****	**0.000**	1	0.917***	0.743***	0.708***	0.617***	0.591***	0.764***	0.736***	0.046**	0.055***	0.029	-0.266***	0.148***	0.497***	-0.202***
ISD_t	**0.026****	**0.014**	**0.026****	**0.917*****	1	0.653***	0.671***	0.553***	0.561***	0.766***	0.802***	0.037**	0.058***	0.117***	-0.207***	0.153***	0.450***	-0.190***
RDST_t	**-0.077*****	**-0.086*****	**-0.002**	**0.700*****	**0.221*****	1	0.974***	0.351***	0.348***	0.451***	0.461***	0.057***	0.055***	0.053***	-0.201***	0.094***	0.403***	-0.148***
RDSD_t	**-0.011**	**-0.017**	**0.008**	**0.295*****	**0.671*****	**0.329*****	1	0.364***	0.368***	0.458***	0.481***	0.044***	0.056***	0.096***	-0.167***	0.099***	0.373***	-0.144***
IPST_t	**-0.025****	**-0.031*****	**0.004**	**0.557*****	**0.177*****	**0.085*****	**0.099*****	1	0.316***	0.413***	0.427***	-0.036***	0.043***	0.095***	-0.101***	0.126***	0.234***	-0.117***
IPSD_t	**0.056*****	**0.062*****	**0.002**	**0.242*****	**0.561*****	**0.095*****	**0.368*****	**0.316*****	1	0.414***	0.438***	-0.040***	0.047***	0.121***	-0.082***	0.126***	0.221***	-0.107***
OTST_t	**-0.021****	**-0.024****	**0.000**	**0.609*****	**0.144*****	**0.113*****	**0.097*****	**0.054*****	**0.066*****	1	0.955***	0.049***	0.046***	0.050***	-0.207***	0.122***	0.404***	-0.176***
OTSD_t	**0.023****	**0.019***	**0.0130**	**0.222*****	**0.802*****	**0.135*****	**0.481*****	**0.102*****	**0.438*****	**0.179*****	1	0.044***	0.053***	0.103***	-0.182***	0.121***	0.387***	-0.177***
LA_t	**-0.145*****	**-0.145*****	**-0.034**	**0.033****	**0.065*****	**0.048*****	**0.063*****	**0.008**	**-0.017**	**0.001**	**0.068*****	1	-0.178***	-0.051***	-0.187***	-0.434***	0.201***	-0.136***
CFO_t	**-0.007**	**-0.012**	**0.007**	**0.000**	**0.005**	**0.002**	**0.005**	**-0.003**	**0.004**	**0.001**	**0.005**	**-0.012**	1	0.015	-0.128***	0.103***	0.052***	-0.041***
SIZE_t	**0.225*****	**0.299*****	**-0.075*****	**-0.045*****	**0.120*****	**-0.046*****	**0.095*****	**-0.035*****	**0.113*****	**-0.002**	**0.101*****	**-0.029*****	**-0.030*****	1	0.290***	-0.022**	-0.060***	0.074***
LEV_t	**-0.014**	**-0.009**	**-0.011**	**-0.025****	**-0.068*****	**-0.021****	**-0.048*****	**-0.015**	**-0.036*****	**-0.010**	**-0.056*****	**-0.008**	**0.011**	**-0.224*****	1	0.004	-0.484***	0.289***
INGA_t	**0.019***	**-0.003**	**0.043****	**0.009**	**-0.022****	**0.002**	**-0.020****	**0.010**	**0.0110**	**0.005**	**-0.029*****	**-0.378*****	**0.011**	**-0.090*****	**-0.006**	1	-0.017	-0.056***
RD_t	**-0.095*****	**-0.121*****	**0.023****	**0.187*****	**0.162*****	**0.205*****	**0.157*****	**0.069*****	**0.059*****	**0.060*****	**0.123*****	**0.105*****	**0.002**	**-0.060*****	**-0.032*****	**-0.017**	1	-0.054***
AGE_t	**0.002**	**0.029*****	**-0.046*****	**-0.038*****	**-0.095*****	**-0.030*****	**-0.068*****	**-0.035*****	**-0.066*****	**-0.006**	**-0.089*****	**-0.150*****	**-0.002**	**0.074*****	**0.038*****	**0.050*****	**-0.054*****	1

注：左下角（加粗）部分为 Person 相关系数，右上角部分为 Spearman 秩相关系数。*、**、***分别代表在10%、5%、1%水平下显著。

对于权益融资，是否获得创新补贴与权益融资具有显著的正相关关系，各类创新补贴与权益融资的关系并不确定。结合 Spearman 秩相关系数可以看出，是否获得研发类补贴与权益融资具有较强的正相关关系，两者的 Spearman 秩相关系数为 0.101，这可能与权益投资者具有相对较强的风险承受能力有关。整体而言，创新补贴与权益融资的相关性较弱。

对于其他控制变量，流动资产占比与外部融资存在显著的负相关关系，自由现金流与外部融资不存在正相关关系，说明内部融资能力越强的企业，对外部融资的依赖性越低。企业规模与外部融资具有显著的正相关关系，说明企业越大，获得的外部融资越多。企业的无形资产占比与外部融资正相关，而企业的创新支出则与外部融资负相关，无形资产占比反映了企业的创新能力，创新能力较强的企业更容易获得外部融资，但是，较多的创新支出会增加企业风险，不利于企业获得更多的外部融资。企业年龄与权益融资具有显著的负相关关系，说明年轻的企业易获得较多的权益投资，即投资者较青睐于具有潜力的年轻企业。

另外，通过表 4-4 中创新补贴与各控制变量的相关关系，可初步了解获得创新补贴的企业特征。创新补贴与流动资产占比、创新投入呈正相关关系，说明获得创新补贴的企业通常流动性资产较多且创新投入较多。创新补贴与资产负债率、企业年龄呈负相关关系，说明获得创新补贴的企业通常资产负债率较低、企业年龄较轻。研发类补贴呈现出与创新补贴变量相同的特征，即获得研发类补贴的企业通常流动资产较多、创新投入较多、资产负债率较低、企业年龄较轻。改进类补贴与创新投入正相关、与企业年龄负相关，说明获得改进类补贴的企业通常具有较多的创新投入，但企业年龄则相对较轻。其他类补贴仅与创新投入正相关，说明获得其他类补贴的企业通常具有较多的创新投入。

三、回归分析结果

本节通过分析多元回归结果考察异质性创新补贴对于企业外部融资的影响。对于异质性创新补贴证实作用的检验，是以全部样本为研究对象，以是否获得异质性创新补贴为自变量，运用模型（4-1）予以分析，检验与未获异质性创新补贴的企业相比，获得异质性创新补贴的企业是否能够获得更多的外部融资。对于异质性创新补贴保障作用的检验，是以获得异质性创新补贴的企业为研究对象，以企业所获异质性创新补贴的金额为自变量，运用模型（4-2）予以分析，检验对于已获得异质性创新补贴的企业，企业所获异质性创新补贴的金额越多，是否企业能够获得的外部融资金额也越多。

本小节首先研究创新补贴总体对企业外部融资的影响，接着研究各类创新补贴（研发类补贴、改进类补贴、其他类补贴）对于企业外部融资的影响。

（一）创新补贴

首先，考察与未获创新补贴的企业相比，获得创新补贴是否有助于企业获得更多的外部融资，以全样本为研究对象，以第 t 年或第 t-1 年是否获得创新补贴（ISD_t/ISD_{t-1}）为自变量，运用模型（4-1）检验，回归结果如表 4-5 所示。

表 4-5　企业是否获得创新补贴与外部融资关系检验结果

	EDT_t	DT_t	ET_t	EDT_t	DT_t	ET_t
ISD_t	0.024***	0.020***	0.005**			
	(5.130)	(5.113)	(1.966)			
ISD_{t-1}				0.013***	0.021***	-0.007***
				(2.734)	(5.286)	(-2.891)
LA_{t-1}	-0.132***	-0.118***	-0.012*	-0.129***	-0.115***	-0.013**
	(-10.695)	(-11.496)	(-1.937)	(-10.436)	(-11.160)	(-1.982)
CFO_{t-1}	-0.190***	-0.340***	0.140***	-0.189***	-0.341***	0.142***
	(-7.560)	(-16.192)	(10.722)	(-7.499)	(-16.236)	(10.893)
$SIZE_{t-1}$	0.046***	0.056***	-0.009***	0.047***	0.056***	-0.008***
	(22.193)	(32.319)	(-8.094)	(22.615)	(32.338)	(-7.267)
LEV_{t-1}	0.151***	0.125***	0.025***	0.149***	0.124***	0.024***
	(20.334)	(20.151)	(6.357)	(20.067)	(19.930)	(6.226)
$INGA_{t-1}$	-0.080*	-0.120***	0.045*	-0.078*	-0.118***	0.045*
	(-1.763)	(-3.175)	(1.925)	(-1.729)	(-3.143)	(1.936)
RD_{t-1}	-0.460***	-0.473***	0.011	-0.432***	-0.473***	0.038
	(-6.808)	(-8.391)	(0.319)	(-6.402)	(-8.388)	(1.078)
AGE_{t-1}	-0.019***	-0.009***	-0.009***	-0.020***	-0.010***	-0.010***
	(-6.786)	(-3.832)	(-6.548)	(-7.149)	(-4.218)	(-6.665)
YEAR	控制	控制	控制	控制	控制	控制
IND	控制	控制	控制	控制	控制	控制
_cons	-0.656***	-0.901***	0.216***	-0.667***	-0.894***	0.199***
	(-13.730)	(-22.568)	(8.686)	(-13.879)	(-22.315)	(7.979)
N	12352	12352	12352	11701	11701	11701
adj. R^2	0.173	0.253	0.062	0.171	0.253	0.062

续表

	EDT$_t$	DT$_t$	ET$_t$	EDT$_t$	DT$_t$	ET$_t$
R^2	0.176	0.256	0.065	0.174	0.256	0.066
F	61.495	99.027	20.099	60.760	99.105	20.254
p	0.000	0.000	0.000	0.000	0.000	0.000

注：＊、＊＊、＊＊＊分别代表在10％、5％、1％水平下显著，下同。

　　从表4-5可见，在以外部融资总额为自变量的方程中，当年以及前一年是否获得创新补贴变量均显著为正，说明获得创新补贴有助于企业获得更多的外部融资。在以债权融资为自变量的方程中，当年以及前一年是否获得创新补贴变量也均显著为正，说明获得创新补贴有助于企业获得更多的债权融资。在以权益融资为自变量的方程中，当年是否获得创新补贴变量显著为正，但是前一年是否获得创新补贴变量则显著为负，说明是否获得创新补贴对企业的权益融资的影响不能一概而论。综上，创新补贴具有"证实作用"，与未获创新补贴的企业相比，获得创新补贴的企业能够获得更多的外部融资，尤其是债权融资。

　　其次，以获得创新补贴的企业为研究对象，以企业所获创新补贴总额为自变量，运用模型（4-2），考察是否企业所获创新补贴总额越多，越有助于企业获得更多的外部融资。检验结果如表4-6所示。

表4-6　创新补贴总额与外部融资关系检验结果

	EDT$_t$	DT$_t$	ET$_t$	EDT$_t$	DT$_t$	ET$_t$
IST$_t$	-0.772 *** (-3.489)	-0.727 *** (-3.924)	-0.000 (-0.003)			
IST$_{t-1}$				-0.000 (-1.566)	-0.000 (-1.185)	-0.000 (-0.997)
LA$_{t-1}$	-0.207 *** (-11.781)	-0.195 *** (-13.276)	-0.010 (-0.986)	-0.222 *** (-10.584)	-0.192 *** (-10.728)	-0.030 ** (-2.562)
CFO$_{t-1}$	-0.236 *** (-6.498)	-0.407 *** (-13.386)	0.163 *** (7.695)	-0.279 *** (-6.558)	-0.348 *** (-9.587)	0.069 *** (2.929)
SIZE$_{t-1}$	-0.009 *** (-2.841)	0.014 *** (5.229)	-0.021 *** (-11.157)	0.015 *** (4.103)	0.025 *** (7.915)	-0.010 *** (-4.777)
LEV$_{t-1}$	0.570 *** (37.257)	0.447 *** (34.823)	0.122 *** (13.602)	0.429 *** (27.801)	0.363 *** (27.589)	0.065 *** (7.638)

续表

	EDT$_t$	DT$_t$	ET$_t$	EDT$_t$	DT$_t$	ET$_t$
INGA$_{t-1}$	−0.245*** (−3.322)	−0.370*** (−5.979)	0.118*** (2.736)	−0.120 (−1.500)	−0.245*** (−3.568)	0.124*** (2.784)
RD$_{t-1}$	−0.032 (−0.449)	−0.061 (−1.011)	0.026 (0.633)	−0.296*** (−5.107)	−0.254*** (−5.132)	−0.042 (−1.305)
AGE$_{t-1}$	−0.017*** (−5.137)	−0.011*** (−4.022)	−0.006*** (−3.023)	−0.018*** (−3.808)	−0.012*** (−2.989)	−0.006** (−2.261)
YEAR	控制	控制	控制	控制	控制	控制
IND	控制	控制	控制	控制	控制	控制
_cons	0.457*** (6.404)	0.008 (0.139)	0.396*** (9.516)	0.015 (0.182)	−0.232*** (−3.318)	0.247*** (5.425)
N	6452	6452	6452	5472	5472	5472
adj. R^2	0.367	0.412	0.099	0.366	0.410	0.100
R^2	0.371	0.415	0.105	0.307	0.343	0.067
F	88.487	106.559	17.583	0.312	0.348	0.074
p	0.000	0.000	0.000	55.498	65.285	9.811

从表4-6可见，除在以权益融资为因变量、以第t−1年创新补贴总额为自变量的方程中，创新补贴总额变量的系数不显著外，其他方程中创新补贴总额变量的系数均显著为负，这说明对于获得创新补贴的企业而言，获得创新补贴的数量越多，企业所获外部融资的金额越少，说明创新补贴的"保障作用"并不明显。

综上所述，与未获创新补贴企业相比，获得创新补贴的企业能够获得更多的外部融资，且主要是债权融资，说明创新补贴对于外部融资，特别是债权融资具有证实作用。但是，对于获得创新补贴的企业，获得较多数量的创新补贴并不能帮助企业获得更多的外部融资，说明创新补贴的保障作用并不明显。

（二）研发类补贴

首先，以全样本为研究对象，以第t年或第t−1年企业是否获得研发类补贴为自变量，运用模型（4-1）检验研发类补贴的"证实作用"，即检验与未获研发类补贴的企业相比，获得研发类补贴是否有助于企业获得更多的外部融资。检验结果如表4-7所示。

表4-7　企业是否获得研发类补贴与外部融资关系检验结果

	EDT_t	DT_t	ET_t	EDT_t	DT_t	ET_t
$RDSD_t$	−0.009* (−1.823)	−0.010** (−2.222)	0.000 (0.151)			
$RDSD_{t-1}$				−0.004 (−0.682)	−0.001 (−0.240)	−0.003 (−0.888)
LA_{t-1}	−0.147*** (−11.286)	−0.119*** (−10.619)	−0.029*** (−4.166)	−0.162*** (−11.873)	−0.132*** (−11.382)	−0.030*** (−4.094)
CFO_{t-1}	−0.001 (−0.307)	−0.002 (−0.723)	0.001 (0.592)	−0.001 (−0.293)	−0.002 (−0.685)	0.001 (0.535)
$SIZE_{t-1}$	0.047*** (21.771)	0.056*** (30.086)	−0.009*** (−7.566)	0.046*** (20.383)	0.055*** (28.735)	−0.009*** (−7.488)
LEV_{t-1}	0.003*** (3.461)	0.004*** (5.622)	−0.001** (−2.565)	0.003*** (3.601)	0.004*** (5.758)	−0.001** (−2.398)
$INGA_{t-1}$	−0.072* (−1.749)	−0.099*** (−2.797)	0.027 (1.225)	−0.060 (−1.399)	−0.092** (−2.502)	0.031 (1.351)
RD_{t-1}	−0.151*** (−4.977)	−0.141*** (−5.418)	−0.010 (−0.642)	−0.149*** (−4.891)	−0.140*** (−5.380)	−0.010 (−0.595)
AGE_{t-1}	−0.004* (−1.876)	0.003 (1.499)	−0.007*** (−5.995)	−0.000 (−0.134)	0.005*** (2.704)	−0.005*** (−4.516)
YEAR	控制	控制	控制	控制	控制	控制
IND	控制	控制	控制	控制	控制	控制
_cons	−0.611*** (−12.191)	−0.853*** (−19.874)	0.242*** (9.154)	−0.589*** (−11.274)	−0.834*** (−18.798)	0.245*** (8.725)
N	12352	12352	12352	11701	11701	11701
adj. R^2	0.107	0.160	0.048	0.107	0.162	0.048
R^2	0.110	0.163	0.051	0.110	0.165	0.052
F	35.597	56.251	15.622	34.013	54.442	15.059
p	0.000	0.000	0.000	0.000	0.000	0.000

　　根据表4-7，在以外部融资总额为因变量的方程中，第 t 年是否获得研发类补贴变量显著为负，说明研发类补贴无法帮助企业获得更多的外部融资。在债权融资为因变量的方程中，也呈现了类似的特征，即第 t 年是否获得研发类补贴变量显著为负，说明获得研发类补贴无法帮助企业获得更多的债权融资。此外的其他方程中，第 t 年和第 t−1 年是否获得研发类补贴变量均不显著。因此，获得研发类补贴对企业的外部融资没有显著的提高作用，即研发类补贴的"证实作用"并不显著。

其次，考察研发类补贴的"保障作用"，即在获得研发类补贴的企业中，是否企业所获研发类补贴的金额越多，企业的外部融资越多。为此，以获得研发类补贴的企业为样本，以第 t 年或第 $t-1$ 年企业所获研发类补贴的金额为自变量，运用模型（4-2）进行回归检验，检验结果如表4-8所示。

表4-8　企业获得研发类补贴金额与外部融资关系检验结果

	EDT_t	DT_t	ET_t	EDT_t	DT_t	ET_t
$RDST_t$	−0.928*** (−2.747)	−0.881*** (−3.155)	0.005 (0.028)			
$RDST_{t-1}$				−0.571** (−2.007)	−0.588** (−2.464)	0.017 (0.106)
LA_{t-1}	−0.197*** (−9.155)	−0.197*** (−11.101)	0.001 (0.082)	−0.208*** (−7.893)	−0.186*** (−8.415)	−0.022 (−1.499)
CFO_{t-1}	−0.231*** (−5.224)	−0.433*** (−11.822)	0.185*** (7.370)	−0.305*** (−5.758)	−0.404*** (−9.075)	0.098*** (3.321)
$SIZE_{t-1}$	−0.013*** (−3.288)	0.011*** (3.317)	−0.021*** (−9.517)	0.008* (1.836)	0.022*** (5.769)	−0.013*** (−5.380)
LEV_{t-1}	0.582*** (30.957)	0.455*** (29.230)	0.126*** (11.810)	0.422*** (21.307)	0.342*** (20.614)	0.080*** (7.203)
$INGA_{t-1}$	−0.110 (−1.217)	−0.222*** (−2.973)	0.107** (2.084)	0.034 (0.352)	−0.157* (−1.933)	0.192*** (3.536)
RD_{t-1}	−0.079 (−1.010)	−0.091 (−1.401)	0.014 (0.319)	−0.164** (−2.086)	−0.126* (−1.913)	−0.038 (−0.863)
AGE_{t-1}	−0.011*** (−2.730)	−0.009*** (−2.752)	−0.002 (−0.917)	−0.012* (−1.934)	−0.005 (−0.981)	−0.007** (−1.991)
YEAR	控制	控制	控制	控制	控制	控制
IND	控制	控制	控制	控制	控制	控制
_cons	0.462*** (5.382)	0.058 (0.814)	0.354*** (7.296)	0.091 (0.910)	−0.183** (−2.179)	0.275*** (4.906)
N	4067	4067	4067	3445	3445	3445
adj. R^2	0.390	0.447	0.106	0.308	0.359	0.074
R^2	0.397	0.453	0.116	0.317	0.367	0.085
F	64.018	80.636	12.726	36.824	46.023	7.386
p	0.000	0.000	0.000	0.000	0.000	0.000

根据表4-8，在以外部融资为因变量的方程中，无论是第 t 年还是第 $t-1$ 年的研发类补贴金额变量均显著为负，说明企业获得的研发类补贴金额越多，企业

的外部融资金额越少。在以债权融资为因变量的方程中，也存在类似的特征，即无论是第 t 年还是第 t-1 年的研发类补贴金额变量均显著为负，说明企业获得的研发类补贴金额越多，企业的债权融资金额越少。在以权益融资为因变量的方程中，无论是第 t 年还是第 t-1 年的研发类补贴金额变量均不显著，说明企业所获研发类补贴金额的多少对企业的权益融资没有显著影响。可见，研发类补贴的"保障作用"并不明显，企业获得的研发类补贴金额越多，外部融资金额反而越少，且在外部融资中，债权融资的这一特征更为明显。也就是说，企业获得的研发类补贴金额越多，债权融资金额越少，而权益融资金额没有显著变化。

综上所述，研发类补贴的"证实作用"并不显著，即与未获研发类补贴的企业相比，获得研发类补贴的企业无法获得更多的外部融资。研发类补贴也不具有明显的"保障作用"，即对于获得研发类补贴的企业，获得较多金额的研发补贴无法帮助企业获得较多金额的外部融资，与本章假设一相符。

（三）改进类补贴

为考察改进类补贴的"证实作用"，本书以全样本为研究对象，以第 t 年和第 t-1 年是否获得改进类补贴为自变量，运用模型（4-1）进行回归分析，回归结果如表 4-9 所示。

表 4-9 企业是否获得改进类补贴与外部融资关系检验结果

	EDT_t	DT_t	ET_t	EDT_t	DT_t	ET_t
$IPSD_t$	0.020*** (4.062)	0.019*** (4.599)	0.002 (0.802)			
$IPSD_{t-1}$				0.012** (2.192)	0.017*** (3.835)	-0.004 (-1.536)
LA_{t-1}	-0.129*** (-10.443)	-0.115*** (-11.235)	-0.012* (-1.861)	-0.128*** (-10.394)	-0.114*** (-11.107)	-0.013** (-1.966)
CFO_{t-1}	-0.189*** (-7.509)	-0.339*** (-16.156)	0.141*** (10.760)	-0.188*** (-7.478)	-0.340*** (-16.171)	0.142*** (10.838)
$SIZE_{t-1}$	0.047*** (22.655)	0.057*** (32.769)	-0.009*** (-7.906)	0.048*** (22.916)	0.057*** (32.892)	-0.008*** (-7.596)
LEV_{t-1}	0.149*** (20.122)	0.124*** (19.954)	0.024*** (6.263)	0.149*** (20.027)	0.123*** (19.846)	0.024*** (6.259)
$INGA_{t-1}$	-0.080* (-1.774)	-0.120*** (-3.192)	0.045* (1.928)	-0.079* (-1.737)	-0.119*** (-3.155)	0.046* (1.941)

续表

	EDT$_t$	DT$_t$	ET$_t$	EDT$_t$	DT$_t$	ET$_t$
RD$_{t-1}$	-0.421^{***}	-0.443^{***}	0.021	-0.417^{***}	-0.445^{***}	0.027
	(-6.300)	(-7.938)	(0.592)	(-6.218)	(-7.960)	(0.771)
AGE$_{t-1}$	-0.019^{***}	-0.009^{***}	-0.010^{***}	-0.020^{***}	-0.010^{***}	-0.010^{***}
	(-6.913)	(-3.931)	(-6.638)	(-7.108)	(-4.141)	(-6.699)
YEAR	控制	控制	控制	控制	控制	控制
IND	控制	控制	控制	控制	控制	控制
_cons	-0.668^{***}	-0.909^{***}	0.212^{***}	-0.675^{***}	-0.909^{***}	0.206^{***}
	(-14.008)	(-22.822)	(8.545)	(-14.117)	(-22.783)	(8.283)
N	12352	12352	12352	11701	11701	11701
adj. R^2	0.172	0.253	0.062	0.171	0.252	0.062
R^2	0.175	0.255	0.065	0.174	0.255	0.065
F	61.112	98.812	19.988	60.655	98.533	20.048
p	0.000	0.000	0.000	0.000	0.000	0.000

从表4-9可见，在以外部融资总额为因变量的方程中，第 t 年和第 t-1 年是否获得改进类补贴变量的系数均显著为正，说明与未获改进类补贴的企业相比，获得改进类补贴企业获得了更多的外部融资。在以债务融资为因变量的方程中，第 t 年和第 t-1 年是否获得改进类补贴变量的系数也均显著为正，说明与未获改进类补贴的企业相比，获得改进类补贴的企业获得了更多的债权融资。然而，在以权益融资为因变量的方程中，第 t 年和第 t-1 年是否获得改进类补贴变量的系数均不显著，说明与未获改进类补贴的企业相比，获得改进类补贴的企业并不能为企业带来更多的权益融资。可见，与未获改进类补贴企业相比，获得改进类补贴有助于企业获得更多外部融资，且改进类补贴对于外部融资的这一提高作用主要源于其对债权融资的提高作用，对权益融资没有显著影响。

为考察改进类补贴的"保障作用"，本书以获得改进类补贴企业为研究对象，以第 t 年和第 t-1 年企业获得改进类补贴的金额为自变量，运用模型（4-2）进行回归分析，回归结果如表4-10所示。

表4-10 企业获得改进类补贴金额与外部融资关系检验结果

	EDT$_t$	DT$_t$	ET$_t$	EDT$_t$	DT$_t$	ET$_t$
IPST$_t$	-0.745	-1.243^{***}	0.474^{*}			
	(-1.459)	(-2.808)	(1.689)			

续表

	EDT$_t$	DT$_t$	ET$_t$	EDT$_t$	DT$_t$	ET$_t$
IPST$_{t-1}$				−0.128 (−0.179)	−0.896 (−1.397)	0.630* (1.734)
LA$_{t-1}$	−0.212*** (−8.350)	−0.207*** (−9.402)	−0.002 (−0.110)	−0.216*** (−7.927)	−0.182*** (−7.468)	−0.031** (−2.244)
CFO$_{t-1}$	−0.295*** (−5.523)	−0.436*** (−9.405)	0.134*** (4.556)	−0.310*** (−5.136)	−0.378*** (−6.983)	0.055* (1.786)
SIZE$_{t-1}$	−0.012** (−2.492)	0.006 (1.521)	−0.015*** (−5.994)	−0.007 (−1.319)	0.005 (1.213)	−0.010*** (−3.958)
LEV$_{t-1}$	0.600*** (27.699)	0.495*** (26.348)	0.104*** (8.716)	0.629*** (26.603)	0.526*** (24.857)	0.099*** (8.286)
INGA$_{t-1}$	−0.344*** (−3.286)	−0.452*** (−4.974)	0.100* (1.735)	−0.290** (−2.554)	−0.376*** (−3.697)	0.081 (1.399)
RD$_{t-1}$	−0.032 (−0.290)	−0.035 (−0.361)	0.023 (0.385)	−0.053 (−0.447)	−0.112 (−1.060)	0.082 (1.375)
AGE$_{t-1}$	−0.009** (−2.556)	−0.006* (−1.798)	−0.004* (−1.952)	−0.020*** (−3.213)	−0.018*** (−3.169)	−0.003 (−1.063)
YEAR	控制	控制	控制	控制	控制	控制
IND	控制	控制	控制	控制	控制	控制
_cons	0.473*** (4.584)	0.145 (1.616)	0.274*** (4.838)	0.380*** (3.432)	0.124 (1.250)	0.210*** (3.743)
N	3143	3143	3143	2696	2696	2696
adj. R^2	0.388	0.418	0.097	0.412	0.415	0.073
R^2	0.396	0.425	0.108	0.420	0.423	0.086
F	52.656	59.428	9.756	50.381	50.993	6.544
p	0.000	0.000	0.000	0.000	0.000	0.000

从表4-10可见，在以外部融资为因变量的方程中，第 t 年和第 t-1 年企业获得改进类补贴金额变量的系数均不显著，说明企业获得该补贴的金额对外部融资没有显著影响。在以债务融资为因变量的方程中，第 t 年企业获得改进类补贴金额变量的系数显著为负，第 t-1 年企业获得改进类补贴金额变量的系数不显著，说明企业获得改进类补贴的金额越多，企业获得的债权融资不会增加，反而有可能减少。在以权益融资为因变量的方程中，第 t 年和第 t-1 年企业获得改进类补贴金额变量的系数显著为正，说明企业获得的改进类补贴金额越多，企业获

得的权益融资金额越多。可见，改进类补贴的"保障作用"在企业吸引债权融资方面的作用并不明显，但是，在帮助企业获得更多权益融资方面则具有较强的"保障作用"，即企业获得的改进类补贴金额越多，越能够帮助企业获得更多的权益融资。

综上所述，改进类补贴在企业获得债权融资方面具有"证实作用"，即与未获改进类补贴的企业相比，获得改进类补贴的企业能够获得更多的债权融资。改进类补贴在企业获得权益融资方面具有"保障作用"，即对于获得改进类补贴的企业，改进类补贴的金额越多，企业获得的权益融资越多。总之，改进类补贴有助于企业获得外部融资，与本章假设二相符。

（四）其他类补贴

以全样本为研究对象，以第 t 年和第 t-1 年企业是否获得其他类补贴为自变量，运用模型（4-1）进行回归分析，检验其他类补贴的证实作用，检验结果如表 4-11 所示。

表 4-11　企业是否获得其他类补贴与外部融资关系检验结果

	EDT_t	DT_t	ET_t	EDT_t	DT_t	ET_t
$OTSD_t$	0.022 *** (4.657)	0.019 *** (4.848)	0.003 (1.335)			
$OTSD_{t-1}$				0.011 ** (2.230)	0.017 *** (4.212)	−0.006 ** (−2.233)
LA_{t-1}	−0.132 *** (−10.726)	−0.119 *** (−11.537)	−0.012 * (−1.933)	−0.129 *** (−10.496)	−0.116 *** (−11.270)	−0.012 * (−1.921)
CFO_{t-1}	−0.191 *** (−7.575)	−0.341 *** (−16.212)	0.140 *** (10.728)	−0.188 *** (−7.474)	−0.340 *** (−16.178)	0.142 *** (10.861)
$SIZE_{t-1}$	0.047 *** (22.578)	0.057 *** (32.736)	−0.009 *** (−7.980)	0.048 *** (22.888)	0.057 *** (32.810)	−0.008 *** (−7.490)
LEV_{t-1}	0.151 *** (20.264)	0.125 *** (20.094)	0.024 *** (6.308)	0.149 *** (20.068)	0.124 *** (19.927)	0.024 *** (6.221)
$INGA_{t-1}$	−0.077 * (−1.710)	−0.118 *** (−3.122)	0.046 * (1.942)	−0.077 * (−1.705)	−0.117 *** (−3.096)	0.045 * (1.912)
RD_{t-1}	−0.443 *** (−6.596)	−0.461 *** (−8.215)	0.016 (0.471)	−0.422 *** (−6.277)	−0.455 *** (−8.113)	0.032 (0.906)
AGE_{t-1}	−0.019 *** (−6.847)	−0.009 *** (−3.880)	−0.010 *** (−6.599)	−0.020 *** (−7.127)	−0.010 *** (−4.174)	−0.010 *** (−6.686)

续表

	EDT$_t$	DT$_t$	ET$_t$	EDT$_t$	DT$_t$	ET$_t$
YEAR	控制	控制	控制	控制	控制	控制
IND	控制	控制	控制	控制	控制	控制
_cons	−0.664*** (−13.907)	−0.906*** (−22.743)	0.213*** (8.600)	−0.673*** (−14.058)	−0.905*** (−22.649)	0.203*** (8.162)
N	12352	12352	12352	11701	11701	11701
adj. R^2	0.173	0.253	0.062	0.171	0.253	0.062
R^2	0.176	0.256	0.065	0.174	0.255	0.065
F	61.314	98.913	20.028	60.662	98.664	20.138
p	0.000	0.000	0.000	0.000	0.000	0.000

根据表4-11，在以外部融资为因变量的方程中，无论第 t 年还是第 t−1 年是否获得其他类补贴变量系数均显著为正，说明与未获其他类补贴的企业相比，获得其他类补贴的企业能够获得更多的外部融资。在以债权融资为因变量的方程中，第 t 年和第 t−1 年是否获得其他类补贴变量系数也显著为正，说明获得其他类补贴能够帮助企业获得更多的债权融资。在以权益融资为因变量的方程中，第 t 年是否获得其他类补贴变量的系数不显著，第 t−1 年是否获得其他类补贴变量的系数显著为负，说明获得其他类补贴无法帮助企业获得更多的权益融资。总之，其他类补贴对于债权融资具有"证实作用"，与未获其他类补贴的企业相比，获得其他类补贴能够帮助企业获得更多的债权融资，但是，对于权益融资的影响并不显著。

以获得其他类补贴的企业为样本，以第 t 年或第 t−1 年企业所获其他类补贴的金额为自变量，运用模型（4-2）进行回归分析，检验其他类补贴的"保障作用"，检验结果如表4-12所示。

表4-12 企业获得其他类补贴金额与外部融资关系检验结果

	EDT$_t$	DTt	ET$_t$	EDT$_t$	DT$_t$	ET$_t$
OTST$_t$	−1.835*** (−3.111)	−1.762*** (−3.536)	−0.004 (−0.012)			
OTST$_{t-1}$				−0.000* (−1.695)	−0.000 (−1.239)	−0.000 (−1.126)
LA$_{t-1}$	−0.243*** (−12.254)	−0.220*** (−13.090)	−0.022* (−1.908)	−0.250*** (−10.761)	−0.220*** (−11.198)	−0.029** (−2.205)

续表

	EDT$_t$	DTt	ET$_t$	EDT$_t$	DT$_t$	ET$_t$
CFO$_{t-1}$	−0.249 *** (−6.012)	−0.424 *** (−12.136)	0.166 *** (7.002)	−0.303 *** (−6.371)	−0.378 *** (−9.373)	0.075 *** (2.756)
SIZE$_{t-1}$	−0.013 *** (−3.519)	0.010 *** (3.204)	−0.020 *** (−9.688)	0.006 (1.547)	0.017 *** (4.815)	−0.010 *** (−4.429)
LEV$_{t-1}$	0.609 *** (35.389)	0.487 *** (33.488)	0.118 *** (11.883)	0.501 *** (28.086)	0.427 *** (28.213)	0.074 *** (7.259)
INGA$_{t-1}$	−0.297 *** (−3.470)	−0.423 *** (−5.857)	0.124 ** (2.528)	−0.154 * (−1.667)	−0.295 *** (−3.774)	0.141 *** (2.678)
RD$_{t-1}$	−0.040 (−0.497)	−0.093 (−1.372)	0.053 (1.153)	−0.349 *** (−5.355)	−0.291 *** (−5.266)	−0.058 (−1.552)
AGE$_{t-1}$	−0.015 *** (−4.222)	−0.010 *** (−3.374)	−0.005 ** (−2.431)	−0.022 *** (−4.343)	−0.016 *** (−3.625)	−0.006 ** (−2.215)
YEAR	控制	控制	控制	控制	控制	控制
IND	控制	控制	控制	控制	控制	控制
_cons	0.568 *** (6.970)	0.109 (1.587)	0.402 *** (8.583)	0.218 ** (2.377)	−0.054 (−0.695)	0.272 *** (5.179)
N	5102	5102	5102	4370	4370	4370
adj. R^2	0.395	0.431	0.097	0.345	0.382	0.071
R^2	0.400	0.436	0.105	0.351	0.388	0.080
F	78.806	91.350	13.852	54.819	64.316	8.772
p	0.000	0.000	0.000	0.000	0.000	0.000

根据表4-12，在以外部融资为因变量的方程中，第 t 年企业获得其他类补贴金额变量的系数显著为负。在以债权融资为因变量的方程中，第 t 年企业获得其他类补贴金额变量的系数也显著为负。除此以外，其他方程中第 t 年或第 t−1 年企业所获其他类补贴金额变量的系数或为零或不显著。可见，企业所获其他类补贴的金额对外部融资总体而言没有影响或具有负面影响，其他类补贴的"保障作用"并不显著。

综上所述，其他类补贴在企业获得外部融资（特别是债权融资）方面具有"证实作用"，即与未获其他类补贴的企业相比，获得其他类补贴的企业能够获得更多的外部融资（特别是债权融资）。但是，其他类补贴的"保障作用"并不明显，即对于获得其他类补贴的企业，更多金额的其他类补贴无法帮助企业获得更多的外部融资，与本章假设三相符。

（五）新创企业的异质性创新补贴

考察创新补贴的整体情况，判断新创企业所获创新补贴与外部融资关系的特征。表4-13列示出新创企业对是否获得创新补贴与外部融资关系影响的检验结果。从表（4-13）中可见，在以债权融资为因变量，以第t-1年是否获得创新补贴为自变量的方程中，第t-1年是否获得创新补贴与新创企业交互项的系数为负且不显著。除此之外，其他方程中的是否获得创新补贴与新创企业交互项系数均显著为负，说明新创企业对于是否获得创新补贴与外部融资关系具有负向影响。也就是说，与非新创企业相比，新创企业所获创新补贴的"证实作用"较弱。

表4-13 新创企业对是否获得创新补贴与外部融资关系影响检验结果

	EDT_t	DT_t	ET_t	EDT_t	DT_t	ET_t
ISD_t_NV	-0.036*** (-4.163)	-0.014** (-1.997)	-0.021*** (-4.635)			
ISD_t	0.044*** (6.516)	0.028*** (4.959)	0.016*** (4.664)			
ISD_{t-1}_NV				-0.022** (-2.525)	-0.002 (-0.307)	-0.019*** (-3.991)
ISD_{t-1}				0.027*** (3.918)	0.023*** (4.114)	0.004 (0.980)
NV	0.043*** (5.830)	0.029*** (4.769)	0.014*** (3.559)	0.036*** (4.874)	0.022*** (3.679)	0.013*** (3.396)
LA_{t-1}	-0.135*** (-10.963)	-0.120*** (-11.647)	-0.014** (-2.193)	-0.141*** (-11.027)	-0.126*** (-11.872)	-0.014** (-2.097)
CFO_{t-1}	-0.195*** (-7.765)	-0.343*** (-16.327)	0.138*** (10.554)	-0.191*** (-7.294)	-0.349*** (-16.118)	0.146*** (10.476)
$SIZE_{t-1}$	0.045*** (21.377)	0.056*** (31.667)	-0.009*** (-8.629)	0.044*** (20.173)	0.054*** (30.333)	-0.009*** (-7.964)
LEV_{t-1}	0.156*** (20.858)	0.128*** (20.561)	0.026*** (6.688)	0.182*** (22.828)	0.150*** (22.810)	0.030*** (6.977)
$INGA_{t-1}$	-0.081* (-1.793)	-0.119*** (-3.146)	0.043* (1.828)	-0.077 (-1.637)	-0.125*** (-3.215)	0.053** (2.119)
RD_{t-1}	-0.477*** (-7.062)	-0.490*** (-8.684)	0.010 (0.297)	-0.390*** (-5.712)	-0.435*** (-7.692)	0.042 (1.150)
AGE_{t-1}	-0.011*** (-3.161)	-0.001 (-0.492)	-0.009*** (-4.912)	-0.007** (-2.072)	-0.000 (-0.094)	-0.006*** (-3.373)

续表

	EDT$_t$	DT$_t$	ET$_t$	EDT$_t$	DT$_t$	ET$_t$
YEAR	控制	控制	控制	控制	控制	控制
IND	控制	控制	控制	控制	控制	控制
_cons	−0.671*** (−13.922)	−0.920*** (−22.855)	0.220*** (8.771)	−0.650*** (−13.042)	−0.889*** (−21.593)	0.207*** (7.783)
N	12352	12352	12352	11701	11701	11701
adj. R^2	0.176	0.255	0.064	0.187	0.272	0.066
R^2	0.179	0.258	0.068	0.190	0.275	0.069
F	59.014	94.018	19.590	60.645	98.104	19.225
p	0.000	0.000	0.000	0.000	0.000	0.000

表4-14列示了新创企业对企业获得的创新补贴金额与外部融资关系影响的检验结果。从表4-14中可见，在所有方程中，企业获得的创新补贴金额与新创企业交互项的系数均不显著，说明新创企业对于企业所获创新补贴金额与外部融资的关系没有影响，即新创企业对于企业创新补贴的"保障作用"没有显著影响。

表4-14　新创企业对企业获得的创新补贴金额与外部融资关系影响检验结果

	EDT$_t$	DT$_t$	ET$_t$	EDT$_t$	DT$_t$	ET$_t$
IST$_t$_NV	−0.131 (−0.262)	−0.289 (−0.691)	0.125 (0.430)			
IST$_t$	−0.773** (−2.091)	−0.640** (−2.068)	−0.066 (−0.306)			
IST$_{t-1}$_NV				−0.106 (−0.196)	−0.052 (−0.112)	−0.069 (−0.249)
IST$_{t-1}$				−0.792** (−2.153)	−0.829*** (−2.627)	0.088 (0.464)
NV	0.024*** (3.304)	0.025*** (4.166)	−0.001 (−0.219)	0.027*** (3.060)	0.027*** (3.566)	0.001 (0.247)
LA$_{t-1}$	−0.205*** (−11.691)	−0.194*** (−13.162)	−0.010 (−1.003)	−0.216*** (−11.077)	−0.190*** (−11.362)	−0.025** (−2.460)
CFO$_{t-1}$	−0.236*** (−6.501)	−0.407*** (−13.403)	0.163*** (7.690)	−0.261*** (−6.244)	−0.355*** (−9.903)	0.081*** (3.755)
SIZE$_{t-1}$	−0.009*** (−2.755)	0.014*** (5.340)	−0.021*** (−11.139)	0.001 (0.287)	0.013*** (4.351)	−0.009*** (−4.827)

续表

	EDT_t	DT_t	ET_t	EDT_t	DT_t	ET_t
LEV_{t-1}	0.572*** (37.321)	0.448*** (34.929)	0.122*** (13.589)	0.573*** (33.803)	0.481*** (33.102)	0.084*** (9.670)
$INGA_{t-1}$	−0.236*** (−3.206)	−0.361*** (−5.842)	0.118*** (2.729)	−0.162** (−1.985)	−0.284*** (−4.040)	0.103** (2.453)
RD_{t-1}	−0.055 (−0.724)	−0.087 (−1.352)	0.030 (0.673)	−0.056 (−0.666)	−0.069 (−0.965)	0.020 (0.477)
AGE_{t-1}	−0.009** (−2.240)	−0.003 (−0.904)	−0.006** (−2.503)	−0.010* (−1.671)	−0.004 (−0.798)	−0.006* (−1.889)
YEAR	控制	控制	控制	控制	控制	控制
IND	控制	控制	控制	控制	控制	控制
_cons	0.418*** (5.771)	−0.032 (−0.534)	0.397*** (9.382)	0.208*** (2.595)	−0.067 (−0.970)	0.203*** (4.924)
N	6452	6452	6452	5472	5472	5472
adj. R^2	0.369	0.414	0.099	0.378	0.412	0.074
R^2	0.373	0.418	0.105	0.383	0.417	0.082
F	83.739	101.117	16.519	71.196	82.079	10.219
p	0.000	0.000	0.000	0.000	0.000	0.000

表4-15列示了新创企业对是否获得研发类补贴与外部融资关系影响的检验结果。从表（4-15）中可见，在以外融资为因变量的方程中，第 t 年企业是否获得研发类补贴与新创企业交互项的系数显著为负，在以权益融资为因变量的方程中，第 t 年和第 t-1 年企业是否获得研发类补贴与新创企业交互项的系数均显著为负，在以债权融资为因变量的方程中，第 t 年和第 t-1 年企业是否获得研发类补贴与新创企业交互项的系数均不显著。可见，与非新创企业相比，新创企业是否获得研发类补贴与外部融资的负向关系更为显著。

表4-15 新创企业对是否获得研发类补贴与外部融资关系影响检验结果

	EDT_t	DT_t	ET_t	EDT_t	DT_t	ET_t
$RDSD_t$_NV	−0.024** (−2.476)	−0.003 (−0.396)	−0.021*** (−4.058)			
$RDSD_t$	0.005 (0.611)	−0.008 (−1.199)	0.013*** (3.110)			

续表

	EDT$_t$	DT$_t$	ET$_t$	EDT$_t$	DT$_t$	ET$_t$
RDSD$_{t-1}$_NV				−0.010 (−0.969)	0.003 (0.354)	−0.014 ** (−2.361)
RDSD$_{t-1}$				0.002 (0.229)	−0.003 (−0.433)	0.005 (1.110)
NV	0.015 ** (2.340)	0.005 (0.909)	0.010 *** (2.965)	0.008 (1.212)	0.000 (0.063)	0.008 ** (2.154)
LA$_{t-1}$	−0.149 *** (−11.424)	−0.119 *** (−10.655)	−0.030 *** (−4.365)	−0.164 *** (−11.936)	−0.132 *** (−11.340)	−0.032 *** (−4.277)
CFO$_{t-1}$	−0.001 (−0.323)	−0.002 (−0.726)	0.001 (0.568)	−0.001 (−0.297)	−0.002 (−0.684)	0.001 (0.528)
SIZE$_{t-1}$	0.047 *** (21.461)	0.056 *** (29.912)	−0.009 *** (−7.895)	0.046 *** (20.236)	0.055 *** (28.669)	−0.009 *** (−7.663)
LEV$_{t-1}$	0.003 *** (3.489)	0.004 *** (5.638)	−0.001 ** (−2.544)	0.003 *** (3.612)	0.004 *** (5.762)	−0.001 ** (−2.385)
INGA$_{t-1}$	−0.071 * (−1.720)	−0.098 *** (−2.775)	0.027 (1.246)	−0.059 (−1.373)	−0.092 ** (−2.494)	0.032 (1.386)
RD$_{t-1}$	−0.154 *** (−5.052)	−0.142 *** (−5.459)	−0.011 (−0.715)	−0.151 *** (−4.933)	−0.140 *** (−5.387)	−0.011 (−0.662)
AGE$_{t-1}$	−0.003 (−1.055)	0.004 * (1.720)	−0.006 *** (−4.800)	0.001 (0.335)	0.005 ** (2.495)	−0.005 *** (−3.318)
YEAR	控制	控制	控制	控制	控制	控制
IND	控制	控制	控制	控制	控制	控制
_cons	−0.613 *** (−12.177)	−0.856 *** (−19.859)	0.243 *** (9.174)	−0.592 *** (−11.280)	−0.836 *** (−18.755)	0.244 *** (8.652)
N	12352	12352	12352	11701	11701	11701
adj. R^2	0.107	0.160	0.050	0.106	0.162	0.049
R^2	0.111	0.163	0.053	0.110	0.165	0.053
F	33.690	52.860	15.227	31.937	51.035	14.338
p	0.000	0.000	0.000	0.000	0.000	0.000

表4-16列示了新创企业对企业所获研发类补贴金额与外部融资关系影响的检验结果。从表4-16中可见，除了以债权融资为自变量的方程中，第 t 年研发类补贴金额与新创企业交互项的系数显著为负，其他方程中研发类补贴金额与新创企业交互项的系数均不显著，说明新创企业进一步强化了研发类补贴金额与债权融资的负向关系，而对其他关系没有显著影响。

表 4-16 新创企业对企业获得研发类补贴金额与外部融资关系影响检验结果

	EDT$_t$	DT$_t$	ET$_t$	EDT$_t$	DT$_t$	ET$_t$
RDST$_t$_NV	−0.486	−0.968*	0.444			
	（−0.739）	（−1.779）	（1.190）			
RDST$_t$	−0.632	−0.294	−0.264			
	（−1.211）	（−0.682）	（−0.892）			
RDST$_{t-1}$_NV				−0.717	−0.672	−0.012
				（−0.955）	（−1.068）	（−0.030）
RDST$_{t-1}$				−0.402	−0.503	0.101
				（−0.745）	（−1.110）	（0.352）
NV	0.012	0.018**	−0.007	0.021**	0.024***	−0.002
	（1.416）	（2.517）	（−1.429）	（1.986）	（2.708）	（−0.360）
LA$_{t-1}$	−0.195***	−0.195***	0.000	−0.203***	−0.180***	−0.021
	（−9.074）	（−10.965）	（0.004）	（−8.226）	（−8.678）	（−1.599）
CFO$_{t-1}$	−0.231***	−0.432***	0.184***	−0.254***	−0.375***	0.098***
	（−5.210）	（−11.795）	（7.344）	（−4.831）	（−8.512）	（3.503）
SIZE$_{t-1}$	−0.012***	0.011***	−0.021***	−0.005	0.011***	−0.013***
	（−3.230）	（3.417）	（−9.568）	（−1.103）	（3.048）	（−5.495）
LEV$_{t-1}$	0.583***	0.456***	0.125***	0.577***	0.468***	0.099***
	（30.987）	（29.329）	（11.750）	（27.086）	（26.179）	（8.793）
INGA$_{t-1}$	−0.104	−0.214***	0.103**	0.017	−0.184**	0.180***
	（−1.154）	（−2.863）	（2.019）	（0.167）	（−2.156）	（3.357）
RD$_{t-1}$	−0.085	−0.098	0.017	−0.072	−0.062	0.006
	（−1.082）	（−1.516）	（0.379）	（−0.829）	（−0.849）	（0.125）
AGE$_{t-1}$	−0.008	−0.005	−0.004	−0.007	0.001	−0.008**
	（−1.531）	（−1.107）	（−1.367）	（−0.968）	（0.153）	（−1.969）
YEAR	控制	控制	控制	控制	控制	控制
IND	控制	控制	控制	控制	控制	控制
_cons	0.441***	0.028	0.366***	0.282***	−0.039	0.258***
	（5.064）	（0.389）	（7.420）	（2.860）	（−0.471）	（4.936）
N	4067	4067	4067	3445	3445	3445
adj. R^2	0.390	0.448	0.107	0.381	0.427	0.081
R^2	0.397	0.454	0.116	0.390	0.435	0.093
F	60.081	75.945	12.010	47.308	56.993	7.583
p	0.000	0.000	0.000	0.000	0.000	0.000

表 4-17 列示了新创企业对是否获得改进类补贴与外部融资关系影响的检验结果。从表 4-17 中可见，在以外部融资为因变量的方程中，无论是第 t 年还是

第 t-1 年是否获得改进类补贴与新创企业交互项系数均显著为负，说明新创企业获得的改进类补贴对于外部融资的影响较弱。在以权益融资为因变量的方程中，也存在类似的现象，即第 t 年和第 t-1 年是否获得改进类补贴与新创企业交互项系数均显著为负。综上，与非新创企业相比，新创企业改进类补贴的"证实作用"更弱，改进类补贴的获得不利于企业获得更多的外部融资，尤其是权益融资。

表 4-17　新创企业对是否获得改进类补贴与外部融资关系影响检验结果

	EDT_t	DT_t	ET_t	EDT_t	DT_t	ET_t
$IPSD_t\_NV$	−0.018 * (−1.829)	−0.005 (−0.569)	−0.013 ** (−2.550)			
$IPSD_t$	0.031 *** (4.067)	0.022 *** (3.476)	0.010 ** (2.446)			
$IPSD_{t-1}\_NV$				−0.025 ** (−2.428)	−0.004 (−0.478)	−0.020 *** (−3.679)
$IPSD_{t-1}$				0.027 *** (3.469)	0.020 *** (3.162)	0.007 * (1.765)
NV	0.028 *** (4.597)	0.023 *** (4.490)	0.006 * (1.755)	0.032 *** (5.137)	0.024 *** (4.626)	0.009 ** (2.538)
LA_{t-1}	−0.130 *** (−10.563)	−0.116 *** (−11.310)	−0.013 ** (−1.970)	−0.136 *** (−10.721)	−0.123 *** (−11.658)	−0.012 * (−1.826)
CFO_{t-1}	−0.192 *** (−7.617)	−0.341 *** (−16.242)	0.140 *** (10.677)	−0.179 *** (−6.850)	−0.339 *** (−15.735)	0.149 *** (10.657)
$SIZE_{t-1}$	0.046 *** (22.240)	0.056 *** (32.406)	−0.009 *** (−8.118)	0.042 *** (19.761)	0.054 *** (30.214)	−0.010 *** (−8.518)
LEV_{t-1}	0.152 *** (20.471)	0.126 *** (20.295)	0.025 *** (6.396)	0.216 *** (25.275)	0.177 *** (25.113)	0.036 *** (7.886)
$INGA_{t-1}$	−0.078 * (−1.737)	−0.118 *** (−3.125)	0.044 * (1.893)	−0.090 * (−1.924)	−0.137 *** (−3.536)	0.052 ** (2.062)
RD_{t-1}	−0.439 *** (−6.563)	−0.462 *** (−8.256)	0.020 (0.581)	−0.323 *** (−4.783)	−0.367 *** (−6.576)	0.042 (1.156)
AGE_{t-1}	−0.011 *** (−3.247)	−0.001 (−0.524)	−0.009 *** (−5.024)	−0.009 ** (−2.443)	−0.001 (−0.275)	−0.007 *** (−3.744)
YEAR	控制	控制	控制	控制	控制	控制
IND	控制	控制	控制	控制	控制	控制
_cons	−0.690 *** (−14.341)	−0.931 *** (−23.203)	0.212 *** (8.496)	−0.631 *** (−12.803)	−0.882 *** (−21.632)	0.218 *** (8.239)

续表

	EDT$_t$	DT$_t$	ET$_t$	EDT$_t$	DT$_t$	ET$_t$
N	12352	12352	12352	11701	11701	11701
adj. R^2	0.174	0.255	0.062	0.198	0.281	0.066
R^2	0.177	0.257	0.066	0.201	0.283	0.070
F	58.172	93.709	19.002	64.982	102.255	19.416
p	0.000	0.000	0.000	0.000	0.000	0.000

表4-18列示了新创企业对企业所获改进类补贴金额与外部融资关系影响的检验结果。从表4-18中可见，在以债权融资为因变量的方程中，第 t-1 年企业获得改进类补贴金额与新创企业交互项的系数显著为正，说明与非新创企业相比，新创企业所获改进类补贴金额与债权融资的负向相关关系较弱。此外，其他方程中改进类补贴金额与新创企业交互项的系数均不显著。结合表4-10，改进类补贴对于权益融资具有"保障作用"，可见，新创企业对改进类补贴的"保障作用"没有影响。

表4-18　新创企业对企业获得改进类补贴金额与外部融资关系影响检验结果

	EDT$_t$	DT$_t$	ET$_t$	EDT$_t$	DT$_t$	ET$_t$
IPST$_t$_NV	1.197 (1.166)	1.200 (1.350)	−0.058 (−0.101)			
IPST$_t$	−1.370* (−1.824)	−1.708*** (−2.623)	0.358 (0.849)			
IPST$_{t-1}$_NV				1.650 (1.145)	2.152* (1.668)	−0.503 (−0.688)
IPST$_{t-1}$				−1.076 (−0.996)	−2.128** (−2.202)	0.915* (1.668)
NV	0.030*** (3.166)	0.025*** (3.052)	0.005 (0.969)	0.017 (1.365)	0.017 (1.607)	−0.001 (−0.117)
LA$_{t-1}$	−0.207*** (−8.206)	−0.204*** (−9.320)	−0.000 (−0.004)	−0.216*** (−7.948)	−0.183*** (−7.507)	−0.031** (−2.227)
CFO$_{t-1}$	−0.275*** (−5.187)	−0.431*** (−9.394)	0.149*** (5.012)	−0.315*** (−5.220)	−0.384*** (−7.095)	0.055* (1.801)
SIZE$_{t-1}$	−0.011** (−2.386)	0.007* (1.757)	−0.016*** (−6.089)	−0.007 (−1.316)	0.005 (1.201)	−0.010*** (−3.923)

	EDT_t	DT_t	ET_t	EDT_t	DT_t	ET_t
LEV_{t-1}	0.606*** (28.049)	0.497*** (26.561)	0.108*** (8.912)	0.631*** (26.692)	0.528*** (24.995)	0.099*** (8.257)
$INGA_{t-1}$	−0.308*** (−2.959)	−0.413*** (−4.582)	0.100* (1.707)	−0.282** (−2.485)	−0.367*** (−3.609)	0.079 (1.372)
RD_{t-1}	−0.087 (−0.789)	−0.086 (−0.901)	0.020 (0.317)	−0.064 (−0.543)	−0.125 (−1.186)	0.084 (1.401)
AGE_{t-1}	−0.002 (−0.409)	0.001 (0.258)	−0.003 (−1.255)	−0.008 (−0.968)	−0.004 (−0.578)	−0.005 (−1.110)
YEAR	控制	控制	控制	控制	控制	控制
IND	控制	控制	控制	控制	控制	控制
_cons	0.417*** (4.004)	0.089 (0.983)	0.276*** (4.731)	0.341*** (3.007)	0.082 (0.808)	0.213*** (3.695)
N	3143	3143	3143	2696	2696	2696
adj. R^2	0.391	0.420	0.098	0.413	0.417	0.072
R^2	0.399	0.427	0.110	0.422	0.426	0.086
F	50.060	56.321	9.297	47.076	47.889	6.097
p	0.000	0.000	0.000	0.000	0.000	0.000

表 4-19 列示了新创企业对是否获得其他类补贴与外部融资关系影响检验结果。从表 4-19 中可见，在以外部融资为因变量的方程中，无论是第 t 年还是第 t-1 年是否获得其他类补贴与新创企业交互项系数均显著为负，说明新创企业所获其他类补贴对外部融资的影响相对较弱。在以权益融资为因变量的方程中，无论是第 t 年还是第 t-1 年是否获得其他类补贴与新创企业交互项系数也均显著为负，说明新创企业所获其他类补贴对权益融资的影响也相对较弱。在以债权融资为因变量的方程中，无论是第 t 年还是第 t-1 年是否获得其他类补贴与新创企业交互项系数均不显著，说明新创企业对其他类补贴与债权融资的关系没有影响。

表 4-19　新创企业对是否获得其他类补贴与外部融资关系影响检验结果

	EDT_t	DT_t	ET_t	EDT_t	DT_t	ET_t
$OTSD_t\_NV$	−0.027*** (−3.135)	−0.012 (−1.590)	−0.015*** (−3.216)			

续表

	EDT$_t$	DT$_t$	ET$_t$	EDT$_t$	DT$_t$	ET$_t$
OTSD$_t$	0.037 *** (5.406)	0.025 *** (4.392)	0.012 *** (3.261)			
OTSD$_{t-1}$_NV				−0.017 * (−1.846)	0.001 (0.191)	−0.017 *** (−3.577)
OTSD$_{t-1}$				0.022 *** (3.142)	0.017 *** (3.011)	0.005 (1.235)
NV	0.035 *** (5.166)	0.026 *** (4.672)	0.008 ** (2.413)	0.032 *** (4.718)	0.022 *** (3.827)	0.011 *** (2.934)
LA$_{t-1}$	−0.135 *** (−10.929)	−0.120 *** (−11.661)	−0.013 ** (−2.105)	−0.138 *** (−10.830)	−0.124 *** (−11.793)	−0.013 * (−1.839)
CFO$_{t-1}$	−0.194 *** (−7.724)	−0.343 *** (−16.325)	0.139 *** (10.622)	−0.179 *** (−6.862)	−0.339 *** (−15.722)	0.149 *** (10.619)
SIZE$_{t-1}$	0.046 *** (21.931)	0.056 *** (32.178)	−0.009 *** (−8.315)	0.042 *** (19.658)	0.053 *** (30.087)	−0.010 *** (−8.473)
LEV$_{t-1}$	0.154 *** (20.704)	0.128 *** (20.475)	0.025 *** (6.530)	0.216 *** (25.313)	0.178 *** (25.142)	0.036 *** (7.925)
INGA$_{t-1}$	−0.076 * (−1.686)	−0.116 *** (−3.069)	0.045 * (1.910)	−0.089 * (−1.892)	−0.135 *** (−3.465)	0.051 ** (2.016)
RD$_{t-1}$	−0.460 *** (−6.839)	−0.478 *** (−8.504)	0.016 (0.458)	−0.329 *** (−4.870)	−0.377 *** (−6.739)	0.045 (1.250)
AGE$_{t-1}$	−0.011 *** (−3.224)	−0.002 (−0.538)	−0.009 *** (−4.967)	−0.009 ** (−2.486)	−0.001 (−0.435)	−0.007 *** (−3.591)
YEAR	控制	控制	控制	控制	控制	控制
IND	控制	控制	控制	控制	控制	控制
_cons	−0.681 *** (−14.146)	−0.926 *** (−23.048)	0.215 *** (8.603)	−0.628 *** (−12.724)	−0.878 *** (−21.482)	0.216 *** (8.131)
N	12352	12352	12352	11701	11701	11701
adj. R^2	0.175	0.255	0.063	0.198	0.281	0.066
R^2	0.178	0.258	0.066	0.201	0.284	0.070
F	58.569	93.852	19.162	64.914	102.434	19.467
p	0.000	0.000	0.000	0.000	0.000	0.000

表4-20列示了新创企业对企业所获其他类补贴金额与外部融资关系影响的检验结果。从表4-20中可见，在所有方程中，企业所获其他类补贴金额与新创

企业交互项的系数均不显著，新创企业对其他类补贴金额与外部融资的关系没有影响，即新创企业对于其他类补贴的"保障作用"没有影响。

表 4-20　新创企业对企业获得其他类补贴金额与外部融资关系影响检验结果

	EDT$_t$	DT$_t$	ET$_t$	EDT$_t$	DT$_t$	ET$_t$
OTST$_t$_NV	2.065 (1.525)	1.497 (1.305)	0.642 (0.834)			
OTST$_t$	−2.790*** (−3.115)	−2.483*** (−3.271)	−0.284 (−0.557)			
OTST$_{t-1}$_NV				1.407 (1.054)	1.555 (1.362)	−0.076 (−0.110)
OTST$_{t-1}$				−2.366*** (−2.910)	−2.399*** (−3.448)	0.095 (0.225)
NV	0.017** (2.212)	0.018*** (2.863)	−0.001 (−0.126)	0.022** (2.466)	0.025*** (3.159)	−0.002 (−0.356)
LA$_{t-1}$	−0.244*** (−12.298)	−0.218*** (−12.987)	−0.024** (−2.105)	−0.251*** (−11.449)	−0.222*** (−11.825)	−0.028** (−2.497)
CFO$_{t-1}$	−0.250*** (−6.062)	−0.424*** (−12.151)	0.164*** (7.018)	−0.292*** (−6.210)	−0.375*** (−9.317)	0.075*** (3.079)
SIZE$_{t-1}$	−0.012*** (−3.323)	0.010*** (3.377)	−0.020*** (−9.681)	−0.005 (−1.218)	0.007** (2.037)	−0.009*** (−4.353)
LEV$_{t-1}$	0.610*** (35.514)	0.488*** (33.516)	0.117*** (12.013)	0.603*** (31.629)	0.514*** (31.533)	0.085*** (8.529)
INGA$_{t-1}$	−0.294*** (−3.453)	−0.416*** (−5.758)	0.121** (2.493)	−0.199** (−2.137)	−0.323*** (−4.052)	0.093* (1.911)
RD$_{t-1}$	−0.062 (−0.772)	−0.117* (−1.719)	0.052 (1.148)	−0.109 (−1.243)	−0.098 (−1.306)	−0.006 (−0.122)
AGE$_{t-1}$	−0.008* (−1.859)	−0.003 (−0.737)	−0.005** (−2.018)	−0.010 (−1.524)	−0.003 (−0.509)	−0.008** (−2.098)
YEAR	控制	控制	控制	控制	控制	控制
IND	控制	控制	控制	控制	控制	控制
_cons	0.515*** (6.246)	0.070 (1.004)	0.389*** (8.285)	0.361*** (3.963)	0.074 (0.949)	0.225*** (4.746)
N	5102	5102	5102	4370	4370	4370
adj. R^2	0.397	0.432	0.098	0.397	0.432	0.074
R^2	0.403	0.438	0.106	0.404	0.438	0.084
F	74.693	86.234	13.119	64.096	73.937	8.685
p	0.000	0.000	0.000	0.000	0.000	0.000

综上所述，新创企业对于企业是否获得创新补贴与外部融资关系具有显著的负向调节作用，即对于是否获得研发类补贴、改进类补贴、其他类补贴与外部融资的关系均具有负向影响。新创企业对于企业所获异质性创新补贴金额与外部融资关系的影响大多并不显著。因此，总体而言，与非新创企业相比，新创企业所获各类创新补贴对于外部融资的提高作用更弱，与假设四相符。

四、稳健性检验

为了检验以上分析结果的稳健性，进行了如下的稳健性检验：

（1）运用资产负债表相关数据度量外部融资。以资产负债表中的长期借款与短期借款之和较上年的变化值（DTC）度量债务融资，以资产负债表中的所有者权益合计减留存收益之差较上年的变化值（ETC）度量权益融资，以两者之和（EDTC）度量外部融资总额。由于篇幅有限，仅列示第 t 年异质性创新补贴对外部融资影响的检验结果。

表 4-21 列示了是否获得异质性创新补贴对外部融资的影响检验结果。从表（4-21）中可见，是否获得创新补贴变量的系数在以外部融资、债权融资为变量的方程中显著为正，说明创新补贴的获得能够帮助企业获得更多的外部融资，尤其是债权融资。是否获得研发类补贴变量的系数在方程中均不显著，说明获得研发类补贴对外部融资没有影响。是否获得改进类补贴的系数在以债权融资为变量的方程中显著为正，说明获得改进类补贴有助于企业获得更多的债权融资。是否获得其他类补贴变量的系数在以债权融资因变量的方程中显著为正，在以权益融资为因变量的方程中显著为负，说明其他类补贴有助于企业获得更多的债权融资，不利于企业获得权益融资。该结果与前文基本一致。

表 4-22 列示了企业获得异质性创新补贴的金额对外部融资的影响检验结果。从表（4-22）中可见，在以权益融资为因变量的方程中，企业获得改进类补贴金额的系数显著为正，说明在获得改进类补贴的企业中，获得改进类补贴的金额越多，企业能够获得的权益融资越多。除此之外的其他方程中，异质性创新补贴金额的系数均不显著。因此，仅改进类补贴具有显著的"保障作用"。与前文结论基本一致。

（2）对异质性创新补贴金额的度量采用异质性创新补贴金额的自然对数。即以异质性创新补贴金额的 ln 值（lnIST/lnRDST/lnIPST/lnOTST）作为异质性创新补贴的度量变量。这一变量替换仅涉及对异质性创新补贴"保障作用"的检

表4-21 是否获得异质性创新补贴对外部融资关系检验结果

	$EDTC_t$	DTC_t	ETC_t	$EDTC_t$	DTC_t	ETC_t	$EDTC_t$	DTC_t	ETC_t	$EDTC_t$	DTC_t	ETC_t
ISD_t	0.007** (2.399)	0.007*** (3.110)	-0.001 (-0.720)									
$RDSD_t$				0.005 (1.557)	-1.082 (-0.363)	0.002 (0.284)						
$IPSD_t$							0.004 (1.411)	0.006** (2.436)	-0.001 (-0.475)			
$OTSD_t$										0.002 (0.734)	0.005** (2.015)	-0.003** (-2.297)
LA_{t-1}	0.029*** (3.831)	0.001 (0.213)	0.028*** (8.622)	0.029*** (3.860)	-17.685** (-2.350)	0.022 (1.207)	0.029*** (3.930)	0.001 (0.242)	0.028*** (8.591)	0.029*** (3.865)	0.001 (0.220)	0.028*** (8.691)
CFO_{t-1}	-0.218*** (-14.284)	-0.248*** (-19.975)	0.028*** (4.248)	-0.217*** (-14.251)	-1.545 (-0.844)	-0.043*** (-9.804)	-0.217*** (-14.249)	-0.247*** (-19.942)	0.028*** (4.239)	-0.217*** (-14.232)	-0.247*** (-19.946)	0.028*** (4.311)
$SIZE_{t-1}$	0.012*** (9.172)	0.018*** (17.487)	-0.006*** (-11.723)	0.012*** (9.411)	-1.878 (-1.500)	-0.022*** (-7.428)	0.012*** (9.459)	0.018*** (17.760)	-0.006*** (-11.859)	0.012*** (9.551)	0.018*** (17.864)	-0.006*** (-11.610)
LEV_{t-1}	-0.053*** (-11.825)	-0.031*** (-8.357)	-0.024*** (-12.294)	-0.054*** (-11.932)	-21.195*** (-50.664)	0.004*** (4.250)	-0.054*** (-11.960)	-0.031*** (-8.474)	-0.024*** (-12.279)	-0.054*** (-11.935)	-0.031*** (-8.445)	-0.024*** (-12.373)
$INGA_{t-1}$	-0.021 (-0.770)	-0.023 (-1.030)	-0.002 (-0.176)	-0.021 (-0.775)	-8.472 (-0.356)	-0.072 (-1.258)	-0.021 (-0.772)	-0.023 (-1.041)	-0.002 (-0.175)	-0.021 (-0.754)	-0.022 (-1.004)	-0.002 (-0.190)

续表

	EDTC_t	DTC_t	ETC_t	EDTC_t	DTC_t	ETC_t	EDTC_t	DTC_t	ETC_t	EDTC_t	DTC_t	ETC_t
RDI_{t-1}	0.005 (0.123)	-0.051 (-1.467)	0.055*** (2.966)	0.009 (0.215)	-23.847 (-0.693)	-0.041 (-0.499)	0.019 (0.439)	-0.050 (-1.421)	0.053*** (2.911)	0.018 (0.430)	-0.042 (-1.219)	0.058*** (3.167)
AGE_{t-1}	-0.027*** (-16.045)	-0.015*** (-10.703)	-0.013*** (-17.200)	-0.027*** (-16.167)	1.728 (1.410)	-0.008*** (-2.605)	-0.027*** (-16.137)	-0.015*** (-10.834)	-0.013*** (-17.191)	-0.027*** (-16.159)	-0.015*** (-10.789)	-0.013*** (-17.299)
YEAR	控制	控制	控制	控制	控制	控制	控制	控制	控制	控制	控制	控制
IND	控制	控制	控制	控制	控制	控制	控制	控制	控制	控制	控制	控制
_cons	-0.105*** (-3.628)	-0.293*** (-12.438)	0.190*** (15.106)	-0.109*** (-3.769)	64.799** (2.241)	0.502*** (7.182)	-0.110*** (-3.805)	-0.296*** (-12.591)	0.190*** (15.201)	-0.112*** (-3.859)	-0.297*** (-12.642)	0.188*** (14.996)
N	12352	12352	12352	12352	12352	12352	12352	12352	12352	12352	12352	12352
adj. R²	0.103	0.104	0.150	0.103	0.232	0.034	0.103	0.104	0.150	0.103	0.104	0.150
R²	0.107	0.107	0.153	0.106	0.235	0.038	0.106	0.107	0.153	0.106	0.107	0.153
F	34.005	34.273	51.483	33.885	87.590	11.119	33.869	34.138	51.472	33.817	34.070	51.664
p	0.000	0.000	0.000	0.000	0.000	0.000	0.000	0.000	0.000	0.000	0.000	0.000

表4-22 企业获得异质性创新补贴的金额对外部融资关系检验结果

	$EDTC_t$	DTC_t	ETC_t	$EDTC_t$	DTC_t	ETC_t	$EDTC_t$	DTC_t	ETC_t	$EDTC_t$	DTC_t	ETC_t
IST_t	-0.155 (-0.958)	-0.075 (-0.591)	-0.084 (-1.105)									
$RDST_t$				-0.243 (-0.871)	-0.130 (-0.600)	-0.136 (-1.018)						
$IPST_t$							0.162 (0.380)	-0.130 (-0.381)	0.292* (1.646)			
$OTST_t$										-0.819 (-1.483)	-0.613 (-1.419)	-0.252 (-0.966)
LA_{t-1}	0.010 (0.903)	-0.016* (-1.818)	0.025*** (4.847)	0.010 (0.723)	-0.010 (-0.950)	0.021*** (3.172)	0.012 (0.778)	-0.018 (-1.437)	0.031*** (4.412)	0.004 (0.304)	-0.024** (-2.485)	0.027*** (4.633)
CFO_{t-1}	-0.246*** (-10.972)	-0.263*** (-14.937)	0.019* (1.760)	-0.244*** (-8.800)	-0.268*** (-12.414)	0.026** (1.964)	-0.254*** (-7.792)	-0.266*** (-10.182)	0.016 (1.086)	-0.238*** (-9.406)	-0.258*** (-13.047)	0.021* (1.720)
$SIZE_{t-1}$	-0.005*** (-2.702)	0.006*** (3.560)	-0.011*** (-11.341)	-0.007*** (-2.892)	0.004** (2.237)	-0.011*** (-9.705)	-0.004 (-1.351)	0.004* (1.961)	-0.008*** (-6.385)	-0.006*** (-2.875)	0.004** (2.160)	-0.010*** (-9.525)
LEV_{t-1}	-0.009 (-0.977)	0.023*** (3.236)	-0.032*** (-7.744)	0.005 (0.461)	0.038*** (4.257)	-0.034*** (-6.196)	-0.007 (-0.575)	0.025** (2.460)	-0.033*** (-5.700)	0.007 (0.719)	0.040*** (5.163)	-0.034*** (-7.273)
$INGA_{t-1}$	-0.007 (-0.156)	-0.005 (-0.142)	-0.006 (-0.272)	0.044 (0.802)	0.057 (1.316)	-0.014 (-0.524)	0.078 (1.265)	0.074 (1.505)	-0.006 (-0.233)	-0.085* (-1.674)	-0.067* (-1.681)	-0.016 (-0.657)

续表

	EDTC_t	DTC_t	ETC_t	EDTC_t	DTC_t	ETC_t	EDTC_t	DTC_t	ETC_t	EDTC_t	DTC_t	ETC_t
RD_{t-1}	-0.009 (-0.177)	-0.007 (-0.171)	0.005 (0.210)	-0.045 (-0.774)	-0.034 (-0.766)	-0.007 (-0.241)	-0.007 (-0.092)	0.019 (0.321)	-0.017 (-0.502)	0.014 (0.258)	0.027 (0.630)	-0.004 (-0.144)
AGE_{t-1}	-0.021*** (-10.174)	-0.012*** (-7.096)	-0.010*** (-9.869)	-0.018*** (-7.150)	-0.010*** (-4.980)	-0.008*** (-6.680)	-0.022*** (-7.590)	-0.011*** (-4.895)	-0.010*** (-8.098)	-0.019*** (-8.530)	-0.010*** (-5.906)	-0.009*** (-8.349)
YEAR	控制	控制	控制	控制	控制	控制	控制	控制	控制	控制	控制	控制
IND	控制	控制	控制	控制	控制	控制	控制	控制	控制	控制	控制	控制
_cons	0.267*** (5.965)	-0.015 (-0.423)	0.277*** (13.143)	0.266*** (4.849)	-0.020 (-0.462)	0.290*** (11.030)	0.235*** (3.657)	0.007 (0.143)	0.223*** (7.718)	0.290*** (5.747)	0.028 (0.721)	0.261*** (10.938)
N	6452	6452	6452	4067	4067	4067	3143	3143	3143	5102	5102	5102
adj. R^2	0.077	0.078	0.145	0.074	0.088	0.145	0.082	0.076	0.158	0.071	0.081	0.139
R^2	0.083	0.084	0.151	0.084	0.097	0.154	0.093	0.087	0.169	0.079	0.089	0.147
F	13.392	13.661	26.338	8.811	10.349	17.457	8.201	7.627	16.214	10.040	11.458	20.117
p	0.000	0.000	0.000	0.000	0.000	0.000	0.000	0.000	0.000	0.000	0.000	0.000

验，且由于篇幅有限，仅列示第 t 年企业所获异质性创新补贴对外部融资影响的检验结果，如表 4-23 所示。

根据表 4-23，对于创新补贴总额而言，在权益融资为因变量的方程中，创新补贴金额变量的系数显著为正，在外部融资总体和债权融资为因变量的方程中，创新补贴金额变量的系数均不显著，说明创新补贴仅在吸引权益融资方面具有"保障作用"。对于研发类补贴而言，在所有方程中该变量的系数均不显著，说明研发类补贴在吸引外部融资方面不具有"保障作用"。对于改进类补贴而言，在外部融资总体和权益融资为因变量的方程中，改进类补贴金额变量的系数均显著为正，在债权融资为因变量的方程中，改进类补贴金额变量的系数不显著，说明改进类补贴在吸引权益融资方面具有"保障作用"，这一保障作用较强，使改进类补贴对于外部融资总体而言也具有"保障作用"。对于其他类补贴而言，在权益融资为因变量的方程中，其他类补贴金额变量的系数显著为正，在外部融资总体和债权融资为因变量的方程中，其他类补贴金额变量的系数均不显著，说明其他类补贴在吸引权益融资方面也具有"保障作用"，但是，这一保障作用较弱，使得其他类补贴对于外部融资总体不具有"保障作用"。可见，其他类补贴对外部融资的"保障作用"强于研发类补贴，但是较改进类补贴较弱，与前文的结论基本一致。

（3）内生性问题。考虑到获得异质性创新补贴的企业可能已经具有较强的外部融资能力，因此异质性创新补贴与外部融资之间可能存在潜在的内生性问题。为解决这一问题，本书采用两阶段最小二乘法模型（2SLS）予以控制。借鉴吴伟伟和张天一（2021）、尚洪涛和房丹（2021）的方法，采用各年度中各省份（市、自治区）的平均异质性补贴金额作为工具变量。这一方法的检验仅涉及对异质性创新补贴"保障作用"的检验，且由于篇幅有限，仅列示第 t 年企业所获异质性创新补贴对外部融资影响的 2SLS 检验结果，如表 4-24 所示。

根据表 4-24，对于创新补贴总额而言，在权益融资为因变量的方程中，创新补贴金额变量的系数显著为正，而在外部融资总体和债权融资为因变量的方程中，创新补贴金额变量的系数均显著为负，说明创新补贴仅在吸引权益融资方面具有"保障作用"。对于研发类补贴而言，在所有方程中该变量的系数均不显著，说明研发类补贴在吸引外部融资方面不具有"保障作用"。对于改进类补贴而言，在权益融资为因变量的方程中，改进类补贴金额变量的系数显著为正，在外部融资总体和债权融资为因变量的方程中，改进类补贴金额变量的系数均显著

表 4-23 企业所获异质性创新补贴对外部融资关系检验结果

	EDT_t	DT_t	ET_t	EDT_t	DT_t	ET_t	EDT_t	DT_t	ET_t	EDT_t	DT_t	ET_t
$lnIST_t$	0.000 (0.168)	-0.002 (-1.316)	0.002** (2.301)									
$lnRDST_t$				0.001 (0.578)	-0.001 (-0.356)	0.002 (1.416)						
$lnIPST_t$							0.004* (1.649)	-0.000 (-0.212)	0.005*** (3.184)			
$lnOTST_t$										0.002 (0.916)	-0.000 (-0.316)	0.002** (2.165)
LA_{t-1}	-0.210*** (-11.641)	-0.195*** (-12.895)	-0.014 (-1.338)	-0.189*** (-8.607)	-0.188*** (-10.254)	0.000 (0.006)	-0.213*** (-8.297)	-0.206*** (-9.228)	-0.004 (-0.302)	-0.250*** (-12.257)	-0.223*** (-12.916)	-0.026** (-2.200)
CFO_{t-1}	-0.259*** (-7.060)	-0.418*** (-13.620)	0.154*** (7.333)	-0.239*** (-5.378)	-0.430*** (-11.590)	0.183*** (7.259)	-0.279*** (-5.255)	-0.429*** (-9.279)	0.146*** (4.946)	-0.281*** (-6.726)	-0.446*** (-12.660)	0.162*** (6.805)
$SIZE_{t-1}$	0.004 (1.224)	0.026*** (9.136)	-0.020*** (-10.392)	-0.005 (-1.328)	0.018*** (5.152)	-0.022*** (-9.267)	-0.004 (-0.772)	0.016*** (3.882)	-0.018*** (-6.870)	0.001 (0.325)	0.022*** (6.900)	-0.020*** (-9.041)
LEV_{t-1}	0.449*** (31.362)	0.353*** (29.418)	0.096*** (11.743)	0.512*** (27.780)	0.401*** (25.993)	0.116*** (11.038)	0.516*** (24.715)	0.422*** (23.279)	0.096*** (8.300)	0.480*** (29.813)	0.389*** (28.598)	0.091*** (9.878)
$INGA_{t-1}$	-0.200*** (-2.781)	-0.314*** (-5.208)	0.107*** (2.604)	-0.066 (-0.755)	-0.174** (-2.368)	0.099** (1.980)	-0.311*** (-3.099)	-0.386*** (-4.423)	0.071 (1.263)	-0.245*** (-2.926)	-0.368*** (-5.210)	0.122** (2.557)

续表

	EDT_t	DT_t	ET_t	EDT_t	DT_t	ET_t	EDT_t	DT_t	ET_t	EDT_t	DT_t	ET_t
RD_{t-1}	-0.268*** (-3.518)	-0.244*** (-3.828)	-0.020 (-0.465)	-0.249*** (-2.949)	-0.240*** (-3.401)	-0.004 (-0.085)	-0.188 (-1.623)	-0.176* (-1.748)	0.006 (0.088)	-0.242*** (-2.795)	-0.251*** (-3.436)	0.011 (0.224)
AGE_{t-1}	-0.015*** (-4.317)	-0.009*** (-3.273)	-0.005*** (-2.779)	-0.010** (-2.337)	-0.008** (-2.400)	-0.002 (-0.759)	-0.013** (-2.878)	-0.009** (-2.168)	-0.005* (-1.969)	-0.014*** (-3.751)	-0.009*** (-2.905)	-0.005** (-2.321)
YEAR	控制	控制	控制	控制	控制	控制	控制	控制	控制	控制	控制	控制
IND	控制	控制	控制	控制	控制	控制	控制	控制	控制	控制	控制	控制
_cons	0.214*** (2.977)	-0.188*** (-3.116)	0.362*** (8.772)	0.300*** (3.461)	-0.081 (-1.120)	0.351*** (7.117)	0.289*** (2.807)	-0.025 (-0.279)	0.280*** (4.877)	0.296*** (3.610)	-0.108 (-1.558)	0.368*** (7.872)
N	6452	6452	6452	4067	4067	4067	3143	3143	3143	5102	5102	5102
adj. R^2	0.316	0.369	0.091	0.354	0.412	0.102	0.349	0.379	0.098	0.343	0.388	0.089
R^2	0.321	0.373	0.097	0.361	0.418	0.111	0.357	0.387	0.109	0.348	0.393	0.097
F	70.842	89.099	16.173	54.995	69.925	12.195	44.844	50.993	9.852	63.313	76.583	12.695
p	0.000	0.000	0.000	0.000	0.000	0.000	0.000	0.000	0.000	0.000	0.000	0.000

表4-24　运用2SLS的稳健性检验结果

	EDT_t	DT_t	ET_t	EDT_t	DT_t	ET_t	EDT_t	DT_t	ET_t	EDT_t	DT_t	ET_t
IST_t	-3.807** (-2.497)	-5.290*** (-4.102)	1.490* (1.824)									
$RDST_t$				1.187 (0.423)	-1.269 (-0.588)	2.298 (1.477)						
$IPST_t$							-2.134** (-1.977)	-2.355** (-2.239)	0.222* (1.646)			
$OTST_t$										-5.484** (-2.229)	-4.810** (-2.347)	-0.434 (-0.354)
LA_{t-1}	-0.229*** (-10.516)	-0.221*** (-12.080)	-0.007 (-0.609)	-0.186*** (-7.583)	-0.191*** (-9.723)	0.005 (0.396)	-0.221*** (-7.897)	-0.212*** (-8.721)	-0.009 (-0.629)	-0.248*** (-11.748)	-0.224*** (-12.331)	-0.022** (-2.010)
CFO_{t-1}	-0.275*** (-5.761)	-0.444*** (-11.724)	0.163*** (5.952)	-0.235*** (-4.036)	-0.433*** (-9.838)	0.189*** (5.461)	-0.276*** (-3.939)	-0.421*** (-7.056)	0.145*** (3.520)	-0.259*** (-5.288)	-0.433*** (-11.111)	0.165*** (5.789)
$SIZE_{t-1}$	-0.001 (-0.273)	0.017*** (3.925)	-0.016*** (-6.305)	-0.003 (-0.510)	0.016*** (3.160)	-0.018*** (-5.311)	-0.008 (-1.059)	0.010 (1.585)	-0.018*** (-4.850)	-0.014*** (-3.130)	0.009** (2.317)	-0.021*** (-7.614)
LEV_{t-1}	0.442*** (12.518)	0.344*** (12.719)	0.099*** (7.759)	0.514*** (12.344)	0.398*** (11.635)	0.121*** (8.153)	0.526*** (9.976)	0.425*** (9.823)	0.101*** (5.595)	0.607*** (29.509)	0.486*** (27.739)	0.117*** (10.122)
$INGA_{t-1}$	-0.175** (-2.141)	-0.282*** (-4.367)	0.100** (2.055)	-0.069 (-0.685)	-0.170** (-2.205)	0.093 (1.491)	-0.289*** (-2.797)	-0.351*** (-3.852)	0.062 (1.045)	-0.282*** (-2.956)	-0.411*** (-5.572)	0.126** (2.157)

续表

	EDT$_t$	DT$_t$	ET$_t$	EDT$_t$	DT$_t$	ET$_t$	EDT$_t$	DT$_t$	ET$_t$	EDT$_t$	DT$_t$	ET$_t$
RD$_{t-1}$	0.157 (0.828)	0.325** (2.053)	-0.165 (-1.592)	-0.326 (-1.480)	-0.153 (-0.927)	-0.158 (-1.243)	-0.049 (-0.473)	-0.031 (-0.335)	-0.018 (-0.322)	0.050 (0.521)	-0.018 (-0.236)	0.064 (1.197)
AGE$_{t-1}$	-0.013*** (-4.105)	-0.007** (-2.593)	-0.006*** (-3.052)	-0.010*** (-2.714)	-0.008** (-2.333)	-0.003 (-1.469)	-0.007** (-2.503)	-0.003 (-1.337)	-0.003** (-2.271)	-0.014*** (-4.146)	-0.010*** (-3.182)	-0.005** (-2.424)
YEAR	控制	控制	控制	控制	控制	控制	控制	控制	控制	控制	控制	控制
IND	控制	控制	控制	控制	控制	控制	控制	控制	控制	控制	控制	控制
_cons	0.381*** (3.318)	0.039 (0.403)	0.301*** (5.163)	0.264* (1.843)	-0.041 (-0.357)	0.280*** (3.760)	0.425*** (2.873)	0.091 (0.732)	0.334*** (4.408)	0.614*** (5.906)	0.148* (1.760)	0.407*** (6.893)
N	6452	6452	6452	4067	4067	4067	3143	3143	3143	5102	5102	5102
R^2	0.307	0.320	0.074	0.355	0.421	0.084	0.340	0.366	0.102	0.393	0.430	0.104
p	0.000	0.000	0.000	0.000	0.000	0.000	0.000	0.000	0.000	0.000	0.000	0.000

为负，说明改进类补贴仅在吸引权益融资方面具有"保障作用"。对于其他类补贴而言，在外部融资总体和债权融资为因变量的方程中，其他类补贴金额变量的系数均显著为负，在权益融资为因变量的方程中，其他类补贴金额变量的系数不显著，说明其他类补贴在吸引外部融资方面不具有"保障作用"。结论基本与前文一致。

第六节　本章小结

本章主要研究异质性创新补贴对企业外部融资的影响。本书认为创新补贴通过"证实作用"和"保障作用"降低了项目或企业的风险，从而能够帮助企业获得更多的外部融资。由于异质性创新补贴对应项目的风险有所不同，证实作用和保障作用的强度有所不同，使得异质性创新补贴对外部融资的影响也有所不同。具体而言，得到以下结论：

（1）对创新补贴整体而言，证实作用显著，即与未获创新补贴的企业相比，获得创新补贴的企业能够得到更多的外部融资，且主要是更多的债权融资。但是，创新补贴的保障作用并不显著，即在获得创新补贴的企业中，获得创新补贴金额越多的企业并不会获得更多的外部融资，甚至获得创新补贴金额越多的企业所能够获得的外部融资（主要是债权融资）反而越少。

（2）对于研发类补贴而言，由于其资助项目的风险较大，该类补贴的证实作用和保障作用均不显著，无法为企业带来较多的外部融资。具体而言，与未获研发类补贴的企业相比，获得研发类补贴无法为企业带来更多的外部融资，获得研发类补贴的企业所具有的外部融资（主要是债权融资）反而越少。在获得研发类补贴的企业中，企业所获研发类补贴的金额较多，不会为企业带来较多的外部融资，相反，企业所获研发类补贴金额越多，其所获外部融资（主要是债权融资）金额反而越少。

（3）对于改进类补贴而言，由于其资助项目的风险较小，该类补贴的证实作用和保障作用均较为显著，能够帮助企业获得更多的外部融资。具体而言，与未获改进类补贴的企业相比，获得改进类补贴的企业具有更多的外部融资，特别是债权融资。在获得改进类补贴的企业中，企业所获改进类补贴的金额较多，越能够帮助企业获得更多的权益融资。

（4）对于其他类补贴而言，其资助项目的风险介于研发类补贴与改进类补贴之间，证实作用较为明显，即与未获其他类补贴的企业相比，获得其他类补贴的企业能够获得更多的外部融资，特别是债权融资。但是，其他类补贴的保障作用并不显著，即在获得其他类补贴的企业中，获得其他类补贴金额较多无法帮助企业获得更多的外部融资，甚至获得该类补贴金额越多的企业能够获得的外部融资（主要是债权融资）反而越少。

第五章　异质性创新补贴对企业升级的影响研究

本章主要研究异质性创新补贴对企业升级的影响。首先，分析异质性创新补贴对企业升级的影响机理，并提出研究假设；其次，运用多元回归分析方法检验研究假设；最后，总结本章内容。

第一节　理论分析与研究假设

创新补贴对企业绩效的影响具有滞后性。创新活动从立项开始，历经研发活动、技术改进等活动的开展，到创新成果的取得及其被市场接受是一个长期的过程，因此企业对创新活动的投入通常会在滞后若干年后对绩效产生明显的提高作用（Sougiannis，1994）。滞后期的具体时间根据企业自身特点而有所不同，短则1~2年（Falk，2012；杨晔等，2015），长则3~7年（赵月红和许敏，2013；Sougiannis，1994）。当创新补贴进入企业并滞后一定期间后，所资助项目取得实质性的创新成果，才会使创新绩效有所提升，提升至一定程度才能够实现企业的创新绩效升级；当创新成果被市场认可，或应用于企业的生产经营过程时，会使企业收入增加，或成本降低，从而提高财务绩效，财务绩效不断提升最终实现企业的财务绩效升级。

本书认为，由于创新补贴对企业绩效的影响存在滞后性，使创新补贴对企业升级的影响无法在短期内显现，需要创新绩效和财务绩效通过较长时间的积累才能够实现升级。而在这一较长的时间段中，创新补贴在甄选效应和积累效应的共同作用下，对企业长期绩效（包括创新绩效和财务绩效）具有实质性的提高作用，进而实现企业升级。

创新补贴的"甄选效应"，指企业获得创新补贴说明政府作为独立的第三方认可了创新项目的质量，政府"甄选"出了能够完成创新项目的优秀企业，这些企业的绩效通常在长期内相对较高，更有可能实现企业升级。在我国，政府部门对创新项目评估的主要内容包括：立项的意义、技术路线和实施方案、申请单位的技术实力和支撑条件、技术的先进性和创新性、经费预算、预期效果、市场前景，等等（祝彦杰和许谭，2013；黄慧玲，2014），在这些方面表现突出的企业才能够获得创新补贴。可见，获得创新补贴的企业通常已具备较强的科技实力，以及能够保障创新项目顺利完成的经济实力。由于创新补贴甄选出的企业本身较为优秀，因此，与未获创新补贴的企业相比，这些企业的长期绩效相对较高，实现企业升级的概率更大。即创新补贴的甄选效应保证了获得创新补贴的企业更有可能实现企业升级。

创新补贴的"积累效应"，指获得创新补贴的企业在创新能力和资源等方面不断积累，从而实现企业升级。创新补贴的积累效应表现为以下三方面：首先，企业所获创新补贴专款专用于创新活动，保证了企业开展创新活动的必要支出，有助于进一步提高企业的创新投入（Brautzsch et al.，2015）。其次，创新活动的开展、创新投入的增加，为企业积累了经验、培养了人才、升级了厂房或设备（Lach，2002），有助于企业获得创新成果，并开展新的创新活动。最后，创新具有持续性（Clausen et al.，2012），即已有的创新成果，会增加后续创新成果的数量或成功概率。当企业创新进入良性循环状态时，会促进企业绩效在较长时间内不断提升，实现企业升级。另外，创新补贴的获得也具有持续性。已获得创新补贴的企业对于创新补贴的申报更有经验和积极性，更有可能获得更多的创新补贴，为企业发展积累更多的资金，有助于实现企业升级。企业的积累效应主要针对已获得创新补贴的企业，且企业所获创新补贴金额越多，企业的积累效应越大。

对于异质性创新补贴而言，研发类补贴、改进类补贴和其他类补贴所资助创新项目的风险有所差异。高风险通常与高收益相关，若风险较大的创新项目取得预期成果，将助力企业取得更高的收益，即对企业的创新绩效和财务绩效具有更高的提升作用，更可能实现企业的创新绩效升级和财务绩效升级。

研发类补贴资助的研发活动位于创新链前段，存在大量的实验或探索性工作，风险较大。研发类补贴资助的项目若取得预期成果，将对企业绩效产生巨大的推动作用，更有可能实现企业升级。同时，对于风险较大的项目，政府评估更为审慎，此时，甄选效应较为突出。因此，与未获研发类补贴的企业相比，获得研发类补贴的企业更有可能实现企业升级。

研发类补贴对创新绩效的提升具有更为直接的影响。对于企业而言，研发类补贴的资助对象为研发项目，研发项目的最终成果多以专利的形式体现，而创新绩效通常以专利数量衡量，因此，研发类补贴有助于提升企业的创新绩效。另外，研发项目的技术专业性更强、技术含量更高、成果不易被模仿，创新绩效的提升将持续较长时间，更有可能实现企业的创新绩效升级。

综上所述，研发类补贴的甄选效应较为突出，即与未获研发类补贴的企业相比，获得研发类补贴的企业更有可能实现企业升级，且更有可能实现企业的创新绩效升级。因此，提出假设一：

假设一：获得研发类补贴更有助于企业实现创新绩效升级。

其他类补贴主要包括披露模糊以致无法准确分类的创新补贴和种类繁多的其他类型补贴。与研发类补贴相比，其他类补贴所资助项目的实验或探索性工作相对较少，风险相对较低，因此，其他类补贴的甄选效应并不突出。其他类补贴主要通过积累效应提升企业的创新能力和经济实力，从而实现企业绩效的提升，即企业所获其他类补贴的金额越多，积累效应越强，企业实现升级的概率越大。

其他类补贴对财务绩效的影响更为明显。根据印象管理理论，企业有动机进行选择性信息披露，达到操纵盈余等目的（He and Tian，2013；刘晨等，2020）。其他类补贴的模糊披露使利益相关者无法准确判断该补贴的具体性质或情况，更易于企业运用会计处理方法的灵活性，提高企业的财务绩效。另外，根据注意力分散假说（Hirshleifer et al.，2009），当注意力被分散时，人们对外界刺激的反应会下降。名目繁多的补贴易分散报表使用者的注意力，使其对错报或误报的反应能力下降（施先旺，2018），易于企业利用这些补贴进行利润操纵，提高企业的财务绩效。

综上所述，其他类补贴主要通过积累效应提高企业绩效，且对财务绩效的影响更为明显，可见，对于已获得其他类补贴的企业，企业所获该类补贴的金额越多，企业实现财务绩效升级的可能性越大。因此，提出假设二：

假设二：企业所获其他类补贴金额越多，越有助于企业实现财务绩效升级。

改进类补贴所资助项目位于创新链的中后段，是对已有技术或研发成果的改进或市场化。与研发类补贴相比，成果的创新性相对较弱，风险较低。其他类补贴的披露较为模糊且种类繁多，而改进类补贴的资助项目较为具体，改进类补贴资助项目风险也小于其他类补贴资助项目。因此，改进类补贴资助项目的风险最小，甄别效应较弱。同时，由于改进类补贴所资助活动的风险最小，转化为实际收益的可能性更大、时间更短，因此对企业绩效的影响会在较短的期间内体现，对长期绩效的影响相对较弱，因此，积累效应较弱，对企业升级的影响较弱。

综上所述，与其他类型的创新补贴相比，改进类补贴的风险较小，甄别效应和积累效应均较弱，对企业升级（包括创新绩效升级和财务绩效升级）的影响较弱。因此，提出假设三：

假设三：改进类补贴对于企业升级的影响并不显著。

关于企业升级的途径，现有研究普遍认为创新是实现企业升级的重要途径（刘锦英和徐海伟，2022）。创新补贴有助于提升企业的创新投入，进而通过创新投入促进企业的创新绩效升级。具体而言，首先，创新补贴有助于降低企业的创新风险，弥补私人收益与社会收益之间的差异，提高企业的创新积极性，提高创新投入。企业获得创新补贴有助于降低企业开展创新活动的成本，使原本无利可图的项目变得有利可图（Yager and Schwitt，1997），进而使企业愿意加大创新投入。而且创新补贴对企业创新能力的潜在提高作用，也有助于企业整体提高其在创新活动上的投入。其次，创新投入的增加有助于提升企业的创新绩效，从而促进企业的创新绩效升级。企业对创新活动的投入是企业创新的源泉，企业创新活动的进行需要投入大量的人力、物力，这些人力、物力均需要资金的支持，可以说，没有足够的资金投入，创新活动将无法正常开展，创新绩效的提高也更无从谈起。可见，创新投入对于企业创新绩效的提高以及企业创新绩效升级的实现至关重要。再次，创新补贴对于创新投入的影响存在一定的滞后期，创新投入对于创新绩效的影响也存在滞后期，在滞后期的叠加以及创新资源和能力的积累下，企业能够实现创新绩效升级。可见，创新投入的中介作用在时间维度上是可行的。最后，创新投入是企业的一项成本或费用，创新投入越多，直观而言，企业的财务绩效越低。创新投入推动企业创新，产生创新成果（即提高创新绩效），创新成果产生收益才能够进一步提高企业的财务绩效。可见，创新投入对企业的创新绩效具有更为直接的影响，因此，创新补贴主要通过创新投入的中介作用使企业的创新绩效升级。

对于异质性创新补贴，根据前文的分析可知，只有获得研发类补贴有助于推动企业的创新绩效升级，其他类补贴和改进类补贴对于企业的创新绩效升级没有显著的正面影响。而创新投入的中介作用主要在创新补贴和企业创新绩效升级的关系中体现，因此，只有获得研发类补贴能够通过创新投入的中介作用进一步提高企业实现创新绩效升级的概率，创新投入在改进类补贴和其他类补贴到企业升级路径中所具有的中介效应并不明显。因此，提出假设四：

假设四：研发类补贴通过提高企业的创新投入进一步推动企业实现创新绩效升级。

第二节　样本选择与数据来源

一、样本选择

本书以 2007~2020 年 A 股民营上市公司为研究对象考察异质性创新补贴对企业升级的影响。鉴于创新补贴由政府授予，国有企业与政府具有天然联系，因此本书仅以民营企业作为研究对象。由于我国上市公司于 2007 年 1 月 1 日实施新企业会计准则，该准则在政府补贴的披露和处理上较之前的企业会计准则有较大变动，因此，以 2007 年作为样本的起始年。2008 年美国次贷危机引发的金融危机席卷全球，我国政府出台"4 万亿"的经济刺激政策，向企业投放大量补贴。为了排除这一特殊事件的影响，本书仅以 2007 年民营上市公司所获异质性创新补贴数据作为基础进行研究。为将研究期间拓展至最长，且由于本书写作期间可获得数据的最新年份为 2020 年，因此，本书以 2007 年民营上市公司所获异质性创新补贴数据为基础，考察企业在获得异质性创新补贴之后 13 年间的企业升级状况。剔除金融业、保险业公司和数据不全的公司，同时，考虑到研究期内退市的公司不存在连续 13 年的数据，研究期内被收购公司的数据在被收购前后不具备可比性，所以退市与被收购公司予以剔除。最终，本书共计考察自 2007~2020 年连续 13 年的 516 个样本数据，共计 6708 个公司年。

二、数据来源

创新补贴数据根据企业年报附注中披露的相关信息，以关键字为依据手工收集、整理获得，企业年报来源于上海证券交易所官方网站和深圳证券交易所官方网站。上市公司的专利数据来源于国泰安（CSMAR）数据库，上市公司的创新投入和其他财务数据来源于万得（Wind）数据库。另外，数据的整理、统计、分析等相关工作主要运用 Excel 2019 和 Stata 17.0 软件。

第三节　变量选择

一、自变量的选择

本章涉及的自变量为企业的异质性创新补贴，包括研发类补贴、改进类补贴和其他类补贴，度量方法与本书第四章类似：

（1）创新补贴，包括创新补贴总额（IST）以及是否获得创新补贴变量（ISD）。创新补贴总额（IST）为企业所获创新补贴金额总计除以营业收入。是否获得创新补贴变量（ISD）为虚拟变量，若企业获得创新补贴，取值为1，否则，取值为0。

（2）研发类补贴，包括研发类补贴金额（RDST）以及是否获得研发类补贴变量（RDSD）。研发类补贴金额（RDST）为企业所获研发类补贴金额总计除以营业收入。是否获得研发类补贴（RDSD）为虚拟变量，若企业获得研发类补贴，取值为1，否则，取值为0。

（3）改进类补贴，包括改进类补贴金额（IPST）以及是否获得改进类补贴变量（IPSD）。改进类补贴金额（IPST）为企业所获改进类补贴金额总计除以营业收入。是否获得改进类补贴（IPSD）为虚拟变量，若企业获得改进类补贴，取值为1，否则，取值为0。

（4）其他类补贴，包括其他类补贴金额（OTST）以及是否获得其他类补贴变量（OTSD）。其他类补贴金额（OTST）为企业所获其他类补贴金额总计除以营业收入。是否获得其他类补贴（OTSD）为虚拟变量，若企业获得其他类补贴，取值为1，否则，取值为0。

二、因变量的选择

本章涉及的因变量为企业升级，由于本章从创新绩效和财务绩效两个维度描述企业升级，因此，因变量包括创新绩效升级和财务绩效升级两个变量。具体而言，度量标准如下：

（1）创新绩效升级（UGIP）。专利数量能够较为直观地反映出企业的创新活动产出水平，将专利作为创新绩效的衡量指标在实证研究中广泛应用（赵富森和范建亭，2021）。本章借鉴邢斐和周泰云（2020）、徐维祥等（2018）的研究，根据企业已申请的专利数量衡量创新绩效，考虑到外观设计专利的科技含量较低，仅以发明专利和实用新型专利数量之和衡量企业创新绩效（IP）。

创新绩效升级是企业创新绩效从较低绩效层级上升至较高绩效层级的过程。本书将同一行业企业的创新绩效予以排序，并平均分为三个等级。若某一企业的创新绩效至少提升一个等级，则认为该企业实现了创新绩效升级。其中，$UGIP_{t+5}$ 为企业获得创新补贴 5 年后的创新绩效升级变量，若与获得创新补贴当年相比，5 年后企业的创新绩效至少提升一个等级，则说明企业实现了创新绩效升级，此时取值为 1，否则，取值为 0。$UGIP_{t+10}$ 为企业获得创新补贴 10 年后的创新绩效升级变量，若与获得创新补贴当年相比，10 年后企业的创新绩效至少提升一个等级，则说明企业实现了创新绩效升级，此时取值为 1，否则，取值为 0。$UGIP_{t+13}$ 为企业获得创新补贴 13 年后的创新绩效升级变量，若与获得创新补贴当年相比，13 年后企业的创新绩效至少提升一个等级，则说明企业实现了创新绩效升级，此时取值为 1，否则，取值为 0。

（2）财务绩效升级（UGFP）。每股收益较为全面地反映了企业的经营成果，是衡量财务绩效的常用指标（陈其安等，2021），而且考虑到创新补贴的获得使企业的资产或负债有所增加，为了控制这一因素对财务绩效的干扰，本章借鉴童梦婕（2020）、朱永明和赵少霞（2017）的研究，以每股收益（EPS）衡量财务绩效（FP）。

财务绩效升级是企业财务绩效从较低绩效层级上升至较高绩效层级的过程。本书将同一行业企业的财务绩效进行排序，并平均分为三个等级。若某一企业的财务绩效至少提升一个等级，则认为该企业实现了财务绩效升级。$UGFP_{t+5}$ 为企业获得创新补贴 5 年后的财务绩效升级变量，若与获得创新补贴当年相比，5 年后企业的财务绩效至少提升一个等级，则说明企业实现了财务绩效升级，此时取值为 1，否则，取值为 0。$UGFP_{t+10}$ 为企业获得创新补贴 10 年后的财务绩效升级变量，若与获得创新补贴当年相比，10 年后企业的财务绩效至少提升一个等级，则说明企业实现了财务绩效升级，此时取值为 1，否则，取值为 0。$UGFP_{t+13}$ 为企业获得创新补贴 13 年后的财务绩效升级变量，若与获得创新补贴当年相比，13 年后企业的财务绩效至少提升一个等级，则说明企业实现了财务绩效升级，此时取值为 1，否则，取值为 0。

三、中介变量的选择

为检验研发类补贴是否能够通过提高企业的创新投入进一步推动企业实现创新绩效升级，本书运用中介效应模型进行检验，模型中的中介变量为企业的创新投入（RD）。

目前，对于创新投入的计量，主要有两种方式：创新投入总额和创新投入强度。创新投入总额通常指创新投入总额的对数。创新投入强度指创新投入的金额与营业收入的比值，其公式为：创新投入强度＝创新投入总额/营业收入。其中，创新投入总额以 Wind 数据库中披露的上市公司研发费用计量，因此，创新投入强度＝研发费用/营业收入。创新投入强度是相对数指标，能够消除企业规模和市场地位等因素对于创新投入数额的影响，使不同企业更具有可比性，因此，成为广泛运用的一种衡量创新投入的计量方法。本书也以创新投入强度作为创新投入的计量指标。

考虑到创新补贴对创新投入的提高作用可能存在滞后性，本章的创新投入强度为企业获得创新补贴当年、之后一年和之后两年企业创新投入强度的算术平均数。

四、控制变量的选择

控制变量的选取凸显企业特征，控制企业规模、行业、生产要素配置特点等因素，借鉴张洪辉（2015）的研究，本章选择以下控制变量：

（1）企业规模（SIZE），以上市公司资产负债表中的"资产总计"项目度量，为消除绝对数引起的偏差，将该数值取对数，得到标准化的数值。

（2）资产负债率（LEV），以上市公司资产负债表中的"负债合计"除以"资产总计"度量。

（3）自由现金流量（CFO），以上市公司现金流量表中的"经营活动产生的现金流量净额"项目度量，为消除绝对数引起的偏差，将该数值除以期初总资产，得到标准化的数值。

（4）成长性（ORG），以上市公司利润表中的营业收入同比增长率度量，即（营业收入-前一年营业收入）/前一年营业收入。

（5）企业年龄（AGE），以企业成立至样本计算期的年份数计量。

（6）劳动密集度（LI），以劳动成本度量，即以支付给职工以及为职工支付的现金除以营业收入计量。

（7）资本密集度（CI），以总资产与员工总数比值的自然对数计量，即 ln（总资产/员工总数）。

（8）行业（IND），以申银万国行业分类标准中的一级行业划分。

本章涉及变量的名称、符号、度量标准等如表 5-1 所示。

表 5-1　本章主要变量测度表

变量类型	变量名称		变量符号	变量度量
自变量	创新补贴	创新补贴总额	IST	企业当年所获创新补贴金额/营业收入
		是否获得创新补贴	ISD	企业当年获得了创新补贴，取值为1；否则，取值为0
	研发类补贴	研发类补贴金额	RDST	企业当年所获研发类补贴金额/营业收入
		是否获得研发类补贴	RDSD	企业当年获得了研发类补贴，取值为1；否则，取值为0
	改进类补贴	改进类补贴金额	IPST	企业当年所获改进类补贴金额/营业收入
		是否获得改进类补贴	IPSD	企业当年获得了改进类补贴，取值为1；否则，取值为0
	其他类补贴	其他类补贴金额	OTST	企业当年所获其他类补贴金额/营业收入
		是否获得其他类补贴	OTSD	企业当年获得了其他类补贴，取值为1；否则，取值为0
因变量	创新绩效升级		UGIP	将同一行业企业的创新绩效分为三个等级，若某一企业的创新绩效至少提升一个等级，则认为该企业实现创新绩效升级，取值为1，否则，取值为0
	财务绩效升级		UGFP	将同一行业企业的财务绩效分为三个等级，若某一企业的财务绩效至少提升一个等级，则认为该企业实现财务绩效升级，取值为1，否则，取值为0
中介变量	创新投入		RD	（第 t 年的研发费用/第 t 年的营业收入+第 t+1 年的研发费用/第 t+1 年的营业收入+第 t+2 年的研发费用/第 t+2 年的营业收入）/3

续表

变量类型	变量名称	变量符号	变量度量
控制变量	企业规模	SIZE	ln（资产总计）
	资产负债率	LEV	负债合计/资产总计
	自由现金流量	CFO	经营活动产生的现金流量净额/期初总资产
	成长性	ORG	（第 t 年营业收入-第 t-1 年营业收入）/第 t-1 年营业收入
	企业年龄	AGE	当期时间-成立时间
	劳动密集度	LI	支付给职工以及为职工支付的现金/营业收入
	资本密集度	CI	ln（总资产/员工总数）
	行业虚拟变量	IND	申银万国行业分类标准

第四节　检验方法与模型设计

一、检验方法

本章运用的主要研究方法包括描述性统计分析法、相关性分析法、多元回归分析法、中介效应分析法、倾向匹配得分法（PSM）。现将各方法在本章的运用加以简单介绍：

（一）描述性统计分析法

通过描述性统计分析法了解各主要变量的分布特征，包括各主要变量的均值、标准差、中位数、四分位数等，从而掌握本章涉及数据的基本统计特征，把握数据的总体分布形态，为后续的回归分析奠定基础。

（二）相关性分析法

运用相关性分析方法，列示出各主要变量的 Pearson 相关系数和 Spearman 秩相关系数。根据相关系数的方向和显著性，初步分析、判断异质性创新补贴与企业创新绩效升级的关系、异质性创新补贴与企业财务绩效升级的关系，以及其他主要变量的相关关系，为后续的回归分析奠定基础。

（三）Logit 回归分析法

以异质性创新补贴为自变量，以企业创新绩效升级和财务绩效升级为因变量，建立多元回归方程。由于企业创新绩效升级和财务绩效升级均为虚拟变量，因此采用 Logit 回归方程进行检验。通过 Logit 方程中回归系数的符号与显著性，分析异质性创新补贴对企业创新绩效升级和财务绩效的影响。

（四）中介效应分析法

运用中介效应分析法是为了检验研发类补贴是否能够通过创新投入进一步推动企业实现创新绩效升级，即检验创新投入在研发类补贴与企业创新绩效升级之间是否具有中介效应。

中介效应的原理如图 5-1 所示。其中，变量 X 为自变量，变量 Y 为因变量，变量 X 对变量 Y 有影响。如果变量 X 通过影响另一变量 M，进而影响变量 Y，则认为变量 M 具有中介作用，变量 M 被称为中介变量。

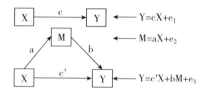

图 5-1　中介效应原理示意图

本书借鉴 Baron 和 Kenny （1986）、温忠麟等 （2004）的程序对中介效应进行检验，具体检验程序如图 5-2 所示。

（五）倾向匹配得分法

本章在稳健性检验中运用倾向匹配得分法 （PSM）对比了获得异质性创新补贴的企业与未获异质性创新补贴的企业在获得异质性补贴之后 13 年间的创新绩效和财务绩效差异，这一差异的比较有助于更好地展示出企业获得异质性创新补贴后创新绩效和财务绩效的连续性变化特点。

具体检验程序为：首先，以是否获得异质性创新补贴为因变量，以企业规模（SIZE）、资产负债率（LEV）、企业年龄（AGE）、创新投入（RD）和企业所在行业（IND）为自变量，运用 Logit 模型进行匹配变量的筛选，并估计出倾向得分。其次，运用最近邻匹配进行倾向得分匹配，得到处理组（获得异质性创新补贴组）和控制组（未获异质性创新补贴组），考察两组样本 13 年间创新绩效

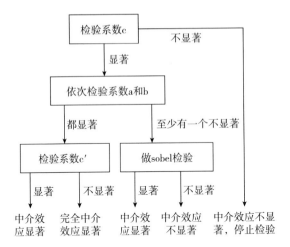

图5-2 中介效应检验程序示意图

（IP）和财务绩效（FP）的差异，计算出平均处理效应（ATT）。最后，还需检验共同支撑假设和平行假设是否满足。由于篇幅所限，本书仅列示平均处理效应。

二、模型设计

为检验异质性创新补贴的甄选效应，以全部样本为研究对象，以企业是否获得异质性创新补贴为自变量，以企业升级为因变量，建立如下回归方程：

$$UGIP_{t+5/t+10/t+13}/UGFP_{t+5/t+10/t+13} = \alpha_0 + \alpha_1 ISD_t/RDSD_t/IPSD_t/OTSD_t + \alpha_2 SIZE_t +$$

$$\alpha_3 LEV_t + \alpha_4 CFO_t + \alpha_5 ORG_t + \alpha_6 AGE_t + \alpha_7 LI_t + \alpha_8 CI_t + \sum \gamma_i IND + \varepsilon \qquad (5-1)$$

其中，α_0 为截距，α_1 至 α_8 以及 γ 均为回归系数，ε 为残差。其他主要变量含义如下：

（1）自变量：自变量为创新补贴以及各类创新补贴，且均为虚拟变量。其中，ISD_t 代表企业第 t 年是否获得创新补贴，$RDSD_t$ 代表企业第 t 年是否获得研发类补贴，$IPSD_t$ 代表企业第 t 年是否获得改进类补贴，$OTSD_t$ 代表企业第 t 年是否获得其他类补贴。

（2）因变量：因变量企业升级相关变量，且均为虚拟变量。其中，$UGIP_{t+5}$ 代表企业获得异质性创新补贴 5 年之后是否实现创新绩效升级，$UGIP_{t+10}$ 代表企业获得异质性创新补贴 10 年之后是否实现创新绩效升级，$UGIP_{t+13}$ 代表企业获得异质性创新补贴 13 年之后是否实现创新绩效升级，$UGFP_{t+5}$ 代表企业获得异质性创新补贴 5 年之后是否实现财务绩效升级，$UGFP_{t+10}$ 代表企业获得异质性创新补贴 10 年之后是否实现财务绩效升级，$UGFP_{t+13}$ 代表企业获得异质性创新补贴 13 年之后是否实现财务绩效升级。

（3）控制变量：$SIZE_t$ 代表企业第 t 年的规模（总资产的对数），LEV_t 代表企业第 t 年的资产负债率，CFO_t 代表企业第 t 年的自由现金流量，ORG_t 代表企业第 t 年成长性，AGE_t 代表企业第 t 年的年龄，LI_t 代表企业第 t 年的劳动密集度，CI_t 代表企业第 t 年的资本密集度，IND 为行业虚拟变量。

为检验异质性创新补贴的积累效应，以获得异质性创新补贴的企业为研究对象，以企业所获异质性创新补贴的金额为自变量，以企业升级为因变量，建立如下回归模型：

$$UGIP_{t+5/t+10/t+13}/UGFP_{t+5/t+10/t+13} = \alpha_0 + \alpha_1 IST_t/RDST_t/IPST_t/OTST_t + \alpha_2 SIZE_t +$$
$$\alpha_3 LEV_t + \alpha_4 CFO_t + \alpha_5 ORG_t + \alpha_6 AGE_t + \alpha_7 LI_t + \alpha_8 CI_t + \sum \gamma_i IND + \varepsilon \qquad (5-2)$$

模型中的自变量为企业所获创新补贴总额以及各类创新补贴金额，均为连续变量。其中，IST_t 代表企业第 t 年所获创新补贴总额，$RDST_t$ 代表企业第 t 年所获研发类补贴金额，$IPST_t$ 代表企业第 t 年所获改进类补贴金额，$OTST_t$ 代表企业第 t 年所获其他类补贴金额。

模型中的因变量、控制变量和其他变量与模型（5-1）相同，不再赘述。

另外，本章以全部样本为研究对象，以企业所获异质性创新补贴的金额为自变量，以企业升级为因变量，运用模型（5-2）进行回归分析，为异质性创新补贴的积累效应提供更为充分的证据。

为检验研发类补贴是否能够通过提高企业的创新投入进一步推动企业实现创新绩效升级，以创新投入作为中介变量，建立如下回归模型：

$$UGIP_{t+5/t+10/t+13}/UGFP_{t+5/t+10/t+13} = \alpha_0 + \alpha_1 RDSD_t + \sum \alpha_k ControlVariable + \varepsilon$$
$$(5-3)$$

$$RD = \beta_0 + \beta_1 RDSD_t + \sum \beta_k ControlVariable + \varepsilon_1 \qquad (5-4)$$

$$UGIP_{t+5/t+10/t+13}/UGFP_{t+5/t+10/t+13} = \gamma_0 + \gamma_1 RDSD_t + \gamma_2 RD + \sum \gamma_k ControlVariable + \varepsilon_2$$
$$(5-5)$$

模型中 RD 代表创新投入，是企业获得异质性创新补贴当年、第 t+1 年和第 t+2 年共三年的创新投入强度的算术平均数。ControlVariable 代表控制变量，与模型（5-1）相同。模型中的其他变量也与模型（5-1）相同，不再赘述。

第五节　检验结果

一、描述性统计分析结果

表5-2列示了民营上市公司在2007年所获创新补贴及其他主要变量的描述性统计结果。从表中可见，在企业所获异质性创新补贴金额方面，2007年民营上市公司所获创新补贴总额约占营业收入的0.178%，在各类创新补贴中，企业所获研发类补贴金额最多，约占营业收入的0.063%，改进类补贴金额次之，约占营业收入的0.06%，其他类补贴金额最少，约占营业收入的0.055%。在获得异质性创新补贴企业的比例方面，约有29.8%的企业获得创新补贴，对于各类补贴而言，获得其他类补贴的企业较多，约有21.5%的企业获得该类补贴，研发类补贴次之，约有18%的企业获得该类补贴，获得改进类补贴的企业最少，约有16.3%的企业获得该类补贴。

表5-2　本章各主要变量的描述性统计结果

Stats	Mean	SD	Max	Min	p50	p25	p75
IST_t	0.00178	0.00622	0.0739	0.000	0.000	0.000	0.000468
$RDST_t$	0.000626	0.00323	0.0564	0.000	0.000	0.000	0.000
$IPST_t$	0.000603	0.00319	0.0532	0.000	0.000	0.000	0.000
$OTST_t$	0.000548	0.00335	0.0614	0.000	0.000	0.000	0.000
ISD_t	0.298	0.458	1.000	0.000	0.000	0.000	1.000
$RDSD_t$	0.180	0.385	1.000	0.000	0.000	0.000	0.000
$IPSD_t$	0.163	0.370	1.000	0.000	0.000	0.000	0.000
$OTSD_t$	0.215	0.411	1.000	0.000	0.000	0.000	0.000
$UGIP_{t+5}$	0.190	0.393	1.000	0.000	0.000	0.000	0.000
$UGIP_{t+10}$	0.264	0.441	1.000	0.000	0.000	0.000	1.000
$UGIP_{t+13}$	0.347	0.498	1.000	0.000	1.000	0.000	1.000

续表

Stats	Mean	SD	Max	Min	p50	p25	p75
$UGFP_{t+5}$	0.279	0.449	1.000	0.000	0.000	0.000	1.000
$UGFP_{t+10}$	0.287	0.453	1.000	0.000	0.000	0.000	1.000
$UGFP_{t+13}$	0.266	0.442	1.000	0.000	0.000	0.000	1.000
$SIZE_t$	20.98	0.969	24.39	17.24	20.93	20.32	21.62
LEV_t	0.587	0.640	9.429	0.000	0.502	0.359	0.640
RDI_t	0.0577	0.0205	0.211	0.000	0.000	0.000	0.000
AGE_t	11.54	4.225	27.91	0.944	11.39	8.423	13.76
CFO_t	−0.039	1.655	2.374	−33.86	0.0617	−0.00700	0.150
ORG_t	0.445	2.197	34.43	−0.995	0.167	0.0133	0.343
LI_t	0.109	0.366	8.131	0.00117	0.0728	0.0411	0.113
CI_t	13.89	1.155	19.27	11.08	13.69	13.16	14.37

根据表5-2，在企业创新绩效升级方面，企业获得创新补贴5年后，企业创新绩效升级概率约为19%，企业获得创新补贴10年后，企业创新绩效升级概率约为26.4%，企业获得创新补贴13年后，企业创新绩效升级概率约为34.7%，可见，随着时间的推移，企业创新绩效升级的概率有所上升。在企业财务绩效升级方面，企业获得创新补贴5年后，企业财务绩效升级概率约为27.9%，企业获得创新补贴10年后，企业财务绩效升级概率约为28.7%，企业获得创新补贴13年后，企业财务绩效升级概率约为26.6%。可见，随着时间的推移，企业财务绩效升级的概率没有呈现出明显的提升趋势。

根据表5-2，在其他控制变量方面，企业的资产负债率平均约为58.7%，说明民营企业的负债普遍较高。企业的创新投入占营业收入的比例平均约为5.77%，与创新补贴的均值0.178%相比，企业的创新投入较高，无法由政府的创新补贴完全补偿，即企业自身的创新投入仍是企业进行创新活动的主要来源。企业的平均年龄为11.54年，说明在2007年民营上市公司普遍比较年轻。企业的经营现金流量净额为负，说明民营企业的现金流量不够充足。

表5-3列示了样本企业创新绩效（IP）和财务绩效（FP）的变化情况。从表中可见，创新绩效并不稳定，存在周期性波动，约5年达到一个峰值。创新绩效的均值从第t+1年开始稳步上升，到第t+5年达到较高的0.869，随后开始下

降至 0.483，至第 t+10 年提升至 1.144，之后又开始下降。财务绩效的波动并不大，大部分时间高于 0.2 但未到 0.3。财务绩效在第 t+1 年较低，从第 t+2 年开始上升至 0.2 以上，最高在第 t+3 年升至 0.29，随后开始回落，在第 t+11 年开始跌到 0.2 以下，至第 t+12 年跌至最低的 0.101。

表 5-3　财务绩效和创新绩效变量的描述性统计

Stats	Mean	SD	Max	Min	p50	p25	p75
IP_{t+1}	0.345	0.952	5.352	0.000	0.000	0.000	0.000
IP_{t+2}	0.424	1.073	5.242	0.000	0.000	0.000	0.000
IP_{t+3}	0.474	1.170	5.209	0.000	0.000	0.000	0.000
IP_{t+4}	0.484	1.192	6.312	0.000	0.000	0.000	0.000
IP_{t+5}	0.869	1.654	6.960	0.000	0.000	0.000	0.347
IP_{t+6}	0.520	1.260	5.886	0.000	0.000	0.000	0.000
IP_{t+7}	0.483	1.200	5.124	0.000	0.000	0.000	0.000
IP_{t+8}	0.665	1.408	6.084	0.000	0.000	0.000	0.000
IP_{t+9}	0.549	1.317	7.462	0.000	0.000	0.000	0.000
IP_{t+10}	1.144	1.989	8.409	0.000	0.000	0.000	1.869
IP_{t+11}	0.256	0.937	5.497	0.000	0.000	0.000	0.000
IP_{t+12}	0.301	0.995	5.855	0.000	0.000	0.000	0.000
IP_{t+13}	1.831	1.614	6.928	0.000	1.792	0.000	2.996
FP_{t+1}	0.167	1.115	5.893	−21.86	0.160	0.0280	0.389
FP_{t+2}	0.251	0.503	2.980	−3.002	0.189	0.0394	0.410
FP_{t+3}	0.290	0.433	2.720	−2.884	0.227	0.0614	0.470
FP_{t+4}	0.279	0.508	5.250	−1.851	0.169	0.0500	0.439
FP_{t+5}	0.237	0.629	10.95	−3.370	0.140	0.0300	0.350
FP_{t+6}	0.252	0.655	10.51	−2.030	0.150	0.0400	0.360
FP_{t+7}	0.233	0.459	2.470	−4.320	0.146	0.0300	0.380
FP_{t+8}	0.235	0.528	7.550	−2.650	0.161	0.0375	0.370
FP_{t+9}	0.249	0.402	3	−2.077	0.170	0.0500	0.387
FP_{t+10}	0.282	0.676	8.090	−6.830	0.210	0.0600	0.451
FP_{t+11}	0.124	0.761	3.210	−6.690	0.151	0.0100	0.416

续表

Stats	Mean	SD	Max	Min	p50	p25	p75
FP_{t+12}	0.101	0.919	2.930	−7.460	0.144	0.0200	0.430
FP_{t+13}	0.127	0.810	3.940	−5.616	0.125	0.00700	0.384

二、相关性分析结果

本节检验各主要变量的相关性，初步判断各主要变量的关系，检验结果如表5-4所示。表5-4的左下部分（加粗部分）为各变量的Person相关系数，表5-4的右上部分为各变量的Spearman秩相关系数。

根据表5-4，结合Person相关系数还是Spearman秩相关系数的正负号以及显著性，发现企业所获创新补贴的金额与企业实现创新绩效升级是正相关关系，与企业实现财务绩效升级是负相关关系。企业所获研发类补贴的金额与企业实现创新绩效升级是正相关关系，与企业实现财务绩效升级是负相关关系。企业所获改进类补贴的金额与企业实现创新绩效升级是正相关关系，与企业实现财务绩效升级是负相关关系。企业所获其他类补贴的金额与企业实现创新绩效升级是正相关关系，与企业实现财务绩效升级的关系并不确定。根据Person相关系数，企业所获其他类补贴金额与获得该类补贴之后10年的财务绩效升级为显著的正相关关系，但是，根据Spearman秩相关系数，企业所获其他类补贴金额与获得该类补贴之后5年的财务绩效升级为显著的负相关关系。总体而言，异质性创新补贴金额与企业创新绩效升级具有正相关关系。

根据表5-4，无论是Person相关系数还是Spearman秩相关系数均显示，企业是否获得创新补贴变量与企业实现创新绩效升级变量呈现正相关关系，与企业实现财务绩效升级变量呈现负相关关系。企业获得研发类补贴与企业实现创新绩效升级呈现显著的正相关关系，而与企业在获得研发类补贴之后10年的财务绩效升级呈现显著的负相关关系。企业获得改进类补贴与企业实现创新绩效升级也呈现显著的正相关关系，与企业实现财务绩效升级呈现负相关关系，且不显著。企业获得其他类补贴与企业实现创新绩效升级呈现显著的正相关关系，与企业在获得该类补贴之后5年的财务绩效升级呈现显著的负相关关系。由此可见，企业获得异质性创新有助于实现创新绩效升级。

从表5-4可见，企业规模仅在企业获得创新补贴后的13年与创新绩效升级具

表 5-4　本章相关性检验结果

	IST_t	$RDST_t$	$IPST_t$	$OTST_t$	ISD_t	$RDSD_t$	$IPSD_t$	$OTSD_t$	$SIZE_t$	LEV_t	RDI_t
IST_t	1										
$RDST_t$	0.666***	1									
$IPST_t$	0.666***	0.250***	1								
$OTST_t$	0.579***	0.035	0.043	1							
ISD_t	0.438***	0.297***	0.29***	0.25***	1						
$RDSD_t$	0.335***	0.414***	0.162***	0.069	0.719***	1					
$IPSD_t$	0.382***	0.239***	0.429***	0.070	0.676***	0.531***	1				
$OTSD_t$	0.293***	0.118***	0.124***	0.312***	0.803***	0.540***	0.472***	1			
$SIZE_t$	-0.074*	0.039	-0.09*	-0.095**	0.100**	0.120***	0.093***	0.089**	1		
LEV_t	-0.033	-0.049	-0.063	0.046	-0.107**	-0.077*	-0.071	-0.079*	-0.172***	1	
RDI_t	0.175***	0.135***	0.062	0.136***	0.131***	0.137***	0.077	0.107**	-0.077*	-0.097**	1
AGE_t	-0.142***	-0.045	-0.139***	-0.087*	-0.201***	-0.131***	-0.148***	-0.174***	0.059	0.163***	-0.118***
CFO_t	0.034	0.019	0.02	0.025	0.039	0.029	0.034	0.032	0.005	-0.037	0.029
ORC_t	-0.039	-0.020	-0.020	-0.034	-0.054	-0.039	-0.040	-0.048	-0.018	0.040	-0.018
LI_t	0.017	0.008	-0.007	0.030	-0.033	-0.016	-0.028	-0.022	-0.120***	0.216***	0.018
CI_t	0.113**	0.146***	0.035	0.035	-0.094**	-0.084**	-0.0660	-0.108**	0.308***	0.016	-0.059

续表

	IST_t	$RDST_t$	$IPST_t$	$OTST_t$	ISD_t	$RDSD_t$	$IPSD_t$	$OTSD_t$	$SIZE_t$	LEV_t	RDI_t
$UGIP_{t+5}$	0.026	0.004	0.021	0.024	0.138***	0.107**	0.094**	0.095**	0.021	−0.087**	0.117**
$UGIP_{t+10}$	0.079*	0.022	0.104**	0.027	0.177***	0.189***	0.117***	0.126***	−0.050	−0.067	0.076*
$UGIP_{t+13}$	0.039	0.059	0.010	0.006	0.152***	0.093**	0.117***	0.145***	0.153***	−0.072	0.033
$UGFP_{t+5}$	−0.043	−0.012	−0.044	−0.026	−0.094**	−0.011	−0.064	−0.084*	−0.030	−0.015	−0.034
$UGFP_{t+10}$	−0.023	−0.072	−0.056	0.079*	−0.095***	−0.086*	−0.071	−0.0710	−0.093**	0.087**	−0.087**
$UGFP_{t+13}$	−0.062	−0.027	−0.063	−0.028	−0.047	0.015	−0.015	−0.026	−0.043	0.098**	−0.109**

	AGE_t	CFO_t	ORG_t	LI_t	CI_t	$UGIP_{t+5}$	$UGIP_{t+10}$	$UGIP_{t+13}$	$UGFP_{t+5}$	$UGFP_{t+10}$	$UGFP_{t+13}$
IST_t	−0.193***	−0.061	0.127***	0.090**	−0.037	0.130***	0.184***	0.142***	−0.090**	−0.089**	−0.049
$RDST_t$	−0.121***	−0.026	0.095**	0.118***	−0.035	0.100**	0.185***	0.094**	−0.011	−0.089**	0.012
$IPST_t$	−0.148***	0.052	0.081**	0.052	−0.047	0.099**	0.125***	0.113***	−0.064	−0.070	−0.021
$OTST_t$	−0.163***	−0.065	0.072	0.083**	−0.061	0.096**	0.127***	0.137***	−0.086**	−0.063	−0.041
ISD_t	−0.190***	−0.086**	0.140***	0.053	−0.048	0.138***	0.177***	0.152***	−0.094**	−0.095**	−0.047
$RDSD_t$	−0.119***	−0.029	0.098**	0.106***	−0.043	0.107**	0.189***	0.093**	−0.011	−0.086**	0.015
$IPSD_t$	−0.139***	0.044	0.082**	0.042	−0.050	0.094**	0.118***	0.117***	−0.064	−0.071	−0.016
$OTSD_t$	−0.166***	−0.069	0.077**	0.069	−0.064	0.095**	0.126***	0.145***	−0.084**	−0.071	−0.026
$SIZE_t$	0.082**	0.031	0.112**	−0.360***	0.298***	0.015	−0.064	0.139***	−0.045	−0.083**	−0.024

续表

	AGE_t	CFO_t	ORG_t	LI_t	CI_t	$UGIP_{t+5}$	$UGIP_{t+10}$	$UGIP_{t+13}$	$UGFP_{t+5}$	$UGFP_{t+10}$	$UGFP_{t+13}$
LEV_t	0.135***	-0.102**	-0.050	-0.161***	0.166***	-0.113**	-0.104**	-0.068	0.098**	0.111**	0.100*
RDI_t	-0.182***	0.0023	0.168***	0.078***	-0.132***	0.209***	0.180***	0.175***	-0.049	-0.072	-0.067
AGE_t	**1**	0.051	-0.127***	-0.025	0.126***	-0.133***	-0.160***	-0.068	0.061	0.061	0.082**
CFO_t	**0.038**	**1**	0.021	0.145***	0.010	-0.047	-0.045	-0.045	-0.033	-0.042	-0.023
ORG_t	**-0.009**	**0.054**	**1**	-0.281***	0.020	0.095**	0.047	0.116***	-0.214***	-0.155***	-0.225***
LI_t	**-0.021**	**-0.162*****	**-0.059**	**1**	-0.416***	0.068	0.056	0.016	0.051	0.051	0.028
CI_t	**0.143*****	**-0.075***	**0.077***	**0.113*****	**1**	-0.177***	-0.107**	-0.105**	0.015	-0.071	-0.030
$UGIP_{t+5}$	**-0.138*****	**0.026**	**-0.043**	**-0.022**	**-0.177*****	**1**	0.383***	0.223***	0.029	0.032	0.045
$UGIP_{t+10}$	**-0.141*****	**0.015**	**-0.060**	**-0.023**	**-0.133*****	**0.383*****	**1**	0.209***	0.030	-0.010	-0.001
$UGIP_{t+13}$	**-0.094****	**0.035**	**0.067**	**-0.048**	**-0.110****	**0.223*****	**0.209*****	**1**	0.020	0.104**	0.098**
$UGFP_{t+5}$	**0.052**	**-0.032**	**-0.083***	**-0.018**	**0.015**	**0.029**	**0.030**	**0.020**	**1**	0.398***	0.389***
$UGFP_{t+10}$	**0.049**	**0.015**	**0.024**	**0.087***	**-0.044**	**0.032**	**-0.010**	**0.104****	**0.398*****	**1**	0.395***
$UGFP_{t+13}$	**0.071**	**0.029**	**-0.078***	**-0.0200**	**-0.003**	**0.045**	**-0.001**	**0.098****	**0.389*****	**0.395*****	**1**

注:左下角(加粗)部分为 Person 相关系数,右上角部分为 Spearman 秩相关系数。*、**、***分别代表在10%、5%、1%水平下显著。

有显著的正相关关系，与企业财务绩效升级没有显著的相关关系或具有显著的负相关关系。企业的资产负债率与创新绩效升级具有负相关关系，与企业的财务绩效升级具有正相关关系。企业年龄与创新绩效升级具有负相关关系，与财务绩效升级具有正相关关系。企业的经营性现金流量与创新绩效升级和财务绩效升级均没有显著的相关关系。企业的成长性与创新绩效升级具有正相关关系，与财务绩效升级具有负相关关系。企业的劳动密集度与创新绩效升级的相关性并不显著，与财务绩效升级具有正相关关系。企业的资本密集度与创新绩效升级具有负相关关系，与财务绩效没有显著的相关关系。另外，获得创新补贴 13 年后的企业创新绩效升级变量与获得创新补贴 10 年和 13 年后的企业财务绩效升级变量具有正相关关系，这也从一个侧面说明，从创新成果的获得到财务收益的实现需要较长时间。

三、回归分析结果

本节通过 Logit 多元回归方法检验异质性创新补贴对企业升级的影响。在检验过程中，首先，以全部样本为研究对象，考察是否企业所获异质性创新补贴金额越多，企业在未来第 5 年、第 10 年和第 13 年实现创新绩效升级和财务绩效升级的可能性越大，这一步是对异质性创新补贴积累效应的补充检验；其次，以全部样本为研究对象，考察与未获异质性创新补贴的企业相比，是否获得异质性创新补贴企业在未来第 5 年、第 10 年和第 13 年实现创新绩效升级和财务绩效升级的可能性越大，这是对异质性创新补贴甄选效应的检验；最后，以获得异质性创新补贴的样本为研究对象，考察对于在获得异质性创新补贴的企业，是否获得异质性创新补贴金额越大，企业在未来第 5 年、第 10 年和第 13 年实现创新绩效升级和财务绩效升级的可能性越大，这是对异质性创新补贴积累效应的检验。

本节首先检验创新补贴总体对企业升级的影响，其次检验各类创新补贴（研发类补贴、改进类补贴、其他类补贴）对企业升级的影响，最后检验异质性创新补贴是否能够通过提高企业创新投入进而实现企业升级。

（一）创新补贴

为检验创新补贴总体对于企业创新绩效升级的影响，首先以全样本为研究对象，以企业获得创新补贴金额为自变量进行回归分析，检验结果见表 5-5 的第（1）列至第（3）列；其次以企业是否获得创新补贴为自变量进行回归分析，检验结果见表 5-5 的第（4）列至第（6）列；最后以获得创新补贴企业为样本，以企业获得创新补贴金额为自变量进行回归分析，检验结果见表5-5的第（7）列至第（9）列。

表5-5　创新补贴对企业创新绩效升级的影响检验

	UGIP$_{t+5}$ （1）	UGIP$_{t+10}$ （2）	UGIP$_{t+13}$ （3）	UGIP$_{t+5}$ （4）	UGIP$_{t+10}$ （5）	UGIP$_{t+13}$ （6）	UGIP$_{t+5}$ （7）	UGIP$_{t+10}$ （8）	UGIP$_{t+13}$ （9）
IST$_t$	14.672 （0.516）	2.805 （0.120）	10.144 （0.442）				20.359 （0.503）	−12.185 （−0.324）	4.965 （0.137）
ISD$_t$				0.051 （0.189）	0.339 （1.401）	0.167 （0.704）			
SIZE$_t$	0.234 （1.448）	−0.029 （−0.217）	0.511*** （4.318）	0.478*** （3.346）	0.015 （0.133）	0.518*** （5.015）	0.267 （1.016）	−0.287 （−1.095）	0.707** （2.402）
LEV$_t$	−0.790 （−1.353）	0.010 （0.044）	−0.082 （−0.484）	−1.179* （−1.663）	0.292 （0.596）	−0.629 （−1.372）	1.007 （0.629）	0.395 （0.274）	0.234 （0.151）
CFO$_t$	0.073 （0.267）	0.064 （0.659）	0.041 （0.649）	0.077 （0.120）	−0.144 （−0.342）	0.372 （1.094）	4.104* （1.680）	−0.058 （−0.033）	1.540 （0.876）
ORG$_t$	−0.079 （−0.478）	−0.162 （−0.928）	0.125* （1.759）	−0.143 （−0.604）	0.110 （0.919）	0.108 （1.076）	0.761 （1.469）	0.495 （0.970）	−0.364 （−0.895）
AGE$_t$	−0.054 （−1.619）	−0.065** （−2.243）	−0.040 （−1.640）	−0.051 （−1.524）	−0.056* （−1.939）	−0.016 （−0.617）	−0.013 （−0.188）	−0.016 （−0.247）	0.026 （0.371）
LI$_t$	−0.487 （−0.211）	−0.301 （−0.508）	−0.026 （−0.073）	−0.697 （−0.342）	−1.788 （−1.127）	−2.205 （−1.632）	1.413 （0.374）	−7.100* （−1.912）	−12.637*** （−2.584）
CI$_t$	−0.456** （−2.446）	−0.012 （−0.087）	−0.275** （−2.446）	−0.464** （−2.233）	−0.008 （−0.044）	−0.432*** （−3.100）	0.002 （0.005）	0.556 （1.352）	−1.307** （−2.462）
IND	控制	控制	控制	控制	控制	控制	控制	控制	控制
_cons	−0.326 （−0.082）	−0.335 （−0.110）	−6.427** （−2.524）	−5.285 （−1.337）	−1.173 （−0.354）	−3.914 （−1.451）	−6.491 （−0.878）	−2.605 （−0.417）	4.472 （0.528）
N	516	516	516	516	516	516	138	138	138
Pseudo R^2	0.141	0.104	0.105	0.158	0.110	0.142	0.150	0.131	0.210

从表5-5可见，无论是创新补贴金额变量还是是否获得创新补贴变量，其系数均不显著，说明创新补贴总体对企业的创新绩效升级没有显著影响。

为考察创新补贴总体对企业财务绩效升级的影响，以全样本为研究对象、以企业获得创新补贴金额为自变量的检验结果见表5-6的第（1）列至第（3）列，以企业是否获得创新补贴为自变量的检验结果见表5-6的第（4）列至第（6）

列；以获得创新补贴企业为样本，以企业获得创新补贴金额为自变量的检验结果见表5-6的第（7）列至第（9）列。

表5-6 创新补贴对企业财务绩效升级的影响检验

	UGFP$_{t+5}$ （1）	UGFP$_{t+10}$ （2）	UGFP$_{t+13}$ （3）	UGFP$_{t+5}$ （4）	UGFP$_{t+10}$ （5）	UGFP$_{t+13}$ （6）	UGFP$_{t+5}$ （7）	UGFP$_{t+10}$ （8）	UGFP$_{t+13}$ （9）
IST$_t$	−25.859 （−1.007）	−20.556 （−0.781）	−29.996 （−1.066）				−1.901 （−0.054）	22.546 （0.577）	15.212 （0.314）
ISD$_t$				−0.458* （−1.811）	−0.326 （−1.291）	−0.021 （−0.083）			
SIZE$_t$	−0.139 （−1.140）	−0.146 （−1.205）	−0.107 （−0.863）	−0.008 （−0.077）	−0.095 （−0.962）	−0.267*** （−2.610）	−0.378 （−1.315）	−0.153 （−0.531）	0.123 （0.411）
LEV$_t$	−0.059 （−0.315）	0.185 （1.086）	0.481** （2.189）	−0.395 （−0.880）	−0.020 （−0.046）	0.265 （0.600）	−0.109 （−0.069）	2.122 （1.365）	1.747 （1.052）
CFO$_t$	−0.018 （−0.310）	0.096 （1.063）	0.146 （0.957）	0.216 （0.720）	−0.062 （−0.212）	0.312 （0.969）	1.346 （0.711）	−1.375 （−0.814）	9.443*** （2.665）
ORG$_t$	−0.481** （−1.980）	0.031 （0.729）	−0.605** （−2.426）	−0.047 （−0.483）	0.042 （0.474）	−0.012 （−0.132）	0.191 （0.474）	−0.058 （−0.104）	−0.121 （−0.194）
AGE$_t$	0.024 （0.937）	0.019 （0.747）	0.012 （0.473）	0.019 （0.758）	0.007 （0.256）	0.025 （0.955）	−0.059 （−0.894）	−0.111 （−1.547）	−0.069 （−1.004）
LI$_t$	−0.442 （−0.766）	2.274 （1.573）	−0.440 （−0.809）	0.723 （0.546）	−0.261 （−0.194）	−1.249 （−0.890）	−1.153 （−0.305）	0.250 （0.074）	−6.623 （−1.182）
CI$_t$	0.078 （0.659）	−0.009 （−0.076）	0.065 （0.541）	0.040 （0.290）	−0.060 （−0.441）	−0.016 （−0.113）	0.140 （0.346）	−0.313 （−0.793）	−1.463** （−2.391）
IND	控制	控制	控制	控制	控制	控制	控制	控制	控制
_cons	0.049 （0.018）	0.470 （0.163）	−0.822 （−0.296）	−2.314 （−0.848）	0.890 （0.322）	3.837 （1.369）	6.282 （0.907）	8.756 （1.188）	17.943** （2.039）
N	516	516	516	516	516	516	138	138	138
Pseudo R^2	0.044	0.0425	0.055	0.036	0.053	0.046	0.066	0.106	0.138

从表5-6可见，无论是在全样本中，还是在获得创新补贴企业的样本中，创新补贴金额变量的系数均不显著。在全样本中，第（4）列的是否获得创新补贴变量系数显著为负，说明获得创新补贴反而对5年后企业财务绩效升级具有负面影响。可见，创新补贴总体对企业的财务绩效升级没有正面影响。

综上所述，创新补贴对于企业的创新绩效升级和财务绩效升级没有显著的提高作用，因而对创新补贴进行细分，考察异质性创新补贴对企业升级的影响具有重要意义。

（二）研发类补贴

为考察研发类补贴对企业创新绩效升级的影响，以全样本为研究对象，以企业获得研发类补贴金额为自变量的检验结果列示于表5-7的第（1）列至第（3）列；以全样本为研究对象，以企业是否获得研发类补贴为自变量的检验结果列示于表5-7的第（4）列至第（6）列；以获得研发类补贴的企业为样本，以企业获得研发类补贴金额为自变量的检验结果列示于表5-7的第（7）列至第（9）列。

表5-7　研发类补贴对企业创新绩效升级的影响检验

	$UGIP_{t+5}$ （1）	$UGIP_{t+10}$ （2）	$UGIP_{t+13}$ （3）	$UGIP_{t+5}$ （4）	$UGIP_{t+10}$ （5）	$UGIP_{t+13}$ （6）	$UGIP_{t+5}$ （7）	$UGIP_{t+10}$ （8）	$UGIP_{t+13}$ （9）
$RDST_t$	19.893 (0.311)	−1.710 (−0.034)	31.695 (0.625)				−90.281 (−0.786)	−80.458 (−0.798)	35.644 (0.343)
$RDSD_t$				0.109 (0.355)	0.584** (2.135)	0.030 (0.110)			
$SIZE_t$	0.224 (1.390)	−0.031 (−0.233)	0.505*** (4.289)	0.214 (1.296)	−0.090 (−0.647)	0.504*** (4.220)	−0.015 (−0.034)	0.029 (0.072)	1.790*** (2.838)
LEV_t	−0.803 (−1.373)	0.008 (0.037)	−0.081 (−0.478)	−0.799 (−1.366)	0.015 (0.067)	−0.083 (−0.488)	−1.361 (−0.776)	−1.893 (−1.159)	2.182 (1.477)
CFO_t	0.079 (0.283)	0.065 (0.668)	0.041 (0.652)	0.082 (0.292)	0.060 (0.615)	0.043 (0.673)	1.569 (0.638)	−1.301 (−0.570)	3.037 (1.028)
ORG_t	−0.081 (−0.485)	−0.163 (−0.932)	0.125* (1.759)	−0.081 (−0.484)	−0.163 (−0.908)	0.124* (1.752)	1.925* (1.684)	0.612 (0.656)	0.822 (0.611)
AGE_t	−0.056* (−1.695)	−0.065** (−2.290)	−0.041* (−1.687)	−0.056* (−1.688)	−0.061** (−2.125)	−0.042* (−1.719)	−0.109 (−1.066)	−0.123 (−1.390)	−0.047 (−0.473)
LI_t	−0.434 (−0.187)	−0.299 (−0.513)	−0.027 (−0.077)	−0.362 (−0.160)	−0.345 (−0.510)	−0.028 (−0.079)	6.554 (1.017)	0.046 (0.006)	14.638* (1.729)
CI_t	−0.447** (−2.413)	−0.008 (−0.058)	−0.276** (−2.462)	−0.437** (−2.394)	−0.000 (−0.001)	−0.266** (−2.405)	−0.017 (−0.034)	0.311 (0.792)	−0.087 (−0.151)
IND	控制	控制	控制	控制	控制	控制	控制	控制	控制
_cons	−0.217 (−0.054)	−0.344 (−0.112)	−6.289** (−2.462)	−0.171 (−0.042)	0.711 (0.228)	−6.383** (−2.489)	0.750 (0.072)	−3.448 (−0.372)	−37.380** (−2.542)

续表

	UGIP$_{t+5}$	UGIP$_{t+10}$	UGIP$_{t+13}$	UGIP$_{t+5}$	UGIP$_{t+10}$	UGIP$_{t+13}$	UGIP$_{t+5}$	UGIP$_{t+10}$	UGIP$_{t+13}$
	（1）	（2）	（3）	（4）	（5）	（6）	（7）	（8）	（9）
N	516	516	516	516	516	516	83	83	83
Pseudo R^2	0.140	0.104	0.106	0.140	0.112	0.105	0.168	0.147	0.270

从表5-7可见，根据第（1）列至第（3）列，研发类补贴金额系数均不显著，说明在以全样本为研究对象的情况下，企业所获研发类补贴的金额对创新绩效升级没有显著影响。根据第（7）列至第（9）列，研发类补贴金额系数也不显著，说明在以获得研发类补贴的企业为研究对象的情况下，企业所获研发类补贴的金额对创新绩效升级也没有显著影响。根据第（4）列至第（6）列，是否获得研发类补贴的系数在第（5）列中显著为正，但是，在第（4）列和第（6）列中并不显著，说明与未获研发类补贴的企业相比，获得研发类补贴的企业10年后实现创新绩效升级的概率更大。

为考察研发类补贴对企业财务绩效升级的影响，以全样本为研究对象，以企业获得研发类补贴金额为自变量的检验结果见表5-8的第（1）列至第（3）列；以全样本为研究对象，以企业是否获得研发类补贴为自变量的检验结果见表5-8的第（4）列至第（6）列；以获得研发类补贴的企业为样本，以企业获得研发类补贴金额为自变量的检验结果见表5-8的第（7）列至第（9）列。

表5-8　研发类补贴对企业财务绩效升级的影响检验

	UGFP$_{t+5}$	UGFP$_{t+10}$	UGFP$_{t+13}$	UGFP$_{t+5}$	UGFP$_{t+10}$	UGFP$_{t+13}$	UGFP$_{t+5}$	UGFP$_{t+10}$	UGFP$_{t+13}$
	（1）	（2）	（3）	（4）	（5）	（6）	（7）	（8）	（9）
RDST$_t$	-10.855 （-0.204）	-124.992* （-1.678）	-5.383 （-0.096）				-43.844 （-0.418）	-55.517 （-0.437）	-83.579 （-0.687）
RDSD$_t$				0.019 （0.066）	-0.457 （-1.506）	0.318 （1.110）			
SIZE$_t$	-0.127 （-1.045）	-0.125 （-1.032）	-0.096 （-0.780）	-0.129 （-1.044）	-0.106 （-0.862）	-0.122 （-0.970）	-0.444 （-0.959）	-0.477 （-0.862）	0.257 （0.502）
LEV$_t$	-0.061 （-0.326）	0.174 （1.029）	0.477** （2.180）	-0.060 （-0.321）	0.181 （1.059）	0.481** （2.192）	2.742* （1.823）	4.744** （2.041）	3.262** （2.096）
CFO$_t$	-0.023 （-0.380）	0.104 （1.145）	0.138 （0.909）	-0.023 （-0.394）	0.095 （1.056）	0.136 （0.889）	2.209 （0.811）	2.184 （0.759）	1.828 （0.664）

续表

	UGFP$_{t+5}$ (1)	UGFP$_{t+10}$ (2)	UGFP$_{t+13}$ (3)	UGFP$_{t+5}$ (4)	UGFP$_{t+10}$ (5)	UGFP$_{t+13}$ (6)	UGFP$_{t+5}$ (7)	UGFP$_{t+10}$ (8)	UGFP$_{t+13}$ (9)
ORG$_t$	−0.473* (−1.950)	0.031 (0.728)	−0.596** (−2.379)	−0.473* (−1.946)	0.031 (0.725)	−0.603** (−2.374)	1.181 (1.175)	2.213* (1.937)	1.231 (1.129)
AGE$_t$	0.028 (1.103)	0.020 (0.787)	0.017 (0.656)	0.028 (1.118)	0.020 (0.791)	0.019 (0.736)	−0.171 (−1.583)	−0.185 (−1.461)	−0.149 (−1.413)
LI$_t$	−0.467 (−0.712)	2.507* (1.721)	−0.460 (−0.752)	−0.478 (−0.702)	2.255 (1.579)	−0.490 (−0.733)	−7.028 (−0.784)	2.085 (0.233)	−3.098 (−0.386)
CI$_t$	0.059 (0.508)	−0.002 (−0.013)	0.045 (0.380)	0.057 (0.488)	−0.035 (−0.287)	0.051 (0.433)	0.169 (0.371)	0.496 (1.062)	−0.076 (−0.145)
IND	控制	控制	控制	控制	控制	控制	控制	控制	控制
_cons	−0.007 (−0.003)	−0.086 (−0.029)	−0.832 (−0.299)	0.064 (0.023)	−0.023 (−0.008)	−0.403 (−0.143)	8.174 (0.748)	1.169 (0.094)	−3.965 (−0.332)
N	516	516	516	516	516	516	83	83	83
Pseudo R^2	0.042	0.047	0.053	0.042	0.045	0.055	0.141	0.191	0.511

从表5-8可见，在第（1）列至第（3）列中，研发类补贴金额系数均为负，且研发类金额系数在第（2）列中显著为负，说明在以全样本为研究对象的情况下，企业所获研发类补贴的金额对企业的财务绩效升级没有正面影响。在第（4）列至第（9）列中，无论是是否获得研发类补贴还是研发类补贴金额系数均不显著，说明获得研发类补贴无法提升企业实现财务绩效升级的概率，而获得研发类补贴的企业中，获得研发类补贴的金额高也无法提升企业实现财务绩效升级的概率。

综上所述，对于研发类补贴，与未获研发类补贴企业相比，获得研发类补贴有助于企业实现创新绩效升级。另外，研发类补贴无法帮助企业实现财务绩效升级，与本章假设一相符。

（三）改进类补贴

为考察改进类补贴对企业创新绩效升级的影响，首先以全样本为研究对象，以企业获得改进类补贴金额为自变量，以企业是否实现创新绩效升级为因变量进行检验，检验结果见表5-9的第（1）列至第（3）列。其次以全样本为研究对象，以企业是否获得改进类补贴为自变量，以企业是否实现创新绩效升级为因变量进行检验，检验结果见表5-9的第（4）列至第（6）列。最后，以获得改进类补贴的企业为样本，以企业获得改进类补贴金额为自变量，以企业是否实现创新绩效升级为因变量进行检验，检验结果见表5-9的第（7）列至第（9）列。

表5-9 改进类补贴对企业创新绩效升级的影响检验

	$UGIP_{t+5}$ (1)	$UGIP_{t+10}$ (2)	$UGIP_{t+13}$ (3)	$UGIP_{t+5}$ (4)	$UGIP_{t+10}$ (5)	$UGIP_{t+13}$ (6)	$UGIP_{t+5}$ (7)	$UGIP_{t+10}$ (8)	$UGIP_{t+13}$ (9)
$IPST_t$	26.365 (0.400)	39.178 (0.676)	-27.707 (-0.481)				130.658 (1.058)	150.592 (1.260)	-20.907 (-0.159)
$IPSD_t$				0.126 (0.410)	0.196 (0.698)	0.313 (1.130)			
$SIZE_t$	0.231 (1.435)	-0.023 (-0.170)	0.502*** (4.266)	0.219 (1.358)	-0.041 (-0.304)	0.491*** (4.147)	0.312 (0.623)	0.091 (0.191)	0.952* (1.727)
LEV_t	-0.794 (-1.357)	0.013 (0.062)	-0.085 (-0.501)	-0.798 (-1.364)	0.008 (0.037)	-0.083 (-0.492)	-0.424 (-0.197)	-0.696 (-0.351)	2.923 (1.634)
CFO_t	0.077 (0.284)	0.061 (0.641)	0.044 (0.693)	0.080 (0.292)	0.062 (0.646)	0.040 (0.637)	-1.279 (-0.424)	-1.337 (-0.421)	4.009 (1.116)
ORG_t	-0.079 (-0.478)	-0.160 (-0.918)	0.123* (1.744)	-0.079 (-0.477)	-0.162 (-0.919)	0.125* (1.770)	-0.315 (-0.209)	0.677 (0.498)	0.379 (0.259)
AGE_t	-0.055* (-1.654)	-0.062** (-2.162)	-0.044* (-1.781)	-0.055* (-1.665)	-0.062** (-2.169)	-0.039 (-1.575)	-0.017 (-0.180)	0.011 (0.099)	0.108 (0.994)
LI_t	-0.373 (-0.164)	-0.306 (-0.499)	-0.028 (-0.080)	-0.321 (-0.143)	-0.305 (-0.511)	-0.029 (-0.084)	-5.216 (-0.686)	-10.139 (-1.286)	-1.104 (-0.131)
CI_t	-0.445** (-2.429)	-0.023 (-0.163)	-0.260** (-2.348)	-0.437** (-2.398)	-0.009 (-0.064)	-0.265** (-2.392)	-0.307 (-0.622)	-0.162 (-0.394)	-0.212 (-0.444)
IND	控制	控制	控制	控制	控制	控制	控制	控制	控制
_cons	-0.434 (-0.109)	-0.365 (-0.119)	-6.403** (-2.519)	-0.306 (-0.077)	-0.179 (-0.058)	-6.194** (-2.425)	-1.591 (-0.156)	2.469 (0.265)	-19.752* (-1.745)
N	516	516	516	516	516	516	66	66	66
Pseudo R^2	0.140	0.105	0.105	0.140	0.105	0.107	0.142	0.153	0.265

从表5-9可见，在第（1）列至第（9）列中，无论是全样本，还是以获得改进类补贴企业为样本，是否获得改进类补贴系数和企业所获改进类补贴金额系数均不显著，说明企业获得改进类补贴或企业所获改进类补贴的金额均无法提升企业实现创新绩效升级的概率。

为考察改进类补贴对企业财务绩效升级的影响，首先以全样本为研究对象，以企业获得改进类补贴金额为自变量，以企业是否实现财务绩效升级为因变量进行检验，检验结果见表5-10的第（1）列至第（3）列。其次以全样本为研究对象，以企业是否获得改进类补贴为自变量，以企业是否实现财务绩效升级为因变量进行检验，检验结果见表5-10的第（4）列至第（6）列。最后，以获得改进类补贴的企业为样本，以企业获得改进类补贴金额为自变量，以企业是否实现财务绩效升级为因变量进行检验，检验结果见表5-10的第（7）列至第（9）列。

表 5-10 改进类补贴对企业财务绩效升级的影响检验

	$UGFP_{t+5}$ (1)	$UGFP_{t+10}$ (2)	$UGFP_{t+13}$ (3)	$UGFP_{t+5}$ (4)	$UGFP_{t+10}$ (5)	$UGFP_{t+13}$ (6)	$UGFP_{t+5}$ (7)	$UGFP_{t+10}$ (8)	$UGFP_{t+13}$ (9)
$IPST_t$	-84.909 (-1.193)	-64.797 (-0.910)	-100.790 (-1.246)				-82.553 (-0.511)	35.381 (0.261)	-254.061 (-1.529)
$IPSD_t$				-0.364 (-1.202)	-0.365 (-1.204)	0.025 (0.087)			
$SIZE_t$	-0.138 (-1.131)	-0.147 (-1.211)	-0.105 (-0.851)	-0.110 (-0.898)	-0.124 (-1.016)	-0.098 (-0.787)	-0.239 (-0.398)	-0.153 (-0.270)	0.282 (0.520)
LEV_t	-0.066 (-0.351)	0.181 (1.068)	0.468** (2.153)	-0.061 (-0.327)	0.185 (1.088)	0.477** (2.180)	0.399 (0.257)	3.378 (1.446)	0.770 (0.501)
CFO_t	-0.020 (-0.341)	0.092 (1.020)	0.145 (0.945)	-0.021 (-0.348)	0.091 (1.010)	0.138 (0.904)	-0.875 (-0.256)	-2.506 (-0.693)	0.813 (0.247)
ORG_t	-0.474** (-1.961)	0.031 (0.734)	-0.596** (-2.391)	-0.471* (-1.956)	0.030 (0.715)	-0.596** (-2.376)	-3.217* (-1.726)	-3.028 (-1.391)	-5.406** (-2.454)
AGE_t	0.024 (0.944)	0.019 (0.754)	0.012 (0.483)	0.025 (0.975)	0.019 (0.752)	0.017 (0.669)	-0.127 (-1.172)	-0.214* (-1.679)	-0.105 (-1.085)
LI_t	-0.460 (-0.731)	2.152 (1.510)	-0.450 (-0.773)	-0.464 (-0.707)	2.099 (1.479)	-0.463 (-0.748)	-12.529 (-1.173)	-4.500 (-0.480)	2.488 (0.299)
CI_t	0.070 (0.598)	-0.018 (-0.146)	0.058 (0.486)	0.053 (0.458)	-0.032 (-0.262)	0.044 (0.374)	0.367 (0.797)	0.649 (1.436)	0.192 (0.402)
IND	控制	控制	控制	控制	控制	控制	控制	控制	控制
_cons	0.139 (0.051)	0.617 (0.213)	-0.747 (-0.267)	-0.218 (-0.079)	0.345 (0.119)	-0.791 (-0.284)	2.407 (0.204)	-6.376 (-0.560)	-8.048 (-0.680)
N	516	516	516	516	516	516	66	66	66
Pseudo R^2	0.045	0.043	0.056	0.044	0.044	0.053	0.169	0.230	0.242

从表5-10可见，在第（1）列至第（9）列中，无论是以全样本为研究对

象，还是以获得改进类补贴企业为研究对象，是否获得改进类补贴系数和企业所获改进类补贴金额系数均不显著，说明企业获得改进类补贴或获得改进类补贴的金额均无法提升企业实现财务绩效升级的概率。

综上所述，改进类补贴对企业的创新绩效升级和财务绩效升级均没有显著影响，与本章假设三相符。

（四）其他类补贴

为考察其他类补贴对企业创新绩效升级的影响，首先，以全样本为研究对象，以企业获得其他类补贴金额为自变量，以企业是否实现创新绩效升级为因变量进行检验，检验结果见表5-11的第（1）列至第（3）列。其次，以全样本为研究对象，以企业是否获得其他类补贴为自变量，以企业是否实现创新绩效升级为因变量进行检验，检验结果见表5-11的第（4）列至第（6）列。最后，以获得其他类补贴的企业为样本，以企业获得其他类补贴金额为自变量，以企业是否实现创新绩效升级为因变量进行检验，检验结果见表5-11的第（7）列至第（9）列。

表5-11　其他类补贴金额对企业创新绩效升级的影响检验

	$UGIP_{t+5}$ （1）	$UGIP_{t+10}$ （2）	$UGIP_{t+13}$ （3）	$UGIP_{t+5}$ （4）	$UGIP_{t+10}$ （5）	$UGIP_{t+13}$ （6）	$UGIP_{t+5}$ （7）	$UGIP_{t+10}$ （8）	$UGIP_{t+13}$ （9）
$OTST_t$	49.669 (0.740)	37.493 (0.601)	69.143 (1.060)				110.854 (1.573)	113.680 (1.139)	74.603 (0.765)
$OTSD_t$				−0.085 (−0.296)	0.200 (0.778)	0.397 (1.555)			
$SIZE_t$	0.239 (1.474)	−0.022 (−0.164)	0.518*** (4.376)	0.232 (1.435)	−0.045 (−0.330)	0.483*** (4.074)	0.067 (0.139)	0.009 (0.021)	0.769* (1.744)
LEV_t	−0.776 (−1.334)	0.015 (0.068)	−0.082 (−0.485)	−0.809 (−1.383)	0.012 (0.056)	−0.080 (−0.472)	0.274 (0.111)	−0.570 (−0.267)	−0.145 (−0.104)
CFO_t	0.077 (0.282)	0.063 (0.650)	0.040 (0.634)	0.084 (0.307)	0.064 (0.655)	0.041 (0.643)	−4.001 (−1.572)	−1.910 (−0.892)	−2.288 (−1.107)
ORG_t	−0.081 (−0.482)	−0.162 (−0.924)	0.126* (1.767)	−0.080 (−0.487)	−0.164 (−0.924)	0.125* (1.769)	0.093 (0.097)	1.366 (1.442)	0.940 (0.910)
AGE_t	−0.054* (−1.650)	−0.064** (−2.229)	−0.040 (−1.619)	−0.058* (−1.754)	−0.062** (−2.170)	−0.037 (−1.500)	−0.082 (−0.882)	0.028 (0.358)	−0.044 (−0.529)
LI_t	−0.367 (−0.162)	−0.300 (−0.505)	−0.025 (−0.069)	−0.249 (−0.112)	−0.305 (−0.516)	−0.031 (−0.088)	−5.248 (−0.782)	−5.922 (−1.046)	−0.934 (−0.181)

	UGIP$_{t+5}$ (1)	UGIP$_{t+10}$ (2)	UGIP$_{t+13}$ (3)	UGIP$_{t+5}$ (4)	UGIP$_{t+10}$ (5)	UGIP$_{t+13}$ (6)	UGIP$_{t+5}$ (7)	UGIP$_{t+10}$ (8)	UGIP$_{t+13}$ (9)
CI$_t$	-0.454** (-2.455)	-0.016 (-0.113)	-0.278** (-2.504)	-0.438** (-2.408)	-0.003 (-0.022)	-0.259** (-2.343)	-0.601 (-1.245)	0.049 (0.118)	-0.407 (-0.930)
IND	控制	控制	控制	控制	控制	控制	控制	控制	控制
_cons	-0.469 (-0.118)	-0.457 (-0.149)	-6.557** (-2.572)	-0.497 (-0.125)	-0.186 (-0.061)	-6.127** (-2.403)	10.385 (0.938)	-0.097 (-0.011)	-10.764 (-1.120)
N	516	516	516	516	516	516	99	99	99
Pseudo R^2	0.141	0.105	0.107	0.140	0.105	0.109	0.192	0.141	0.148

从表5-11可见，在第（1）列至第（9）列中，无论是全样本，还是获得其他类补贴企业的样本，是否获得其他类补贴的系数和企业所获其他类补贴金额的系数均不显著，说明企业获得其他类补贴或获得其他类补贴的金额对企业实现创新绩效升级没有显著影响。

为考察其他类补贴对企业财务绩效升级的影响，首先，以全样本为研究对象，以企业获得其他类补贴金额为自变量，以企业是否实现财务绩效升级为因变量进行检验，检验结果见表5-12的第（1）列至第（3）列。其次，以全样本为研究对象，以企业是否获得其他类补贴为自变量，以企业是否实现财务绩效升级为因变量进行检验，检验结果见表5-12的第（4）列至第（6）列。最后，以获得其他类补贴的企业为样本，以企业获得其他类补贴金额为自变量，以企业是否实现财务绩效升级为因变量进行检验，检验结果见表5-12的第（7）列至第（9）列。

表5-12　其他类补贴金额对企业财务绩效升级的影响检验

	UGFP$_{t+5}$ (1)	UGFP$_{t+10}$ (2)	UGFP$_{t+13}$ (3)	UGFP$_{t+5}$ (4)	UGFP$_{t+10}$ (5)	UGFP$_{t+13}$ (6)	UGFP$_{t+5}$ (7)	UGFP$_{t+10}$ (8)	UGFP$_{t+13}$ (9)
OTST$_t$	-44.323 (-0.639)	35.690 (0.568)	-84.492 (-1.032)				48.731 (0.456)	181.999* (1.790)	-39.000 (-0.326)
OTSD$_t$				-0.488* (-1.744)	-0.383 (-1.408)	-0.053 (-0.199)			
SIZE$_t$	-0.135 (-1.104)	-0.137 (-1.130)	-0.108 (-0.875)	-0.101 (-0.825)	-0.120 (-0.982)	-0.093 (-0.750)	-0.304 (-0.639)	0.159 (0.352)	0.693 (1.501)

续表

	UGFP$_{t+5}$ （1）	UGFP$_{t+10}$ （2）	UGFP$_{t+13}$ （3）	UGFP$_{t+5}$ （4）	UGFP$_{t+10}$ （5）	UGFP$_{t+13}$ （6）	UGFP$_{t+5}$ （7）	UGFP$_{t+10}$ （8）	UGFP$_{t+13}$ （9）
LEV$_t$	−0.059 （−0.313）	0.186 （1.092）	0.483** （2.190）	−0.065 （−0.346）	0.183 （1.070）	0.476** （2.178）	0.693 （0.442）	1.694 （1.243）	0.765 （0.509）
CFO$_t$	−0.021 （−0.356）	0.083 （0.928）	0.143 （0.939）	−0.020 （−0.340）	0.091 （1.022）	0.138 （0.910）	−4.891* （−1.802）	−4.459* （−1.859）	−1.790 （−0.755）
ORG$_t$	−0.476** （−1.960）	0.032 （0.764）	−0.604** （−2.410）	−0.474** （−1.967）	0.030 （0.716）	−0.596** （−2.377）	−0.314 （−0.321）	0.955 （1.023）	−0.071 （−0.079）
AGE$_t$	0.026 （1.042）	0.024 （0.968）	0.014 （0.543）	0.023 （0.896）	0.018 （0.701）	0.016 （0.631）	−0.209** （−1.979）	−0.224** （−2.197）	−0.115 （−1.322）
LI$_t$	−0.461 （−0.729）	1.987 （1.392）	−0.449 （−0.790）	−0.451 （−0.720）	2.141 （1.511）	−0.459 （−0.750）	−3.270 （−0.477）	4.728 （0.893）	−0.617 （−0.101）
CI$_t$	0.064 （0.556）	−0.038 （−0.311）	0.056 （0.477）	0.049 （0.427）	−0.034 （−0.281）	0.043 （0.362）	0.707 （1.294）	0.346 （0.787）	−0.315 （−0.675）
IND	控制	控制	控制	控制	控制	控制	控制	控制	控制
_cons	0.102 （0.038）	0.616 （0.214）	−0.699 （−0.253）	−0.319 （−0.117）	0.298 （0.103）	−0.849 （−0.305）	−2.472 （−0.238）	−5.589 （−0.545）	−10.103 （−0.995）
N	516	516	516	516	516	516	99	99	99
Pseudo R^2	0.043	0.042	0.055	0.047	0.045	0.053	0.165	0.175	0.097

从表5-12可见，在第（1）列至第（3）列中，其他类补贴金额系数均不显著，说明在以全样本为研究对象的情况下，企业所获其他类补贴的金额对企业的财务绩效升级没有影响。在第（4）列至第（6）列中，是否获得其他类补贴系数均为负，且在第（5）列中是否获得其他类补贴系数显著为负，说明在以全样本为研究对象的情况下，与未获其他类补贴的企业相比，获得其他类补贴的企业在5年后实现财务绩效升级的概率更低。在第（7）列至第（9）列中，企业获得其他类补贴金额系数在第（8）列显著为正，说明在已获得其他类补贴的企业中，获得其他类补贴的金额越高，其在10年后实现财务绩效升级的概率越大。

综上所述，其他类补贴的积累效应较为明显，在已获其他类补贴的企业中，企业所获其他类补贴金额越多，实现财务绩效升级的概率越大，与本章假设二相符。

（五）创新投入的中介作用

为检验异质性创新补贴能否通过提高企业创新投入的方式进一步助力企业升

级，本节以企业创新投入为中介变量，运用模型（5-3）至模型（5-5）考察企业创新投入在异质性创新补贴到企业升级中的中介效应是否存在。

根据前文研究可知，仅企业是否获得研发类补贴和企业所获其他类补贴金额对企业升级具有显著的提高作用，因此只需检验企业的创新投入在企业是否获得研发类补贴与企业创新绩效升级之间、企业所获其他类补贴金额与企业财务绩效升级之间是否具有中介作用。检验结果如表5-13所示。

表5-13　创新投入的中介作用检验结果

	$UGIP_{t+10}$ (1)	RD (2)	$UGIP_{t+10}$ (3)	$UGIP_{t+10}$ (4)	$UGFP_{t+10}$ (5)	RD (6)	$UGFP_{t+10}$ (7)	$UGFP_{t+10}$ (8)
$RDSD_t$	0.584** (2.135)	0.003* (1.673)		0.578** (2.084)				
$OTST_t$					181.999* (1.790)	2.597*** (3.487)		218.115** (1.981)
RD			11.658* (1.902)	11.033* (1.780)			−0.890 (−0.068)	−12.228 (−0.855)
$SIZE_t$	−0.090 (−0.647)	−0.002*** (−3.273)	−0.006 (−0.043)	−0.068 (−0.481)	0.159 (0.352)	−0.003 (−0.842)	−0.184 (−0.441)	0.122 (0.269)
LEV_t	0.015 (0.067)	−0.003*** (−2.989)	0.050 (0.234)	0.052 (0.245)	1.694 (1.243)	−0.020** (−2.043)	1.458 (1.094)	1.485 (1.057)
CFO_t	0.060 (0.615)	0.000 (0.671)	0.060 (0.633)	0.056 (0.583)	−4.459* (−1.859)	0.012 (0.822)	−3.292 (−1.517)	−4.311* (−1.784)
ORG_t	−0.163 (−0.908)	−0.000 (−0.176)	−0.168 (−0.897)	−0.169 (−0.878)	0.955 (1.023)	−0.004 (−0.543)	0.723 (0.800)	0.935 (1.001)
AGE_t	−0.061** (−2.125)	−0.000*** (−2.884)	−0.059** (−2.042)	−0.055* (−1.898)	−0.224** (−2.197)	−0.000 (−0.542)	−0.202** (−2.084)	−0.232** (−2.240)
LI_t	−0.345 (−0.510)	−0.001 (−0.333)	−0.345 (−0.517)	−0.396 (−0.513)	4.728 (0.893)	−0.004 (−0.093)	4.540 (0.893)	4.748 (0.897)
CI_t	−0.000 (−0.001)	−0.000 (−0.212)	0.005 (0.036)	0.016 (0.110)	0.346 (0.787)	−0.001 (−0.458)	0.527 (1.216)	0.347 (0.782)
IND	控制	控制	控制	控制	控制	控制	控制	控制
_cons	0.711 (0.228)	0.086*** (4.899)	−1.189 (−0.382)	−0.074 (−0.023)	−5.589 (−0.545)	0.095 (1.344)	−0.613 (−0.062)	−4.622 (−0.447)
N	516	516	516	516	99	99	99	99
adj. R^2/ Pseudo R^2	0.112	0.193	0.112	0.120	0.175	0.181	0.145	0.181

表5-13中的第（1）列至第（4）列反映了企业是否获得研发类补贴通过创新投入对企业创新绩效升级的影响。根据第（1）列，企业是否获得研发类补贴对企业创新绩效升级的影响系数显著为正，说明获得研发类补贴有助于提升企业创新绩效升级的概率。根据第（2）列，企业是否获得研发类补贴对于企业创新投入的影响系数显著为正，说明获得研发类补贴有助于企业提高创新投入。根据第（3）列，企业创新投入对企业创新绩效升级的影响系数显著为正，说明企业的创新投入越多，企业实现创新绩效升级的概率越大。根据第（4）列，将企业是否获得研发类补贴与企业创新投入同时放入方程中，以企业创新绩效升级为因变量进行检验，发现企业是否获得研发类补贴与企业创新投入的系数均显著为正，说明企业获得研发类补贴与企业创新投入均对企业创新绩效升级具有正面显著影响。由此可见，企业创新投入在企业是否获得研发类补贴与企业创新绩效升级之间的中介效应显著，与本章假设四相符。

表5-13中的第（5）列至第（8）列反映企业所获其他类补贴金额是否能够通过提高创新投入进而推动企业财务绩效升级的检验结果。根据第（5）列，企业获得其他类补贴的金额对于企业财务绩效升级的影响系数显著为正，说明在获得其他类补贴的企业中，企业获得其他类补贴的金额越多，企业实现财务绩效升级的概率越大。根据第（6）列，企业获得其他类补贴的金额对于企业创新投入的影响系数显著为正，说明在获得其他类补贴的企业中，获得其他类补贴金额越多，企业的创新投入越多。根据第（7）列，企业创新投入对企业财务绩效升级的影响系数为负且不显著，说明在获得其他类补贴的企业中，企业的创新投入对企业实现创新绩效升级没有显著影响。根据第（8）列，将企业所获其他类补贴金额与企业创新投入同时放入方程中，以企业财务绩效升级为因变量进行检验，发现企业所获其他类补贴金额系数显著为正，但是企业创新投入系数为负且不显著。由此可见，企业创新投入在企业所获其他类补贴金额与企业财务绩效升级之间的中介效应不显著，即在获得其他类补贴的企业中，企业所获其他类补贴无法通过提高企业创新投入进而提高企业实现财务绩效升级的概率。

四、稳健性检验

本小节通过倾向匹配得分法（PSM）对比获得异质性创新补贴的企业与未获异质性创新补贴的企业在获得异质性创新补贴之后13年间的创新绩效和财务绩效差异。这一稳健性检验不仅有助于解决多元回归的内生性问题，也有助于对异质性创新补贴与企业创新绩效和财务绩效关系提供更为全面的研究视域。其中，创新绩效以发明专利和实用新型专利数量之和的自然对数（lnIP）计量，财务绩效以每股收益（EPS）计量。

（一）创新补贴

运用最近邻匹配方法，得到获得创新补贴组及其对应控制组（未获创新补贴组），比较两组企业在获得创新补贴后 13 年间创新绩效和财务绩效的差异，结果如表 5-14 所示。

表 5-14　创新补贴组和未获创新补贴组企业绩效比较

年份	处理	创新绩效		财务绩效	
		差异	t-value	差异	t-value
t+1	匹配前	0.521	5.74***	0.287	2.62***
	匹配后	0.350	2.6***	0.154	2.18**
t+2	匹配前	0.622	6.1***	0.202	4.18***
	匹配后	0.396	2.65***	0.132	2**
t+3	匹配前	0.626	5.68***	0.174	4.14***
	匹配后	0.383	2.39**	0.061	1.1
t+4	匹配前	0.601	5.26***	0.104	2.1**
	匹配后	0.435	2.7***	0.011	0.15
t+5	匹配前	0.771	4.89***	0.048	0.77
	匹配后	0.462	2.1**	0.077	1.57
t+6	匹配前	0.716	5.97***	0.042	0.65
	匹配后	0.392	2.22**	0.022	0.46
t+7	匹配前	0.396	3.39***	0.140	3.15***
	匹配后	0.205	1.27	0.095	1.81*
t+8	匹配前	0.806	6.02***	0.170	3.31***
	匹配后	0.656	3.49***	0.097	1.33
t+9	匹配前	0.364	2.83***	0.110	2.86***
	匹配后	−0.011	0.06	0.096	1.82*
t+10	匹配前	1.029	5.44***	0.117	1.76*
	匹配后	0.510	1.93*	0.079	0.82
t+11	匹配前	0.264	2.88***	0.023	0.31
	匹配后	0.071	0.54	−0.002	0.03

续表

年份	处理	创新绩效		财务绩效	
		差异	t-value	差异	t-value
t+12	匹配前	0.157	1.61	0.180	2.17**
	匹配后	−0.059	0.42	0.036	0.39
t+13	匹配前	0.910	6.03***	0.209	2.76***
	匹配后	0.461	2.4**	0.167	1.72*

从表5-14可见，对于创新绩效，匹配前样本中，除了获得创新补贴之后的第12年，其他年份中获得创新补贴组和未获创新补贴组的差异均显著为正。匹配后的样本中，获得创新补贴后的第7年、第9年、第11年和第12年共四年，获得创新补贴组和未获创新补贴组的差异不显著，其余9年中两组的差异均显著为正。可见，创新补贴组的创新绩效高于未获创新企业组，且这一优势持续约10年。对于财务绩效，匹配前，获得创新补贴之后的第5年、第6年、第11年共三年中，获得创新补贴组和未获创新补贴组的差异不显著，而在其他9年中差异均显著为正。匹配后，获得创新补贴之后的第1年、第2年、第7年、第9年和第13年共5年，获得创新补贴组和未获创新补贴组的差异显著为正，而在其他8年中差异均不显著。可见，创新补贴组的财务绩效高于未获创新补贴组，而这一优势在前两年较为明显，持续时间较短。综上所述，获得创新补贴的企业绩效高于未获创新补贴企业，获得创新补贴企业的创新绩效表现较好且持续时间较长。

图5-3较为直观地显示了匹配后的获得创新补贴组与未获创新补贴组的创新绩效比较结果。图中的横轴是时间轴，纵轴是企业的创新绩效，实线为获得创新补贴组的创新绩效，虚线为未获创新补贴组的创新绩效。从图中可见，以企业获得创新补贴之后的第9年为主要分界线，在此之前的年份中，获得创新补贴组的创新绩效明显高于未获创新补贴组，在此之后的年份中，两个组创新绩效的差异较小。

图5-4显示了匹配后的获得创新补贴组与未获创新补贴组的财务绩效比较结果。从图中可见，在企业获得创新补贴后第3年之前，以及第t+5年至第t+10年共两个时间段，获得创新补贴组的财务绩效高于未获创新补贴组。

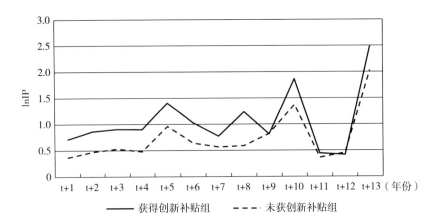

图 5-3　获得创新补贴组与未获创新补贴组的创新绩效比较

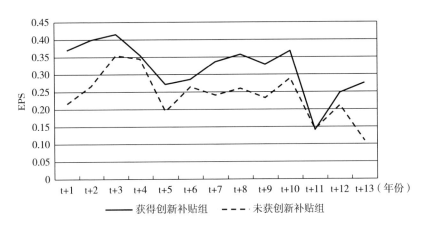

图 5-4　获得创新补贴组与未获创新补贴组的财务绩效比较

（二）研发类补贴

运用倾向匹配得分法，分析、比较获得研发类补贴组及未获研发类补贴组在获得该类补贴后 13 年间的创新绩效和财务绩效差异，结果如表 5-15 所示。

表 5-15　获得研发类补贴组和未获研发类补贴组企业绩效比较

年份	处理	创新绩效		财务绩效	
		差异	t-value	差异	t-value
t+1	匹配前	0.533	4.47***	0.153	2.99***
	匹配后	0.364	2.02**	0.079	1.2

续表

年份	处理	创新绩效		财务绩效	
		差异	t-value	差异	t-value
t+2	匹配前	0.607	4.5***	0.149	2.87***
	匹配后	0.420	2.14**	0.051	0.67
t+3	匹配前	0.761	5.28***	0.137	3.18***
	匹配后	0.437	2.05**	0.02	0.35
t+4	匹配前	0.566	3.82***	0.173	3.43***
	匹配后	0.451	2.13**	0.131	1.86*
t+5	匹配前	0.660	3.21***	0.079	1.83*
	匹配后	0.444	1.57	0.037	0.64
t+6	匹配前	0.755	4.83***	0.072	1.59
	匹配后	0.662	2.89***	0.016	0.28
t+7	匹配前	0.418	2.78***	0.115	2.39**
	匹配后	0.324	1.54	0.034	0.53
t+8	匹配前	0.885	5.1***	0.122	2.81***
	匹配后	0.905	3.66***	0.045	0.74
t+9	匹配前	0.398	2.44**	0.053	1.21
	匹配后	0.250	1.1	0.025	0.44
t+10	匹配前	1.029	4.25***	0.041	0.79
	匹配后	0.826	2.49**	0.017	0.24
t+11	匹配前	0.163	1.39	−0.055	0.65
	匹配后	0.099	0.61	−0.068	0.56
t+12	匹配前	0.160	1.28	0.125	1.39
	匹配后	0.099	0.58	0.044	0.42
t+13	匹配前	0.648	3.54***	0.108	1.34
	匹配后	0.229	1.05	−0.011	0.11

从表5-15可见，对于创新绩效而言，在匹配前样本中，在获得研发类补贴之后的前10年以及第13年共11年，获得研发类补贴组的创新绩效均显著高于未获研发类补贴组。在匹配后的样本中，获得创新补贴后的前4年、第6年、第8年和第10年共7年，获得研发类补贴组的创新绩效均显著高于未获研发类补贴组。可见，获得研发类补贴有助于提升企业的创新绩效，且提升效应的持续时间

较长。对于财务绩效而言，在匹配前样本中，获得研发类补贴之后的第1~5年以及第7~8年共7年中，获得研发类补贴组的财务绩效均显著高于未获研发类补贴组。在匹配后的样本中，仅在企业获得研发类补贴之后的第4年，获得研发类补贴组和未获研发类补贴组的差异显著为正，而在其他年份中两组的差异均不显著。可见，获得研发类补贴的企业与未获研发类补贴的企业在财务绩效方面没有显著差异。综上所述，获得研发类补贴有助于长期提升企业的创新绩效，对企业财务绩效的影响并不显著。以前文结论基本一致。

图5-5为匹配后的获得研发类补贴组与未获研发类补贴组的创新绩效比较结果图。图（5-5）中的横轴是时间轴，纵轴是企业的创新绩效，实线为研发类补贴组的创新绩效，虚线为未获研发类补贴组的创新绩效。从图中可见，在企业获得研发类补贴之后的第10年之前，获得研发类补贴组的创新绩效明显高于未获研发类补贴组的创新绩效；在企业获得研发类补贴后的第10年之后，获得研发类补贴组和未获研发类补贴组的创新绩效几乎没有差异。

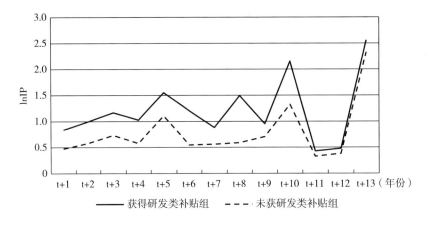

图5-5　获得研发类补贴组与未获研发类补贴组的创新绩效比较

图5-6显示了匹配后获得研发类补贴组与未获研发类补贴组的财务绩效比较结果。从图（5-6）中可见，在企业获得研发类补贴之后的第9年之前，获得研发类补贴组的财务绩效略高于未获研发类补贴组的财务绩效，而在第9年之后，获得研发类补贴组和未获研发类补贴组的财务绩效几乎没有差异，甚至在第11年，未获研发类补贴组的财务绩效高于获得研发类补贴组的财务绩效。

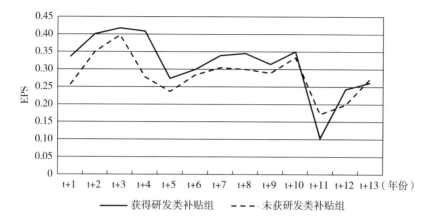

图 5-6　获得研发类补贴组与未获研发类补贴组的财务绩效比较

（三）改进类补贴

为考察改进类补贴对企业创新绩效和财务绩效的影响，运用倾向匹配得分法，比较获得改进类补贴组和未获改进类补贴组在获得该类补贴后 13 年间的创新绩效和财务绩效差异，结果如表 5-16 所示。

表 5-16　获得改进类补贴组和未获改进类补贴组企业绩效比较

年份	处理	创新绩效		财务绩效	
		差异	t-value	差异	t-value
t+1	匹配前	0.447	3.98***	0.217	4.33***
	匹配后	0.241	1.42	0.177	2.65***
t+2	匹配前	0.628	4.99***	0.209	4.11***
	匹配后	0.279	1.33	0.150	2.02**
t+3	匹配前	0.501	3.6***	0.181	4.24***
	匹配后	0.325	1.59	0.117	1.93*
t+4	匹配前	0.737	5.35***	0.108	2.08**
	匹配后	0.313	1.39	0.047	0.65
t+5	匹配前	0.795	4.06***	0.079	1.77*
	匹配后	0.620	2.18**	0.025	0.4
t+6	匹配前	0.629	4.22***	0.117	2.62***
	匹配后	0.267	1.11	0.042	0.74

续表

年份	处理	创新绩效		财务绩效	
		差异	t-value	差异	t-value
t+7	匹配前	0.536	3.74***	0.135	2.84***
	匹配后	0.172	0.77	0.025	0.36
t+8	匹配前	0.629	3.76***	0.164	3.68***
	匹配后	0.340	1.37	0.049	0.79
t+9	匹配前	0.177	1.13	0.110	2.52**
	匹配后	−0.275	1.23	0.005	0.08
t+10	匹配前	0.862	3.65***	0.104	2.01**
	匹配后	0.431	1.26	−0.053	0.7
t+11	匹配前	0.274	2.46**	0.064	0.7
	匹配后	−0.004	0.02	−0.134	1.12
t+12	匹配前	0.210	1.77*	0.256	2.85***
	匹配后	0.155	0.89	0.035	0.33
t+13	匹配前	0.812	4.32***	0.274	3.42***
	匹配后	0.402	1.73*	0.035	0.35

从表5-16可见，对于创新绩效而言，在匹配前样本中，获得改进类补贴之后的第9年，获得改进类补贴组与未获改进类补贴组在创新绩效方面没有显著差异。除这一年份外，其他年份中获得改进类补贴组的创新绩效均显著高于未获改进类补贴组。在匹配后的样本中，只有获得改进类补贴后的第5年和第13年共2年，获得改进类补贴组的创新绩效显著高于未获改进类补贴组，其他年份中获得改进类补贴组和未获改进类补贴组的创新绩效没有显著差异。可见，匹配前与匹配后获得改进类补贴组与未获改进类补贴组的创新绩效差异显著，由匹配后的结果可知，获得改进类补贴对企业创新绩效影响并不明显。

根据表5-16，对于财务绩效而言，在匹配前样本中，获得改进类补贴之后的第11年，获得改进类补贴组与未获改进类补贴组在财务绩效方面没有显著差异。除这一年份外，其他年份中获得改进类补贴组的财务绩效均显著高于未获改进类补贴组。在匹配后的样本中，在企业获得改进类补贴之后的第1~3年，获得改进类补贴组和未获改进类补贴组的差异显著为正，而在其他年份中两组的差异均不显著。可见，获得改进类补贴的企业在短期内对企业财务绩效具有正面影响。

图5-7为匹配后获得改进类补贴组与未获改进类补贴组的创新绩效比较结果。图（5-7）中的横轴为时间轴，纵轴为企业的创新绩效，实线为获得改进类补贴组的创新绩效，虚线为未获改进类补贴组的创新绩效。可见，获得改进类补贴组与未获改进类补贴组在创新绩效方面的差异并不大，在企业获得改进类补贴之后的第9年或第10年之前，获得改进类补贴组的创新绩效略高于未获改进类补贴组，在此之后，获得改进类补贴组和未获改进类补贴组的创新绩效几乎没有差异。

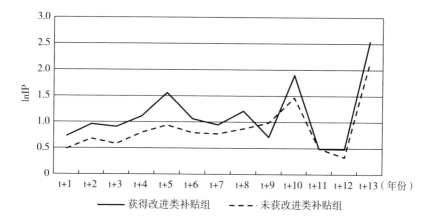

图5-7 获得改进类补贴组与未获改进类补贴组的创新绩效比较

图5-8为匹配后获得改进类补贴组与未获改进类补贴组的财务绩效比较结果。从图5-8可见，在企业获得改进类补贴之后的第1~3年，获得改进类补贴组的财务绩效明显高于未获改进类补贴组。在此之后的年份中，获得改进类补贴组和未获改进类补贴组的财务绩效差异较小，甚至在第10~11年，未获改进类补贴组的财务绩效反而高于获得改进类补贴组。

综上所述，改进类补贴对企业创新绩效的影响并不明显，虽有助于提升企业短期财务绩效，但对长期财务绩效的影响并不明显，与前文结论基本一致。

（四）其他类补贴

运用倾向匹配得分法，比较获得其他类补贴组和未获其他类补贴组在获得该类补贴后13年间的创新绩效和财务绩效差异，探索其他类补贴对企业创新绩效和财务绩效的影响，结果如表5-17所示。

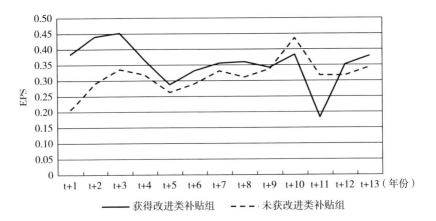

图 5-8 获得改进类补贴组与未获改进类补贴组的财务绩效比较

表 5-17 获得其他类补贴组和未获其他类补贴组企业绩效比较

年份	处理	创新绩效		财务绩效	
		差异	t-value	差异	t-value
t+1	匹配前	0.409	3.83***	0.138	2.95***
	匹配后	0.271	1.89*	0.067	1.22
t+2	匹配前	0.594	5.01***	0.114	2.41**
	匹配后	0.489	2.92***	0.054	0.91
t+3	匹配前	0.505	3.9***	0.119	2.98***
	匹配后	0.320	1.82*	0.028	0.55
t+4	匹配前	0.460	3.49***	0.081	1.7*
	匹配后	0.338	1.61	0.019	0.31
t+5	匹配前	0.53	2.87***	0.049	1.21
	匹配后	0.246	1.02	0.005	0.1
t+6	匹配前	0.407	2.85***	0.042	1.03
	匹配后	0.228	1.24	−0.003	0.07
t+7	匹配前	0.450	3.39***	0.116	2.61***
	匹配后	0.418	2.34**	0.081	1.42
t+8	匹配前	0.669	4.26***	0.142	3.45***
	匹配后	0.578	2.74***	0.091	1.71*
t+9	匹配前	0.234	1.58	0.072	1.79*
	匹配后	0.324	1.53	0.076	1.49

续表

年份	处理	创新绩效		财务绩效	
		差异	t-value	差异	t-value
t+10	匹配前	0.795	3.6***	0.076	1.6
	匹配后	0.412	1.42	0.076	1.3
t+11	匹配前	0.330	3.12***	−0.073	0.95
	匹配后	0.348	2.4**	−0.086	0.82
t+12	匹配前	0.253	2.25**	0.190	2.36**
	匹配后	0.239	1.54	0.172	1.83*
t+13	匹配前	0.621	3.65***	0.185	2.52**
	匹配后	0.351	1.56	0.118	1.37

从表5-17可见，对于创新绩效而言，在匹配前样本中，获得其他类补贴之后的第9年，获得其他类补贴组与未获其他类补贴组在创新绩效方面没有显著差异，此外的其他年份中，获得其他类补贴组的创新绩效均显著高于未获其他类补贴组。在匹配后的样本中，获得其他类补贴后的第1~3年、第7~8年和第11年中，获得其他类补贴组的创新绩效显著高于未获其他类补贴组。可见，获得其他类补贴对企业创新绩效有一定的提高作用，但是，相比研发类补贴，其他类补贴对创新绩效的提高作用相对较弱，持续时间相对较短。

根据表5-17，对于财务绩效而言，在匹配前样本中，获得其他类补贴之后的第1~4年、第7~8年和第12~13年，获得其他类补贴组的财务绩效显著高于未获其他类补贴组。在匹配后的样本中，仅在企业获得其他类补贴之后的第8年和第12年，获得其他类补贴组和未获其他类补贴组的差异显著为正，而在其他年份中两组的差异均不显著。可见，获得其他类补贴对企业财务绩效具有一定的正面影响。

图5-9为匹配后获得其他类补贴组与未获其他类补贴组的创新绩效比较结果。图中的横轴为时间轴，纵轴为企业的创新绩效，实线为获得其他类补贴组的创新绩效，虚线为未获其他类补贴组的创新绩效。可见，其他类补贴组的创新绩效略高于未获其他类补贴组，但两组在创新绩效方面的差异并不大。

图5-10为匹配后获得其他类补贴组与未获其他类补贴组的财务绩效比较结果。可见，总体而言，获得其他类补贴和未获其他类补贴组的财务绩效差异较小。在企业获得其他类补贴之后的第1~3年、第7~10年获得其他类补贴组的财务绩效略高于未获其他类补贴组。

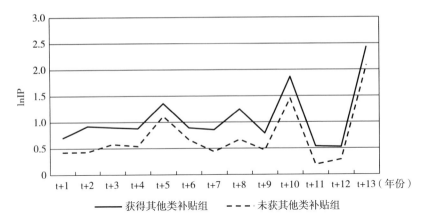

图 5-9　获得其他类补贴组与未获其他类补贴组的创新绩效比较

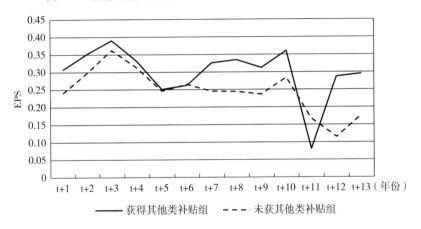

图 5-10　获得其他类补贴组与未获其他类补贴组的财务绩效比较

　　综上所述，获得其他类补贴对创新绩效的具有一定的提高作用，但是，这一提高作用不及研发类补贴对创新绩效的提高作用；获得其他类补贴对企业财务绩效具有一定的提高作用。与前文结论基本一致。

第六节　本章小结

　　本章主要探究异质性创新补贴对企业升级的影响，发现创新补贴在甄选效应和积累效应的共同作用下，对企业的创新绩效升级和财务绩效升级具有积极的推动作用。具体而言，主要研究结果如下：

（1）研发类补贴的甄选效应较为显著，与未获研发类补贴的企业相比，获得研发类补贴的企业更有可能实现创新绩效升级。研发类补贴的积累效应并不显著，在获得研发类补贴的企业中，获得研发类的金额对企业升级（包括创新绩效升级和财务绩效升级）没有显著影响。

（2）改进类补贴的甄选效应和积累效应均不显著，即改进类补贴对企业升级（包括创新绩效升级和财务绩效升级）没有显著影响。

（3）其他类补贴的积累效应较为显著，在获得其他类补贴的企业中，所获其他补贴的金额越多，企业实现财务绩效升级的可能性越大。其他类补贴的甄选效应并不显著，与未获其他类补贴的企业相比，获得其他类补贴的企业实现企业升级（包括创新绩效升级和财务绩效升级）的概率没有显著提高。

（4）创新补贴通过提高创新投入进而帮助企业实现升级，但是创新投入的这一中介作用仅适用于研发类补贴，即研发类补贴通过提高企业的创新投入进一步推动企业实现创新绩效升级。

第六章　异质性创新补贴、外部融资与企业升级关系研究

本书的第四章和第五章分别论述了异质性创新补贴对外部融资的影响、异质性创新补贴对企业升级的影响，本章将异质性创新补贴、外部融资与企业升级置于同一个研究框架下，考察三者之间的关系。本书认为，外部融资在异质性创新补贴与企业升级的关系中具有调节作用，即企业已有的外部融资水平会影响异质性创新补贴与企业升级的关系。本章首先对这一观点进行理论阐述，其次运用多元回归分析予以检验。

第一节　理论分析与研究假设

本书第四章研究了异质性创新补贴对企业外部融资的影响，认为在创新补贴的证实作用下，与未获创新补贴的企业相比，获得创新补贴的企业更易获得更多的外部融资；而在创新补贴的保障作用下，企业所获创新补贴的金额越多，获得外部融资的机会也越多。本书第五章研究了异质性创新补贴对企业升级的影响，认为创新补贴的甄选效应使获得创新补贴的企业更有可能实现企业升级，创新补贴的积累效应使获得创新补贴企业所获创新补贴金额越多，实现企业升级的概率越大。那么，把异质性创新补贴、外部融资和企业升级纳入同一个研究框架，三者存在怎样的关系？这是本章研究的主要问题。

异质性创新补贴、外部融资和企业升级三者是否为递进的推动关系，即是否异质性创新补贴提高了企业的外部融资，又通过外部融资的提高进一步推动了企

业升级？这是首先映入脑海中的问题。这一递进关系的实质是：外部融资是否在异质性创新补贴到企业升级过程中具有中介作用。而本书认为这一中介作用并不成立，原因主要有以下两点：首先，创新补贴对外部融资的影响时间较短。创新补贴仅对获得创新补贴当年及下一年的外部融资产生影响，而企业升级则是一个长期的积累过程，创新补贴无法通过对短期外部融资的影响进而影响长期的企业升级，即在时间维度上是不成立的。其次，根据第四章和第五章的研究结果，外部融资在三者关系中不具有中介作用。根据第五章的研究结果，对于获得其他类补贴的企业，所获其他类补贴的金额越多，企业实现财务绩效升级的概率越大，但是，根据第四章的研究结果，对于获得其他类补贴的企业，其所获其他类补贴的金额越多，外部融资却越少，可见，外部融资不具有中介作用。

本书认为，外部融资对于异质性创新补贴与企业升级的关系具有调节作用，即不同的外部融资水平影响着异质性创新补贴与企业升级的关系。本章的外部融资指企业在获得创新补贴之前已有的外部融资水平。

根据资源基础理论，企业是各种资源的集合体，企业资源的异质性导致了企业的独特性。企业能够获得的外部融资是企业的重要资源，这一资源差异对创新补贴的甄选效应和积累效应产生影响，进而影响了企业利用创新补贴实现企业升级的效果。

首先，对于获得创新补贴对企业升级的影响关系，外部融资具有负向调节作用。创新补贴甄选效应保证了获得创新补贴的企业更有可能实现企业升级。与未获创新补贴的企业相比，获得创新补贴的企业是政府甄选出的能够完成创新项目的优秀企业，这些企业实现企业升级的概率更大。对于外部融资水平较低的企业，其能够获得的外部资金较少，能够用于创新活动的资源并不充裕，经济实力相对较弱。当然，不可否认，有些企业外部融资较少，是由于行业特点、企业传统、管理者风格等因素选择了零负债或少负债的财务政策，并非企业无法获得外部融资，但是，我国民营上市公司中这类企业数量较少，因此不属于本书的研究范围。从政府角度分析，如果有两个企业申报创新补贴，其中一个企业的经济实力较强，另一个企业的经济实力较弱，政府将创新补贴最终授予经济实力较弱的企业，这说明该企业的创新项目在技术的创新型和先进性、技术路线和实施方案等方面更为突出，政府也是通过更为审慎的评议才做出这一决定的，此时，创新补贴的甄选作用更为显著。从企业角度分析，外部融资水平较低的企业能够用于创新活动的资源并不充裕，获得的创新补贴能够更加适时地缓解企业的资金压力，企业更加重视创新补贴的运用效率，创新补贴能够更为充分地发挥作用，更有助于企业升级的实现。因此，对于外部融资水平较低的企业，获得创新补贴与企业升级的关系更为紧密。

在异质性创新补贴中，研发类补贴的甄选效应较为显著，与未获研发类补贴的企业相比，获得研发类补贴的企业实现企业创新绩效升级的可能性更大，这一观点在本书第五章已论证并检验。那么，外部融资对于研发类补贴的甄选效应也应具有影响，且为负向影响。因此，相比其他类型的创新补贴，外部融资对获得研发类补贴与企业创新绩效升级的影响最为显著，且这一影响表现为，与外部融资水平较高的企业相比，外部融资水平较低的企业获得研发类补贴后实现创新绩效升级的可能性更大。因此，提出假设一：

假设一：外部融资对于获得研发类补贴与企业创新绩效升级关系具有负向调节作用。

其次，对于企业所获创新补贴的金额对企业升级的影响关系，外部融资具有正向调节作用。对于已获得创新补贴的企业而言，创新补贴具有积累效应，企业所获创新补贴的金额越多，越有助于企业创新能力和资源的积累，实现企业升级的可能性越大。在已获得创新补贴的企业中，若企业的外部融资水平较高，说明企业能够获得的外部资金较多，更有利于强化创新补贴的积累作用，企业实现升级的可能性更大。这是因为，企业创新活动的风险较大，需投入资金较多，且创新活动具有一定的灵活性，当企业的资金较为紧张时，企业更可能压缩创新项目的规模、减少创新项目的数量、降低创新活动的资金投入。而外部融资水平较高说明企业的财务环境较为宽松，企业面临的融资约束较小，企业更愿意从事创新活动。此时，一方面，企业所获创新补贴被挪用至非创新项目的概率更小。创新补贴通常应专款专用于创新项目，但是当企业资金较为紧张时，不可避免地会出现企业挪用创新补贴款的现象。当企业具有较多的外部融资时，资金较为充裕，企业挪用创新补贴的概率较低，创新补贴能够更为充分地发挥积累作用，助力企业升级。另一方面，创新补贴能够更好地发挥其对于创新投入的提高作用。Cert 和 March（1963）指出，组织的"宽松"而不是"困境"培育了企业的创新投资。外部融资较多的企业具有较为宽松的财务环境，企业才有更强的能力和意愿进行更多的创新投资。创新投入的增加能够对更多的厂房、设备进行升级，能够引进更多的创新人才，能够帮助企业积累更多的创新经验，这些均有助于企业实现升级。

在异质性创新补贴中，其他类补贴的积累效应较为显著。在获得其他类补贴的企业中，若企业所获其他类补贴的金额越高，其实现财务绩效升级的可能性越大，这一观点在本书第五章也已论证并检验。由于外部融资对于企业所获创新补贴的金额与企业升级关系具有正向调节作用。因此，外部融资对于其他类补贴的积累效应也具有正面影响，即在获得其他类补贴的企业中，与外部融资水平较低的企业相比，外部融资水平较高的企业所获其他类补贴的金额与企业实现财务绩效升级的关系更为紧密。因此，提出假设二：

假设二：外部融资对于企业所获其他类补贴金额与企业财务绩效升级关系具有正向调节作用。

第二节　样本选择与数据来源

一、样本选择

本书以 2007~2020 年民营上市公司为研究对象考察异质性创新补贴、外部融资与企业升级的关系。我国上市公司 2007 年 1 月 1 日实施了新企业会计准则，新准则在政府补贴的披露和处理上与旧准则存在较大差异，因此，以 2007 年作为样本的起始年。以 2007 年民营上市公司所获异质性创新补贴数据作为基础，考察从 2007~2020 年共 13 年，在外部融资的调节作用下，异质性创新补贴对企业升级的影响。另外，剔除金融业、保险业公司和数据不全的上市公司，剔除退市与被收购的上市公司。最终，本书共计考察连续 13 年的 516 个样本数据，共计 6708 个公司年。

二、数据来源

创新补贴相关数据根据上市公司年报附注中披露的相关信息，以关键字为依据手工收集、整理获得，上市公司年报来源于上海证券交易所官方网站和深圳证券交易所官方网站。上市公司的专利数据来源于国泰安（CSMAR）数据库，其他相关财务数据来源于万得（Wind）数据库。另外，数据的整理、统计、分析等相关工作主要运用 Excel 2019 和 Stata 17.0 软件。

第三节　变量选择

一、自变量的选择

本章涉及的自变量为企业的异质性创新补贴，包括研发类补贴、改进类补贴和其他类补贴，度量方法与第四章类似：

（1）创新补贴，包括创新补贴总额（IST）以及是否获得创新补贴变量（ISD）。创新补贴总额（IST）为企业所获创新补贴金额总计除以营业收入。是否获得创新补贴变量（ISD）为虚拟变量，若企业获得创新补贴，取值为 1，否则，取值为 0。

（2）研发类补贴，包括研发类补贴金额（RDST）以及是否获得研发类补贴变量（RDSD）。研发类补贴金额（RDST）为企业所获研发类补贴金额总计除以营业收入。是否获得研发类补贴（RDSD）为虚拟变量，若企业获得研发类补贴，取值为 1，否则，取值为 0。

（3）改进类补贴，包括改进类补贴金额（IPST）以及是否获得改进类补贴变量（IPSD）。改进类补贴金额（IPST）为企业所获改进类补贴金额总计除以营业收入。是否获得改进类补贴（IPSD）为虚拟变量，若企业获得改进类补贴，取值为 1，否则，取值为 0。

（4）其他类补贴，包括其他类补贴金额（OTST）以及是否获得其他类补贴变量（OTSD）。其他类补贴金额（OTST）为企业所获其他类补贴金额总计除以营业收入。是否获得其他类补贴（OTSD）为虚拟变量，若企业获得其他类补贴，取值为 1，否则，取值为 0。

二、因变量的选择

本章涉及的因变量为企业升级，包括创新绩效升级和财务绩效升级两个变量。度量方法与第五章类似：

（1）创新绩效升级（UGIP），以发明专利和实用新型专利数量之和（IP）

衡量企业创新绩效，并将同一行业企业的创新绩效予以排序，平均分为三个等级。若某一企业的创新绩效至少提升一个等级，则该企业实现了创新绩效升级，取值为1，否则，取值为0。

（2）财务绩效升级（UGFP），以每股收益（EPS）衡量财务绩效（FP），并将同一行业企业的财务绩效予以排序，平均分为三个等级。若某一企业的财务绩效至少提升一个等级，则认为该企业实现了财务绩效升级，取值为1，否则，取值为0。

三、调节变量的选择

本章认为企业已存在的外部融资状况对异质性创新补贴和企业升级关系具有调节作用，因此，以企业已存在的外部融资状况作为调节变量，即以企业获得异质性创新补贴前一年的外部融资作为调节变量，具体而言：

（1）外部融资（EDT），以现金流量表中的"吸收投资收到的现金""取得借款收到的现金"和"发行债券收到的现金"之和除以期初总资产计量。

（2）债权融资（DT），以现金流量表中"取得借款收到的现金"和"发行债券收到的现金"之和除以期初总资产计量。

（3）权益融资（ET），以现金流量表中"吸收投资收到的现金"除以期初总资产计量。

四、控制变量的选择

控制变量的选取与本书第五章类似，力求凸显企业特征，控制企业规模、行业、生产要素配置特点等因素，具体包括：

（1）企业规模（SIZE），以企业"资产总计"的对数度量，即 ln（资产总计）。

（2）资产负债率（LEV），以企业的"负债合计"除以"资产总计"度量。

（3）自由现金流量（CFO），以现金流量表中的"经营活动产生的现金流量净额"除以期初总资产度量。

（4）成长性（ORG），以营业收入同比增长率度量。

（5）企业年龄（AGE），以企业成立至样本计算期的年份数计量。

（6）劳动密集度（LI），以劳动成本度量，即以支付给职工以及为职工支付的现金除以营业收入计量。

（7）资本密集度（CI），以总资产与员工总数比值的自然对数计量，即

ln（总资产/员工总数）。

（8）行业（IND），以申银万国行业分类标准中的一级行业划分。

本章涉及的相关变量的名称、符号、度量标准等如表6-1所示。

表6-1　本章主要变量测度表

变量类型	变量名称		变量符号	变量度量
自变量	创新补贴	创新补贴总额	IST	企业当年所获创新补贴金额/营业收入
		是否获得创新补贴	ISD	企业当年获得了创新补贴，取值为1；否则，取值为0
	研发类补贴	研发类补贴金额	RDST	企业当年所获研发类补贴金额/营业收入
		是否获得研发类补贴	RDSD	企业当年获得了研发类补贴，取值为1；否则，取值为0
	改进类补贴	改进类补贴金额	IPST	企业当年所获改进类补贴金额/营业收入
		是否获得改进类补贴	IPSD	企业当年获得了改进类补贴，取值为1；否则，取值为0
	其他类补贴	其他类补贴金额	OTST	企业当年所获其他类补贴金额/营业收入
		是否获得其他类补贴	OTSD	企业当年获得了其他类补贴，取值为1；否则，取值为0
因变量	创新绩效升级		UGIP	将同一行业企业的创新绩效分为三个等级，若某一企业的创新绩效至少提升一个等级，则企业实现创新绩效升级，取值为1，否则，取值为0
	财务绩效升级		UGFP	将同一行业企业的财务绩效分为三个等级，若某一企业的财务绩效至少提升一个等级，则企业实现财务绩效升级，取值为1，否则，取值为0
调节变量	外部融资		EDT	（第t-1年吸收投资收到的现金+第t-1年取得借款收到的现金+第t-1年发行债券收到的现金）/第t-1年期初总资产
	债权融资		DT	（第t-1年取得借款收到的现金+第t-1年发行债券收到的现金）/第t-1年期初总资产
	权益融资		ET	第t-1年吸收投资收到的现金/第t-1年期初总资产

续表

变量类型	变量名称	变量符号	变量度量
控制变量	企业规模	SIZE	ln（资产总计）
	资产负债率	LEV	负债合计/资产总计
	自由现金流量	CFO	经营活动产生的现金流量净额/期初总资产
	成长性	ORG	（第 t 年营业收入–第 t–1 年营业收入）/第 t–1 年营业收入
	企业年龄	AGE	当期时间–成立时间
	劳动密集度	LI	支付给职工以及为职工支付的现金/营业收入
	资本密集度	CI	ln（总资产/员工总数）
	行业虚拟变量	IND	申银万国行业分类标准

第四节　检验方法与模型设计

一、检验方法

本章运用的主要研究方法包括描述性统计分析、相关性分析、Logit 多元回归分析。具体介绍如下：

（一）描述性统计分析

通过描述性统计分析了解各主要变量的分布特征，包括分析各主要变量的均值、标准差、中位数、四分位数等，从而掌握本章涉及数据的基本统计特征，把握数据的总体分布形态，为后续的回归分析奠定基础。

（二）相关性分析

运用相关性分析方法，列示出各主要变量的 Pearson 相关系数和 Spearman 秩相关系数。根据相关系数的方向和显著性初步分析、判断企业已存在的外部融资状况与企业升级的关系，为后续的多元回归分析奠定基础。

（三）Logit 回归分析

以异质性创新补贴为自变量，以企业升级为因变量，以企业前一年的外部融资为调节变量建立多元回归方程。由于企业升级为虚拟变量，故采用 Logit 回归方程进行检验。本章主要是对外部融资的调节变量予以检验，将调节变量与自变量的交互项、调节变量、自变量同时放入 Logit 方程中，通过分析调节变量与自变量交互项系数的符号与显著性，判断外部融资对异质性创新补贴与企业升级关系的影响。

二、模型设计

为检验外部融资对异质性创新补贴甄选效应的影响，即检验外部融资对企业是否获得异质性创新补贴与企业升级关系的影响，本章首先以全部样本为研究对象，以企业是否获得异质性创新补贴为自变量，以企业升级为因变量，以外部融资为调节变量，建立如下回归模型：

$$\text{UGIP}_{t+5/t+10/t+13}/\text{UGFP}_{t+5/t+10/t+13} = \alpha_0 + \alpha_1 \text{ISD}_t/\text{RDSD}_t/\text{IPSD}_t/\text{OTSD}_t \times \text{EDT}_{t-1}/$$
$$\text{DT}_{t-1}/\text{ET}_{t-1} + \alpha_2 \text{EDT}_{t-1}/\text{DT}_{t-1}/\text{ET}_{t-1} + \alpha_3 \text{ISD}_t/\text{RDSD}_t/\text{IPSD}_t/\text{OTSD}_t + \alpha_4 \text{SIZE}_t + \alpha_5 \text{LEV}_t +$$
$$\alpha_6 \text{CFO}_t + \alpha_7 \text{ORG}_t + \alpha_8 \text{AGE}_t + \alpha_9 \text{LI}_t + \alpha_{10} \text{CI}_t + \sum \gamma_i \text{IND} + \varepsilon \qquad (6-1)$$

其中，α_0 为截距，α_1 至 α_{10} 以及 γ 均为回归系数，ε 为残差。其他主要变量含义如下：

（1）自变量：自变量为创新补贴以及各类创新补贴，均为虚拟变量。其中，ISD_t 代表企业第 t 年是否获得创新补贴，RDSD_t 代表企业第 t 年是否获得研发类补贴，IPSD_t 代表企业第 t 年是否获得改进类补贴，OTSD_t 代表企业第 t 年是否获得其他类补贴。

（2）因变量：因变量为企业升级相关变量，均为虚拟变量。其中，UGIP_{t+5} 代表企业获得异质性创新补贴 5 年后是否实现创新绩效升级，UGIP_{t+10} 代表企业获得异质性创新补贴 10 年后是否实现创新绩效升级，UGIP_{t+13} 代表企业获得异质性创新补贴 13 年后是否实现创新绩效升级，UGFP_{t+5} 代表企业获得异质性创新补贴 5 年后是否实现财务绩效升级，UGFP_{t+10} 代表企业获得异质性创新补贴 10 年后是否实现财务绩效升级，UGFP_{t+13} 代表企业获得异质性创新补贴 13 年后是否实现财务绩效升级。

（3）控制变量：SIZE_t 代表企业第 t 年的规模（总资产的对数），LEV_t 代表企业第 t 年的资产负债率，CFO_t 代表企业第 t 年的自由现金流量，ORG_t 代表企业第 t 年的成长性，AGE_t 代表企业第 t 年的年龄，LI_t 代表企业第 t 年的劳动密集度，CI_t 代表企业第 t 年的资本密集度，IND 为行业虚拟变量。

为检验外部融资对异质性创新补贴积累效应的影响，即对于获得异质性创新补贴的企业，检验外部融资对于企业所获异质性创新补贴金额与企业升级关系具有显著的调节作用，本章以获得异质性创新补贴的企业为研究对象，以企业获得异质性创新补贴的金额为自变量，以企业升级为因变量，以外部融资为调节变量，建立如下回归模型：

$$UGIP_{t+5/t+10/t+13}/UGFP_{t+5/t+10/t+13} = \alpha_0 + \alpha_1 IST_t/RDST_t/IPST_t/OTST_t \times EDT_{t-1}/DT_{t-1}/$$
$$ET_{t-1} + \alpha_2 EDT_{t-1}/DT_{t-1}/ET_{t-1} + \alpha_3 IST_t/RDST_t/IPST_t/OTST_t + \alpha_4 SIZE_t + \alpha_5 LEV_t +$$
$$\alpha_6 CFO_t + \alpha_7 ORG_t + \alpha_8 AGE_t + \alpha_9 LI_t + \alpha_{10} CI_t + \sum \gamma_i\, IND + \varepsilon \tag{6-2}$$

模型中的自变量为企业获得的创新补贴总额以及各类创新补贴金额，均为连续变量。其中，IST_t 代表企业第 t 年所获创新补贴总额，$RDST_t$ 代表企业第 t 年所获研发类补贴金额，$IPST_t$ 代表企业第 t 年所获改进类补贴金额，$OTST_t$ 代表企业第 t 年所获其他类补贴金额。

模型中其他变量与模型（6-1）相同，不再赘述。

第五节　检验结果

一、描述性统计分析结果

表 6-2 是本章主要变量的描述性分析结果。根据企业已有的外部融资金额将全部样本分为两组，当企业的外部融资金额高于平均值，将其视为外部融资较多的企业，当企业的外部融资金额低于平均值，将其视为外部融资较少企业。表6-2 列示并比较了两组企业的主要变量。

表6-2　各主要变量的描述性分析结果

Stats	外部融资较多				外部融资较少			
	Mean	SD	Max	Min	Mean	SD	Max	Min
$UGIP_{t+5}$	0.226	0.420	1.000	0.000	0.164	0.371	1.000	0.000
$UGIP_{t+10}$	0.292	0.456	1.000	0.000	0.243	0.430	1.000	0.000
$UGIP_{t+13}$	0.241	0.428	1.000	0.000	0.283	0.451	1.000	0.000

Stats	外部融资较多				外部融资较少			
	Mean	SD	Max	Min	Mean	SD	Max	Min
$UGFP_{t+5}$	0.255	0.437	1.000	0.000	0.296	0.457	1.000	0.000
$UGFP_{t+10}$	0.274	0.447	1.000	0.000	0.296	0.457	1.000	0.000
$UGFP_{t+13}$	0.599	0.491	1.000	0.000	0.510	0.501	1.000	0.000
IST	0.00190	0.00518	0.0532	0.000	0.00169	0.00686	0.0739	0.000
RDST	0.00066	0.00219	0.0211	0.000	0.00060	0.00379	0.0564	0.000
IPST	0.00081	0.00401	0.0532	0.000	0.00046	0.00247	0.0289	0.000
OTST	0.00043	0.00182	0.0181	0.000	0.00063	0.00410	0.0614	0.000
SIZE	21.228	0.944	24.288	18.827	20.802	0.950	24.391	17.244
LEV	0.525	0.180	1.469	0.132	0.630	0.818	9.429	0.000
CFO	0.063	0.164	0.763	−0.581	−0.111	2.150	2.374	−33.859
ORG	0.340	0.607	5.318	−0.280	0.517	2.817	34.426	−0.995
AGE	10.774	4.308	25.083	0.944	12.069	4.089	27.914	1.919
LI	0.070	0.050	0.391	0.001	0.136	0.473	8.131	0.004
CI	13.858	1.024	17.289	11.320	13.912	1.240	19.275	11.083

根据表6-2，在企业创新绩效升级方面，在企业获得创新补贴的5年和10年后，外部融资较多企业创新绩效升级概率较高，在企业获得创新补贴的13年后，外部融资较多企业创新绩效升级概率反而较低。如果把三个时间段的企业创新绩效概率进行平均，则外部融资较多企业的创新绩效升级概率平均为25.3%，而外部融资较少企业的创新绩效升级概率平均为23%，总体而言，外部融资较多企业的创新绩效升级概率略高于外部融资较少企业。在企业财务绩效升级方面，在企业获得创新补贴的5年和10年后，外部融资较多企业财务绩效升级概率较低，在企业获得创新补贴的13年后，外部融资较多企业财务绩效升级概率反而较高。如果把三个时间段的企业财务绩效概率进行平均，则外部融资较多企业的财务绩效升级概率平均为37.6%，而外部融资较少企业的财务绩效升级概率平均为36.7%，可见，总体而言，外部融资较多企业的财务绩效升级概率略高于外部融资较少企业。综上所述，外部融资较多企业的创新绩效升级和财务绩效升级概率均略高于外部融资较少企业。

根据表6-2，在企业所获异质性创新补贴金额方面，总体而言，外部融资较多企业所获创新补贴总额较高,外部融资较多企业所获创新补贴金额约占企业营业收入的 0.190%,而外部融资较少企业所获创新补贴金额约占企业营业收入的 0.169%。对于研发类补贴,外部融资较多企业和较少企业所获研发类补贴金额差异较小,均占企业营业收入的 0.06% 左右。对于改进类补贴,外部融资较多企业所获改进补贴金额较高,外部融资较多企业所获改进类补贴金额约占企业营业收入的 0.081%,而外部融资较少企业所获改进类补贴金额约占企业营业收入的 0.046%。对于其他类补贴,外部融资较多企业所获其他补贴金额反而较少,外部融资较多企业所获其他类补贴金额约占企业营业收入的 0.043%,而外部融资较少企业所获其他类补贴金额约占企业营业收入的 0.063%。

根据表 6-2,在其他变量方面,外部融资较多企业的总资产金额较多,说明大企业通常会获得较多的外部融资。外部融资较多企业的资产负债率较低,说明权益融资是企业重要的外部融资来源。外部融资较多企业的经营性现金流量较多,说明外部融资的增加有助于缓解企业的现金流量压力。外部融资较多企业的成长性较差,而外部融资较少企业则具有更高的成长性。

二、相关性分析结果

由于异质性创新补贴与外部融资变量的相关性在本书第四章已经予以检验,异质性创新补贴与企业升级变量的相关性在本书第五章已经予以检验,因此,本小节仅检验外部融资和企业升级变量的相关性,检验结果如表 6-3 所示。

表 6-3　外部融资与企业升级相关关系检验结果

	EDT_{t-1}	DT_{t-1}	ET_{t-1}	$UGIP_{t+5}$	$UGIP_{t+10}$	$UGIP_{t+13}$	$UGFP_{t+5}$	$UGFP_{t+10}$	$UGFP_{t+13}$
EDT_{t-1}	1	0.903 ***	0.448 ***	0.119 ***	0.110 **	0.102 **	−0.045	−0.064	−0.078 *
DT_{t-1}	**0.869** ***	1	0.209 ***	0.096 **	0.083 *	0.103 **	−0.029	−0.035	−0.038
ET_{t-1}	**0.558** ***	**0.074** *	1	0.103 **	0.086 *	0.085 *	−0.080 *	−0.059	−0.123 ***
$UGIP_{t+5}$	**0.112** **	**0.095** **	**0.065**	1	0.383 ***	0.223 ***	0.029	0.032	0.045
$UGIP_{t+10}$	**0.110** **	**0.082** *	**0.084** *	**0.383** ***	1	0.209 ***	0.030	−0.010	−0.001
$UGIP_{t+13}$	**0.129** ***	**0.108** **	**0.079** *	**0.223** ***	**0.209** ***	1	0.020	0.104 **	0.098 **
$UGFP_{t+5}$	**−0.044**	**−0.036**	**−0.029**	**0.029**	**0.030**	**0.020**	1	0.398 ***	0.389 ***
$UGFP_{t+10}$	**−0.071**	**−0.047**	**−0.066**	**0.032**	**−0.010**	**0.104** **	**0.398** ***	1	0.395 ***

	EDT$_{t-1}$	DT$_{t-1}$	ET$_{t-1}$	UGIP$_{t+5}$	UGIP$_{t+10}$	UGIP$_{t+13}$	UGFP$_{t+5}$	UGFP$_{t+10}$	UGFP$_{t+13}$
UGFP$_{t+13}$	**−0.075***	**−0.026**	**−0.108****	**0.045**	**−0.001**	**0.098****	**0.389*****	**0.395*****	**1**

注：左下角（加粗）部分为 Person 相关系数，右上角部分为 Spearman 秩相关系数。*、**、***
分别代表在 10%、5%、1% 水平下显著。

根据表 6-3，企业的外部融资与创新绩效升级正相关，与企业的财务绩效升级负相关。具体而言，对于外部融资总额，企业在获得创新补贴前 1 年的外部融资总额与企业获得创新补贴 5 年和 10 年后的创新绩效升级概率显著正相关，与企业获得创新补贴 13 年后的财务绩效升级概率负相关。对于债权融资，企业在获得创新补贴前 1 年的债权融资与企业获得创新补贴 5 年、10 年和 13 年后的创新绩效升级概率显著正相关，与企业获得创新补贴 13 年后的财务绩效升级概率的相关系数为负，但不显著。对于权益融资，企业在获得创新补贴前 1 年的权益融资与企业获得创新补贴 10 年和 13 年后的创新绩效升级概率显著正相关，与企业获得创新补贴 13 年后的财务绩效升级概率显著负相关。

根据表 6-3，企业的创新绩效升级与财务绩效升级相关性较弱，仅企业获得创新补贴 13 年后的创新绩效升级与企业获得创新补贴 13 年后的财务绩效升级的相关性系数显著为正。企业获得创新补贴 5 年后的创新绩效升级与财务绩效升级的相关性系数为正，但不显著。企业获得创新补贴 10 年后的创新绩效升级与企业获得创新补贴 10 年和 13 年后的财务绩效升级的相关性系数为负，但不显著。

三、回归分析结果

为考察外部融资对异质性创新补贴和企业升级关系的调节作用，本小节运用 Logit 多元回归方程中交互项的正负方向和显著性进行检验。本书首先检验外部融资总额、债务融资、权益融资在是否获得异质性创新补贴与企业升级关系中的调节作用，随后以获得异质性创新补贴的企业为样本，考察外部融资总额、债务融资、权益融资在企业获得异质性创新补贴金额与企业升级关系中的调节作用。

（一）创新补贴

首先，考察外部融资在企业是否获得创新补贴和企业创新绩效升级关系中的调节作用，检验结果如表 6-4 所示。表 6-4 中的第（1）列至第（3）列显示了外部融资总体对企业是否获得创新补贴与创新绩效升级关系的调节作用,在第（1）列中,交互项显著为负,说明对于外部融资金额较高的企业,其获得创新补贴后 5 年实现创新绩效升级的概率反而更低。第（4）列至第（6）列显示债权融资对企业是否获得创新补贴与创新绩效升级关系的调节作用,由于交互项均不显著,说明债权融资的调节作用并不显著。第（7）列至第（9）列显示权益融资对企业是否获得创新补贴与创新绩效升级关系的调节作用,第（7）列和第（8）列的交互项系数均显著为负,说明权益融资金额较高的企业所获创新补贴在 5 年和 10 年后实现创新绩效升级的概率反而更低。

表 6-4 外部融资影响企业是否获得创新补贴与创新绩效升级关系检验结果

	$UGIP_{t+5}$ (1)	$UGIP_{t+10}$ (2)	$UGIP_{t+13}$ (3)	$UGIP_{t+5}$ (4)	$UGIP_{t+10}$ (5)	$UGIP_{t+13}$ (6)	$UGIP_{t+5}$ (7)	$UGIP_{t+10}$ (8)	$UGIP_{t+13}$ (9)
$ISD_t\_EDT_{t-1}$	-1.678* (-1.906)	-0.525 (-0.679)	0.599 (0.807)						
EDT_{t-1}	0.749 (1.295)	0.567 (1.092)	0.153 (0.346)						
$ISD_t\_DT_{t-1}$				-1.164 (-1.064)	0.444 (0.450)	1.518 (1.632)			
DT_{t-1}				0.488 (0.726)	0.034 (0.054)	-0.258 (-0.512)			
$ISD_t\_ET_{t-1}$							-2.773* (-1.744)	-2.847** (-1.985)	-1.790 (-1.292)
ET_{t-1}							1.509 (1.315)	2.253** (2.091)	1.748* (1.755)
ISD_t	0.981** (2.045)	0.599 (1.427)	0.073 (0.185)	0.655 (1.325)	0.229 (0.526)	-0.193 (-0.478)	0.411 (1.431)	0.572** (2.211)	0.452* (1.849)
$SIZE_t$	0.166 (1.006)	-0.091 (-0.667)	0.480*** (4.001)	0.187 (1.127)	-0.075 (-0.547)	0.497*** (4.078)	0.203 (1.240)	-0.051 (-0.374)	0.494*** (4.186)
LEV_t	-0.775 (-1.310)	0.014 (0.062)	-0.072 (-0.429)	-0.785 (-1.326)	-0.007 (-0.030)	-0.080 (-0.474)	-0.732 (-1.258)	0.039 (0.179)	-0.051 (-0.304)
CFO_t	0.060 (0.219)	0.051 (0.527)	0.039 (0.611)	0.073 (0.253)	0.058 (0.597)	0.044 (0.685)	0.073 (0.275)	0.054 (0.578)	0.039 (0.622)
ORG_t	-0.070 (-0.413)	-0.165 (-0.890)	0.124* (1.788)	-0.074 (-0.439)	-0.168 (-0.921)	0.122* (1.751)	-0.086 (-0.479)	-0.184 (-0.918)	0.124* (1.801)
AGE_t	-0.046 (-1.371)	-0.049* (-1.714)	-0.034 (-1.385)	-0.050 (-1.487)	-0.054* (-1.879)	-0.037 (-1.500)	-0.050 (-1.476)	-0.051* (-1.760)	-0.031 (-1.275)

续表

	$UGIP_{t+5}$ (1)	$UGIP_{t+10}$ (2)	$UGIP_{t+13}$ (3)	$UGIP_{t+5}$ (4)	$UGIP_{t+10}$ (5)	$UGIP_{t+13}$ (6)	$UGIP_{t+5}$ (7)	$UGIP_{t+10}$ (8)	$UGIP_{t+13}$ (9)
LI_t	-0.451 (-0.194)	-0.336 (-0.471)	-0.033 (-0.095)	-0.406 (-0.176)	-0.367 (-0.514)	-0.057 (-0.162)	-0.355 (-0.157)	-0.393 (-0.473)	-0.025 (-0.070)
CI_t	-0.476** (-2.554)	0.006 (0.040)	-0.245** (-2.219)	-0.461** (-2.491)	0.015 (0.110)	-0.236** (-2.140)	-0.439** (-2.387)	0.023 (0.165)	-0.246** (-2.219)
IND	控制	控制	控制	控制	控制	控制	控制	控制	控制
_cons	-13.307 (-0.018)	-0.227 (-0.076)	-6.554*** (-2.636)	-13.804 (-0.019)	-0.454 (-0.151)	-6.864*** (-2.725)	-14.386 (-0.020)	-1.157 (-0.379)	-6.864*** (-2.769)
N	516	516	516	516	516	516	516	516	516
Pseudo R^2	0.188	0.125	0.108	0.183	0.123	0.110	0.187	0.131	0.110

其次，考察外部融资在企业是否获得创新补贴和企业财务绩效升级关系中的调节作用，检验结果如表6-5所示。从表6-5中可见，所有的外部融资相关变量与创新补贴的交互项均不显著，说明外部融资在企业是否获得创新补贴和财务绩效升级关系中的调节作用不显著。

表6-5　外部融资影响企业是否获得创新补贴与财务绩效升级关系检验结果

	$UGFP_{t+5}$ (1)	$UGFP_{t+10}$ (2)	$UGFP_{t+13}$ (3)	$UGFP_{t+5}$ (4)	$UGFP_{t+10}$ (5)	$UGFP_{t+13}$ (6)	$UGFP_{t+5}$ (7)	$UGFP_{t+10}$ (8)	$UGFP_{t+13}$ (9)
$ISD_t\_EDT_{t-1}$	-0.714 (-0.878)	0.405 (0.513)	0.703 (0.855)						
EDT_{t-1}	0.036 (0.077)	-0.390 (-0.804)	-0.941* (-1.810)						
$ISD_t\_DT_{t-1}$				-0.760 (-0.754)	0.085 (0.086)	1.192 (1.198)			
DT_{t-1}				0.009 (0.016)	0.032 (0.059)	-0.677 (-1.195)			
$ISD_t\_ET_{t-1}$							-0.332 (-0.219)	2.521 (1.540)	0.235 (0.117)
ET_{t-1}							-0.045 (-0.045)	-2.175* (-1.735)	-2.160 (-1.509)
ISD_t	-0.166 (-0.394)	-0.576 (-1.346)	-0.370 (-0.856)	-0.195 (-0.452)	-0.489 (-1.105)	-0.578 (-1.275)	-0.450* (-1.694)	-0.569** (-2.130)	-0.106 (-0.405)

续表

	$UGFP_{t+5}$ (1)	$UGFP_{t+10}$ (2)	$UGFP_{t+13}$ (3)	$UGFP_{t+5}$ (4)	$UGFP_{t+10}$ (5)	$UGFP_{t+13}$ (6)	$UGFP_{t+5}$ (7)	$UGFP_{t+10}$ (8)	$UGFP_{t+13}$ (9)
$SIZE_t$	-0.099 (-0.789)	-0.092 (-0.739)	-0.031 (-0.238)	-0.089 (-0.699)	-0.116 (-0.926)	-0.048 (-0.370)	-0.095 (-0.772)	-0.120 (-0.967)	-0.105 (-0.842)
LEV_t	-0.067 (-0.359)	0.173 (1.024)	0.466** (2.137)	-0.061 (-0.325)	0.174 (1.027)	0.478** (2.172)	-0.065 (-0.344)	0.152 (0.909)	0.428** (2.004)
CFO_t	-0.020 (-0.341)	0.095 (1.056)	0.143 (0.956)	-0.020 (-0.337)	0.098 (1.085)	0.152 (0.992)	-0.019 (-0.322)	0.096 (1.053)	0.126 (0.856)
ORG_t	-0.450* (-1.911)	0.025 (0.590)	-0.568** (-2.350)	-0.456* (-1.933)	0.029 (0.687)	-0.604** (-2.425)	-0.459* (-1.919)	0.028 (0.661)	-0.527** (-2.228)
$AGEt$	0.021 (0.814)	0.012 (0.485)	0.008 (0.294)	0.020 (0.796)	0.016 (0.630)	0.012 (0.438)	0.020 (0.788)	0.010 (0.410)	0.011 (0.403)
LI_t	-0.465 (-0.692)	2.000 (1.388)	-0.550 (-0.747)	-0.477 (-0.694)	2.262 (1.564)	-0.502 (-0.800)	-0.460 (-0.729)	2.144 (1.499)	-0.444 (-0.733)
CI_t	0.045 (0.384)	-0.030 (-0.248)	0.042 (0.356)	0.046 (0.396)	-0.025 (-0.202)	0.060 (0.502)	0.055 (0.474)	-0.042 (-0.348)	0.022 (0.189)
IND	控制	控制	控制	控制	控制	控制	控制	控制	控制
_cons	1.186 (0.432)	1.772 (0.604)	-1.574 (-0.546)	1.057 (0.381)	1.809 (0.617)	-1.739 (-0.603)	1.111 (0.407)	2.251 (0.765)	-0.208 (-0.073)
N	516	516	516	516	516	516	516	516	516
Pseudo R^2	0.050	0.048	0.059	0.049	0.047	0.057	0.048	0.053	0.063

再次，以获得创新补贴的企业为样本，考察在企业所获创新补贴金额与企业创新绩效升级关系中，外部融资的调节作用是否显著，检验结果如表6-6所示。从表6-6中可见，仅在第（6）列中，债权融资变量与创新补贴金额变量的交互项显著为负，说明在获得创新补贴的企业中，债权融资金额较高的企业所获创新补贴金额越多，其在13年后实现创新绩效升级的概率反而更低。

表6-6　外部融资影响企业所获创新补贴金额与创新绩效升级关系检验结果

	$UGIP_{t+5}$ (1)	$UGIP_{t+10}$ (2)	$UGIP_{t+13}$ (3)	$UGIP_{t+5}$ (4)	$UGIP_{t+10}$ (5)	$UGIP_{t+13}$ (6)	$UGIP_{t+5}$ (7)	$UGIP_{t+10}$ (8)	$UGIP_{t+13}$ (9)
$IST_t\_EDT_{t-1}$	-22.066 (-0.154)	-4.186 (-0.030)	-98.846 (-0.747)						
EDT_{t-1}	-0.619 (-0.631)	-0.271 (-0.305)	1.254 (1.306)						

续表

	UGIP$_{t+5}$（1）	UGIP$_{t+10}$（2）	UGIP$_{t+13}$（3）	UGIP$_{t+5}$（4）	UGIP$_{t+10}$（5）	UGIP$_{t+13}$（6）	UGIP$_{t+5}$（7）	UGIP$_{t+10}$（8）	UGIP$_{t+13}$（9）
IST$_t$＿DT$_{t-1}$				−41.953 (−0.239)	15.155 (0.088)	−318.804* (−1.849)			
DT$_{t-1}$				−0.154 (−0.128)	0.007 (0.006)	2.532** (2.062)			
IST$_t$＿ET$_{t-1}$							66.530 (0.189)	−75.589 (−0.253)	332.709 (1.012)
ET$_{t-1}$							−1.716 (−0.759)	−0.424 (−0.226)	−1.467 (−0.763)
IST$_t$	11.941 (0.167)	12.463 (0.184)	55.476 (0.914)	0.119 (0.368)	−0.115 (−0.390)	0.902*** (2.745)	0.100 (0.312)	−0.116 (−0.391)	0.864*** (2.689)
SIZE$_t$	0.100 (0.312)	−0.122 (−0.413)	0.903*** (2.789)	12.390 (0.175)	4.089 (0.061)	112.603* (1.814)	8.062 (0.164)	17.368 (0.437)	8.556 (0.222)
LEV$_t$	−1.219 (−0.883)	−2.047 (−1.523)	−0.423 (−0.440)	−1.243 (−0.882)	−2.069 (−1.525)	−0.910 (−0.922)	−1.256 (−0.888)	−2.104 (−1.562)	−0.223 (−0.240)
CFO$_t$	−0.523 (−0.326)	−1.527 (−1.023)	0.825 (0.521)	−0.377 (−0.237)	−1.445 (−0.969)	0.612 (0.381)	−0.498 (−0.312)	−1.613 (−1.071)	0.878 (0.552)
ORG$_t$	0.201 (0.275)	0.622 (0.876)	0.921 (1.163)	0.234 (0.320)	0.620 (0.871)	1.030 (1.247)	0.234 (0.319)	0.669 (0.941)	0.861 (1.071)
AGE$_t$	0.001 (0.019)	0.000 (0.003)	0.046 (0.666)	−0.002 (−0.034)	0.000 (0.001)	0.043 (0.603)	−0.002 (−0.022)	−0.002 (−0.032)	0.036 (0.530)
LI$_t$	1.130 (0.240)	−5.207 (−1.104)	1.090 (0.259)	1.620 (0.342)	−4.712 (−0.987)	1.230 (0.280)	1.915 (0.411)	−4.939 (−1.060)	0.850 (0.205)
CI$_t$	−0.259 (−0.710)	0.055 (0.185)	−0.386 (−1.223)	−0.184 (−0.524)	0.087 (0.296)	−0.333 (−1.067)	−0.250 (−0.693)	0.050 (0.171)	−0.447 (−1.466)
IND	控制	控制	控制	控制	控制	控制	控制	控制	控制
_cons	−13.415 (−0.017)	1.995 (0.324)	−14.537** (−2.122)	−15.021 (−0.019)	1.247 (0.203)	−15.585** (−2.258)	−13.878 (−0.017)	1.777 (0.297)	−12.169* (−1.847)
N	138	138	138	138	138	138	138	138	138
Pseudo R^2	0.147	0.112	0.155	0.142	0.114	0.174	0.149	0.118	0.151

最后，以获得创新补贴的企业为样本，考察在企业所获创新补贴金额与企业财务绩效升级关系中，外部融资的调节作用是否显著，检验结果如表6-7所示。从表6-7中可见，在第（8）列中，权益融资变量与创新补贴金额变量的交互项显著为正，说明在获得创新补贴的企业中，权益融资金额较高的企业所获创新补

贴金额越多，其在 10 年后实现财务绩效升级的概率越高。

表 6-7　外部融资影响企业所获创新补贴金额与财务绩效升级关系检验结果

	UGFP$_{t+5}$ (1)	UGFP$_{t+10}$ (2)	UGFP$_{t+13}$ (3)	UGFP$_{t+5}$ (4)	UGFP$_{t+10}$ (5)	UGFP$_{t+13}$ (6)	UGFP$_{t+5}$ (7)	UGFP$_{t+10}$ (8)	UGFP$_{t+13}$ (9)
IST$_t$_EDT$_{t-1}$	242.337 (1.511)	243.199 (1.552)	-1.180 (-0.007)						
EDT$_{t-1}$	-2.449** (-2.229)	-1.617 (-1.519)	-0.799 (-0.807)						
IST$_t$_DT$_{t-1}$				190.181 (0.985)	89.085 (0.492)	173.773 (0.891)			
DT$_{t-1}$				-2.438* (-1.890)	-1.157 (-0.942)	-0.418 (-0.338)			
IST$_t$_ET$_{t-1}$							371.628 (1.028)	702.161* (1.912)	-406.570 (-0.689)
ET$_{t-1}$							-2.865 (-1.198)	-3.951 (-1.564)	-1.460 (-0.581)
IST$_t$	-74.232 (-1.044)	-68.100 (-0.942)	-25.894 (-0.339)	-46.881 (-0.655)	-8.239 (-0.119)	-77.899 (-0.983)	-1.068 (-0.025)	-10.000 (-0.213)	-0.611 (-0.012)
SIZE$_t$	-0.251 (-0.739)	-0.272 (-0.821)	0.139 (0.410)	-0.204 (-0.597)	-0.247 (-0.752)	0.185 (0.548)	-0.227 (-0.687)	-0.286 (-0.859)	0.153 (0.449)
LEV$_t$	2.224* (1.938)	2.666** (2.285)	2.024 (1.591)	2.126* (1.857)	2.236** (1.962)	2.400* (1.893)	1.490 (1.504)	1.972* (1.885)	1.862 (1.539)
CFO$_t$	-1.988 (-1.179)	-0.462 (-0.298)	0.201 (0.118)	-1.985 (-1.167)	-0.501 (-0.324)	0.508 (0.297)	-1.882 (-1.132)	-0.369 (-0.237)	-0.031 (-0.018)
ORG$_t$	-0.241 (-0.307)	0.500 (0.650)	-0.595 (-0.737)	-0.240 (-0.302)	0.503 (0.658)	-0.597 (-0.719)	-0.154 (-0.200)	0.441 (0.574)	-0.618 (-0.761)
AGE$_t$	-0.075 (-0.994)	-0.109 (-1.417)	-0.068 (-0.968)	-0.069 (-0.939)	-0.105 (-1.404)	-0.073 (-1.037)	-0.075 (-1.041)	-0.112 (-1.471)	-0.088 (-1.213)
LI$_t$	-3.678 (-0.715)	1.630 (0.345)	-1.338 (-0.263)	-4.016 (-0.778)	1.528 (0.329)	0.021 (0.004)	-2.664 (-0.544)	2.583 (0.563)	-1.637 (-0.324)
CI$_t$	-0.030 (-0.087)	-0.027 (-0.083)	-0.554 (-1.332)	-0.006 (-0.017)	-0.028 (-0.090)	-0.456 (-1.119)	0.088 (0.256)	-0.011 (-0.032)	-0.653 (-1.517)
IND	控制	控制	控制	控制	控制	控制	控制	控制	控制
_cons	5.352 (0.668)	3.980 (0.516)	-11.128 (-0.012)	3.749 (0.476)	3.025 (0.398)	-14.832 (-0.009)	2.464 (0.316)	3.600 (0.455)	-10.469 (-0.009)
N	138	138	138	138	138	138	138	138	138
Pseudo R^2	0.109	0.119	0.107	0.097	0.106	0.105	0.081	0.126	0.133

综上所述，与权益融资金额较低的企业相比，权益融资金额较高企业获得创新补贴后实现创新绩效升级的概率反而较低。在获得创新补贴的企业中，权益融资金额较高的企业所获创新补贴金额越多，实现财务绩效升级的概率越高。即权益融资在企业是否获得创新补贴与创新绩效升级关系中具有负向调节作用，在企业所获创新补贴金额与财务绩效升级关系中具有正向调节作用。

（二）研发类补贴

外部融资在企业是否获得研发类补贴和企业创新绩效升级关系中的调节作用检验结果如表6-8所示。从表6-8中可见，第（1）列和第（2）列的交互项系数均显著为负，说明对于外部融资较高的企业，其获得研发类补贴后5年和10年实现创新绩效升级的概率反而更低。第（7）列和第（8）列的交互项系数均显著为负，说明权益融资金额较高的企业所获研发类补贴在5年和10年后实现创新绩效升级的概率反而更低。

表6-8 外部融资影响企业是否获得研发类补贴与创新绩效升级关系检验结果

	$UGIP_{t+5}$ (1)	$UGIP_{t+10}$ (2)	$UGIP_{t+13}$ (3)	$UGIP_{t+5}$ (4)	$UGIP_{t+10}$ (5)	$UGIP_{t+13}$ (6)	$UGIP_{t+5}$ (7)	$UGIP_{t+10}$ (8)	$UGIP_{t+13}$ (9)
$RDSD_{t-}$ EDT_{t-1}	-2.932*** (-2.804)	-1.817** (-2.066)	-1.001 (-1.165)						
EDT_{t-1}	0.726 (1.527)	0.834* (1.928)	0.669* (1.707)						
$RDSD_{t-}$ DT_{t-1}				-2.564* (-1.902)	-1.211 (-1.032)	-0.743 (-0.637)			
DT_{t-1}				0.573 (1.002)	0.562 (1.082)	0.409 (0.915)			
$RDSD_{t-}$ ET_{t-1}							-2.856* (-1.649)	-3.090** (-2.024)	-2.189 (-1.481)
ET_{t-1}							1.029 (1.077)	1.744* (1.937)	1.746** (1.960)
$RDSD_t$	1.413*** (2.618)	1.394*** (2.969)	0.459 (0.985)	1.011* (1.826)	1.039** (2.143)	0.300 (0.623)	0.339 (1.011)	0.836*** (2.789)	0.166 (0.559)
$SIZE_t$	0.205 (1.231)	-0.114 (-0.819)	0.476*** (3.984)	0.221 (1.316)	-0.110 (-0.784)	0.488*** (4.031)	0.212 (1.278)	-0.077 (-0.555)	0.519*** (4.377)
LEV_t	-0.871 (-1.432)	0.026 (0.117)	-0.074 (-0.437)	-0.822 (-1.376)	0.009 (0.038)	-0.081 (-0.481)	-0.787 (-1.334)	0.029 (0.133)	-0.059 (-0.350)

| | UGIP$_{t+5}$ | UGIP$_{t+10}$ | UGIP$_{t+13}$ | UGIP$_{t+5}$ | UGIP$_{t+10}$ | UGIP$_{t+13}$ | UGIP$_{t+5}$ | UGIP$_{t+10}$ | UGIP$_{t+13}$ |
	（1）	（2）	（3）	（4）	（5）	（6）	（7）	（8）	（9）
CFO$_t$	0.047	0.042	0.034	0.067	0.049	0.038	0.069	0.051	0.041
	（0.174）	（0.440）	（0.529）	（0.236）	（0.503）	（0.594）	（0.259）	（0.525）	（0.650）
ORG$_t$	−0.079	−0.166	0.126*	−0.079	−0.160	0.126*	−0.082	−0.172	0.122*
	（−0.445）	（−0.877）	（1.820）	（−0.457）	（−0.887）	（1.791）	（−0.480）	（−0.908）	（1.773）
AGE$_t$	−0.046	−0.048*	−0.035	−0.050	−0.053*	−0.038	−0.052	−0.054*	−0.036
	（−1.355）	（−1.670）	（−1.408）	（−1.488）	（−1.843）	（−1.580）	（−1.579）	（−1.890）	（−1.493）
LI$_t$	−0.653	−0.366	0.012	−0.488	−0.392	−0.012	−0.456	−0.470	−0.025
	（−0.277）	（−0.431）	（0.034）	（−0.210）	（−0.463）	（−0.035）	（−0.199）	（−0.456）	（−0.071）
CI$_t$	−0.491***	−0.003	−0.267**	−0.464**	0.004	−0.265**	−0.451**	0.017	−0.252**
	（−2.605）	（−0.019）	（−2.403）	（−2.502）	（0.029）	（−2.400）	（−2.440）	（0.125）	（−2.274）
IND	控制	控制	控制	控制	控制	控制	控制	控制	控制
_cons	−13.821	0.286	−6.295**	−14.466	0.290	−6.415**	−14.273	−0.392	−7.165***
	（−0.019）	（0.094）	（−2.542）	（−0.020）	（0.095）	（−2.572）	（−0.019）	（−0.126）	（−2.886）
N	516	516	516	516	516	516	516	516	516
Pseudo R^2	0.196	0.136	0.106	0.187	0.129	0.103	0.185	0.135	0.108

外部融资在企业是否获得研发类补贴和企业财务绩效升级关系中的调节作用检验结果如表6-9所示。从表6-9中可见，所有的外部融资相关变量与研发类补贴的交互项均不显著，说明外部融资在企业是否获得研发类补贴和财务绩效升级关系中的调节作用不显著。

表6-9　外部融资影响企业是否获得研发类补贴与财务绩效升级关系检验结果

| | UGFP$_{t+5}$ | UGFP$_{t+10}$ | UGFP$_{t+13}$ | UGFP$_{t+5}$ | UGFP$_{t+10}$ | UGFP$_{t+13}$ | UGFP$_{t+5}$ | UGFP$_{t+10}$ | UGFP$_{t+13}$ |
	（1）	（2）	（3）	（4）	（5）	（6）	（7）	（8）	（9）
RDSD$_{t\_}$ EDT$_{t-1}$	−0.237	1.135	1.220						
	（−0.257）	（1.200）	（1.322）						
EDT$_{t-1}$	−0.268	−0.518	−1.017**						
	（−0.638）	（−1.216）	（−2.165）						
RDSD$_{t\_}$ DT$_{t-1}$				−0.539	0.764	1.850			
				（−0.434）	（0.583）	（1.491）			

续表

	UGFP$_{t+5}$ (1)	UGFP$_{t+10}$ (2)	UGFP$_{t+13}$ (3)	UGFP$_{t+5}$ (4)	UGFP$_{t+10}$ (5)	UGFP$_{t+13}$ (6)	UGFP$_{t+5}$ (7)	UGFP$_{t+10}$ (8)	UGFP$_{t+13}$ (9)
DT$_{t-1}$				-0.220 (-0.452)	-0.156 (-0.323)	-0.646 (-1.263)			
RDSD$_{t-}$ ET$_{t-1}$							0.688 (0.435)	2.791 (1.580)	1.563 (0.758)
ET$_{t-1}$							-0.602 (-0.641)	-2.036* (-1.859)	-2.887** (-2.008)
RDSD$_t$	0.139 (0.294)	-0.977* (-1.854)	-0.189 (-0.383)	0.202 (0.412)	-0.763 (-1.377)	-0.356 (-0.670)	-0.005 (-0.016)	-0.692** (-2.060)	0.304 (0.993)
SIZE$_t$	-0.114 (-0.916)	-0.086 (-0.692)	-0.066 (-0.511)	-0.108 (-0.853)	-0.104 (-0.828)	-0.094 (-0.720)	-0.133 (-1.076)	-0.113 (-0.903)	-0.141 (-1.116)
LEV$_t$	-0.063 (-0.336)	0.166 (0.981)	0.467** (2.135)	-0.056 (-0.303)	0.172 (1.013)	0.479** (2.174)	-0.067 (-0.353)	0.155 (0.923)	0.430** (2.013)
CFO$_t$	-0.023 (-0.375)	0.101 (1.104)	0.144 (0.950)	-0.023 (-0.372)	0.100 (1.097)	0.148 (0.958)	-0.024 (-0.404)	0.100 (1.091)	0.120 (0.815)
ORG$_t$	-0.458* (-1.903)	0.026 (0.603)	-0.568** (-2.325)	-0.473* (-1.949)	0.029 (0.692)	-0.599** (-2.393)	-0.454* (-1.876)	0.030 (0.701)	-0.528** (-2.203)
AGE$_t$	0.025 (0.997)	0.015 (0.590)	0.011 (0.399)	0.027 (1.051)	0.019 (0.761)	0.015 (0.566)	0.026 (1.033)	0.014 (0.562)	0.013 (0.510)
LI$_t$	-0.530 (-0.672)	2.096 (1.442)	-0.603 (-0.719)	-0.521 (-0.673)	2.283 (1.569)	-0.551 (-0.763)	-0.487 (-0.703)	2.276 (1.579)	-0.480 (-0.716)
CI$_t$	0.050 (0.426)	-0.032 (-0.262)	0.055 (0.464)	0.051 (0.434)	-0.030 (-0.244)	0.068 (0.574)	0.054 (0.465)	-0.042 (-0.343)	0.031 (0.265)
IND	控制	控制	控制	控制	控制	控制	控制	控制	控制
_cons	1.451 (0.528)	1.415 (0.482)	-1.334 (-0.459)	1.278 (0.462)	1.573 (0.537)	-1.092 (-0.376)	1.729 (0.630)	1.962 (0.663)	0.305 (0.106)
N	516	516	516	516	516	516	516	516	516
Pseudo R^2	0.043	0.049	0.064	0.043	0.046	0.060	0.043	0.053	0.066

以获得研发类补贴的企业为样本，考察在企业所获研发类补贴金额与企业创新绩效升级关系中，外部融资的调节作用是否显著，检验结果如表6-10所示。从表6-10中可见，所有的外部融资相关变量与企业所获研发类补贴金额的交互项均不显著，说明外部融资在企业所获研发类补贴金额和企业创新绩效升级关系中的调节作用并不显著。

表6-10 外部融资影响企业所获研发类补贴金额与创新绩效升级关系检验结果

	$UGIP_{t+5}$ (1)	$UGIP_{t+10}$ (2)	$UGIP_{t+13}$ (3)	$UGIP_{t+5}$ (4)	$UGIP_{t+10}$ (5)	$UGIP_{t+13}$ (6)	$UGIP_{t+5}$ (7)	$UGIP_{t+10}$ (8)	$UGIP_{t+13}$ (9)
$RDST_t - EDT_{t-1}$	202.264 (0.680)	143.442 (0.645)	-136.595 (-0.543)						
EDT_{t-1}	-1.179 (-0.829)	-1.410 (-1.260)	0.811 (0.633)						
$RDST_t - DT_{t-1}$				-28.629 (-0.073)	184.475 (0.566)	-271.087 (-0.711)			
DT_{t-1}				0.084 (0.047)	-0.779 (-0.531)	0.189 (0.117)			
$RDST_t - ET_{t-1}$							773.192 (1.393)	259.248 (0.551)	-44.230 (-0.088)
ET_{t-1}							-3.703 (-1.469)	-2.340 (-1.141)	0.945 (0.481)
$RDST_t$	-123.491 (-0.875)	-148.891* (-1.712)	71.559 (0.659)	-66.469 (-0.508)	-169.678* (-1.663)	118.706 (0.814)	-92.202 (-0.843)	-126.346* (-1.797)	34.336 (0.486)
$SIZE_t$	0.003 (0.008)	-0.083 (-0.215)	1.232** (2.520)	-0.016 (-0.037)	-0.115 (-0.291)	1.327** (2.534)	-0.132 (-0.295)	-0.203 (-0.534)	1.284*** (2.671)
LEV_t	-1.217 (-0.661)	-3.201* (-1.907)	1.047 (0.738)	-1.463 (-0.790)	-3.076* (-1.836)	0.700 (0.476)	-1.210 (-0.669)	-3.287* (-1.927)	1.305 (0.976)
CFO_t	1.698 (0.677)	-1.162 (-0.548)	0.858 (0.332)	1.726 (0.694)	-0.862 (-0.407)	0.154 (0.058)	1.704 (0.685)	-0.927 (-0.442)	0.919 (0.365)
ORG_t	1.774 (1.499)	0.406 (0.422)	-0.084 (-0.072)	1.922* (1.664)	0.504 (0.530)	-0.191 (-0.162)	1.755 (1.419)	0.558 (0.573)	-0.273 (-0.228)
AGE_t	-0.097 (-0.932)	-0.101 (-1.160)	-0.027 (-0.297)	-0.111 (-1.083)	-0.103 (-1.206)	-0.021 (-0.235)	-0.085 (-0.788)	-0.105 (-1.214)	-0.023 (-0.251)
LI_t	6.673 (0.963)	0.201 (0.029)	8.110 (1.174)	6.498 (0.966)	1.740 (0.246)	7.275 (1.009)	7.242 (1.055)	1.661 (0.248)	8.246 (1.221)
CI_t	-0.066 (-0.098)	0.734 (1.326)	-0.140 (-0.249)	0.126 (0.195)	0.928* (1.693)	-0.235 (-0.427)	-0.198 (-0.289)	0.824 (1.528)	-0.179 (-0.326)
IND	控制	控制	控制	控制	控制	控制	控制	控制	控制
_cons	-16.180 (-0.006)	-6.109 (-0.626)	-25.895** (-2.276)	-19.487 (-0.003)	-8.636 (-0.894)	-26.028** (-2.215)	-12.691 (-0.003)	-5.264 (-0.533)	-26.324** (-2.298)
N	83	83	83	83	83	83	83	83	83
Pseudo R^2	0.264	0.204	0.200	0.257	0.194	0.202	0.280	0.205	0.201

以获得研发类补贴的企业为样本，考察在企业所获研发类补贴金额与企业财务绩效升级关系中，外部融资的调节作用是否显著，检验结果如表6-11所示。从表6-11中可见，在第（1）列中，外部融资变量与研发类补贴金额变量的交互项显著为正，在第（4）列中，债权融资变量与研发类补贴金额变量的交互项显著为正，说明在获得研发类补贴的企业中，外部融资金额较高（尤其是债权融资金额）企业所获研发类补贴金额越多，其在5年后实现财务绩效升级的概率越高。

表6-11　外部融资影响企业所获研发类补贴金额与财务绩效升级关系检验结果

	$UGFP_{t+5}$ (1)	$UGFP_{t+10}$ (2)	$UGFP_{t+13}$ (3)	$UGFP_{t+5}$ (4)	$UGFP_{t+10}$ (5)	$UGFP_{t+13}$ (6)	$UGFP_{t+5}$ (7)	$UGFP_{t+10}$ (8)	$UGFP_{t+13}$ (9)
$RDST_{t-}$ EDT_{t-1}	671.895** (1.992)	-4.719 (-0.017)	-50.743 (-0.171)						
EDT_{t-1}	-2.326* (-1.765)	1.931 (1.405)	1.197 (0.898)						
$RDST_{t-}$ DT_{t-1}				1192.580** (2.467)	276.971 (0.409)	610.995 (1.150)			
DT_{t-1}				-3.588** (-1.996)	1.858 (0.838)	2.644 (1.274)			
$RDST_{t-}$ ET_{t-1}							275.274 (0.596)	-96.900 (-0.194)	-1157.235 (-0.897)
ET_{t-1}							-0.774 (-0.377)	2.329 (1.069)	1.095 (0.424)
$RDST_t$	-230.552 (-1.575)	-128.132 (-1.077)	-86.750 (-0.607)	-377.832** (-2.026)	-216.276 (-0.757)	-273.351 (-1.552)	-39.901 (-0.612)	-101.384 (-1.103)	-37.295 (-0.396)
$SIZE_t$	-0.765 (-1.618)	-0.583 (-1.002)	0.263 (0.496)	-0.819* (-1.656)	-0.581 (-1.037)	0.084 (0.145)	-0.721 (-1.623)	-0.464 (-0.807)	0.334 (0.669)
LEV_t	3.124* (1.888)	4.860** (2.001)	3.401* (1.957)	4.086** (2.140)	4.499** (1.999)	4.978** (2.408)	1.991 (1.435)	5.240** (2.016)	2.734* (1.721)
CFO_t	2.939 (1.137)	3.250 (1.055)	2.541 (0.879)	3.719 (1.370)	3.368 (1.076)	5.264 (1.585)	2.277 (0.956)	2.462 (0.823)	1.685 (0.613)
ORG_t	0.235 (0.231)	2.817** (2.305)	1.512 (1.300)	0.458 (0.437)	2.788** (2.275)	1.860 (1.550)	0.538 (0.550)	2.565** (2.124)	1.439 (1.259)
AGE_t	-0.108 (-1.125)	-0.246* (-1.824)	-0.166 (-1.524)	-0.125 (-1.250)	-0.257* (-1.869)	-0.243* (-1.853)	-0.106 (-1.141)	-0.241* (-1.821)	-0.176 (-1.598)

续表

| | UGFP$_{t+5}$ | UGFP$_{t+10}$ | UGFP$_{t+13}$ | UGFP$_{t+5}$ | UGFP$_{t+10}$ | UGFP$_{t+13}$ | UGFP$_{t+5}$ | UGFP$_{t+10}$ | UGFP$_{t+13}$ |
	（1）	（2）	（3）	（4）	（5）	（6）	（7）	（8）	（9）
LI$_t$	−6.979	9.128	−1.018	−9.090	9.683	1.355	−6.406	5.428	−4.805
	（−0.783）	（0.908）	（−0.121）	（−0.956）	（0.933）	（0.149）	（−0.741）	（0.556）	（−0.579）
CI$_t$	0.015	1.396*	0.178	−0.001	1.363*	0.292	0.275	1.107*	−0.068
	（0.027）	（1.933）	（0.281）	（−0.002）	（1.811）	（0.411）	（0.523）	（1.686）	（−0.112）
IND	控制	控制	控制	控制	控制	控制	控制	控制	控制
_cons	15.088	−12.927	−27.294	16.416	−12.132	−27.367	10.199	−10.394	−25.030
	（1.234）	（−0.816）	（−0.019）	（1.316）	（−0.770）	（−0.015）	（0.894）	（−0.689）	（−0.008）
N	83	83	83	83	83	83	83	83	83
Pseudo R^2	0.175	0.273	0.263	0.202	0.257	0.328	0.123	0.259	0.269

综上所述，一方面外部融资金额较高（尤其是权益融资金额）企业获得研发类补贴后实现企业创新绩效升级的概率反而较低。即外部融资（尤其是权益融资）在企业是否获得研发类补贴与企业创新绩效升级关系中具有负向调节作用。与本章假设一相符。另一方面，在获得研发类补贴的企业中，外部融资金额较高（尤其是债权融资金额）企业所获研发类补贴金额越多，实现财务绩效升级的概率越高。即外部融资（尤其是债权融资）在企业所获研发类补贴金额与企业财务绩效升级关系中具有正向调节作用。

（三）改进类补贴

首先，考察外部融资在企业是否获得改进类补贴和企业创新绩效升级关系中的调节作用，检验结果如表6-12所示。从表6-12中可见，所有外部融资相关变量与是否获得改进类补贴变量的交互项系数均不显著，说明在企业是否获得改进类补贴影响企业创新绩效升级的关系中，外部融资不具有显著的调节作用。

表6-12 外部融资影响企业是否获得改进类补贴与创新绩效升级关系检验结果

| | UGIP$_{t+5}$ | UGIP$_{t+10}$ | UGIP$_{t+13}$ | UGIP$_{t+5}$ | UGIP$_{t+10}$ | UGIP$_{t+13}$ | UGIP$_{t+5}$ | UGIP$_{t+10}$ | UGIP$_{t+13}$ |
	（1）	（2）	（3）	（4）	（5）	（6）	（7）	（8）	（9）
IPSD$_{t-}$EDT$_{t-1}$	−1.576	−0.890	0.606						
	（−1.549）	（−0.983）	（0.673）						
EDT$_{t-1}$	0.431	0.617	0.268						
	（0.870）	（1.397）	（0.676）						

续表

	$UGIP_{t+5}$ (1)	$UGIP_{t+10}$ (2)	$UGIP_{t+13}$ (3)	$UGIP_{t+5}$ (4)	$UGIP_{t+10}$ (5)	$UGIP_{t+13}$ (6)	$UGIP_{t+5}$ (7)	$UGIP_{t+10}$ (8)	$UGIP_{t+13}$ (9)
$IPSD_{t-}$ DT_{t-1}				−0.925 (−0.700)	0.240 (0.201)	1.486 (1.276)			
DT_{t-1}				0.289 (0.476)	0.216 (0.399)	−0.042 (−0.089)			
$IPSD_{t-}$ ET_{t-1}							−2.658 (−1.398)	−2.668 (−1.590)	−1.671 (−1.004)
ET_{t-1}							0.728 (0.813)	1.454* (1.741)	1.288 (1.612)
$IPSD_t$	0.914 (1.556)	0.623 (1.166)	−0.014 (−0.027)	0.502 (0.799)	0.115 (0.203)	−0.276 (−0.516)	0.333 (0.989)	0.416 (1.343)	0.424 (1.382)
$SIZE_t$	0.206 (1.267)	−0.069 (−0.512)	0.483*** (4.063)	0.212 (1.296)	−0.060 (−0.440)	0.494*** (4.091)	0.220 (1.359)	−0.029 (−0.217)	0.505*** (4.292)
LEV_t	−0.810 (−1.381)	0.001 (0.005)	−0.075 (−0.448)	−0.814 (−1.381)	−0.011 (−0.050)	−0.079 (−0.466)	−0.776 (−1.325)	0.020 (0.089)	−0.062 (−0.370)
CFO_t	0.064 (0.250)	0.051 (0.542)	0.039 (0.613)	0.074 (0.277)	0.058 (0.607)	0.043 (0.673)	0.074 (0.272)	0.057 (0.596)	0.040 (0.624)
ORG_t	−0.064 (−0.411)	−0.156 (−0.887)	0.124* (1.787)	−0.072 (−0.445)	−0.158 (−0.915)	0.124* (1.763)	−0.074 (−0.460)	−0.164 (−0.909)	0.125* (1.791)
AGE_t	−0.048 (−1.434)	−0.052* (−1.795)	−0.036 (−1.474)	−0.052 (−1.557)	−0.058** (−2.023)	−0.040 (−1.615)	−0.051 (−1.515)	−0.054* (−1.904)	−0.034 (−1.369)
LI_t	−0.234 (−0.103)	−0.310 (−0.475)	−0.030 (−0.086)	−0.216 (−0.096)	−0.351 (−0.511)	−0.053 (−0.148)	−0.380 (−0.167)	−0.373 (−0.496)	−0.032 (−0.090)
CI_t	−0.462** (−2.501)	0.004 (0.031)	−0.247** (−2.241)	−0.447** (−2.436)	0.013 (0.094)	−0.243** (−2.204)	−0.446** (−2.422)	0.016 (0.113)	−0.250** (−2.257)
IND	控制	控制	控制	控制	控制	控制	控制	控制	控制
_cons	−14.173 (−0.019)	−0.580 (−0.195)	−6.560*** (−2.656)	−14.422 (−0.020)	−0.688 (−0.230)	−6.723*** (−2.688)	−14.561 (−0.020)	−1.369 (−0.454)	−6.944*** (−2.810)
N	516	516	516	516	516	516	516	516	516
Pseudo R^2	0.184	0.122	0.106	0.181	0.119	0.106	0.184	70.52	76.42

其次，考察外部融资在企业是否获得改进类补贴和企业财务绩效升级关系中的调节作用，检验结果如表6-13所示。从表6-13中可见，所有的外部融资相关变量与改进类补贴的交互项均不显著，说明外部融资在企业是否获得改进类补贴和企业财务绩效升级关系中的调节作用均不显著。

表 6-13 外部融资影响企业是否获得改进类补贴与财务绩效升级关系检验结果

	$UGFP_{t+5}$ (1)	$UGFP_{t+10}$ (2)	$UGFP_{t+13}$ (3)	$UGFP_{t+5}$ (4)	$UGFP_{t+10}$ (5)	$UGFP_{t+13}$ (6)	$UGFP_{t+5}$ (7)	$UGFP_{t+10}$ (8)	$UGFP_{t+13}$ (9)
$IPSD_{t-}$ EDT_{t-1}	-0.576 (-0.581)	0.619 (0.641)	0.176 (0.182)						
EDT_{t-1}	-0.132 (-0.313)	-0.386 (-0.885)	-0.742 (-1.614)						
$IPSD_{t-}$ DT_{t-1}				0.310 (0.247)	0.766 (0.609)	0.476 (0.395)			
DT_{t-1}				-0.289 (-0.573)	-0.106 (-0.209)	-0.423 (-0.817)			
$IPSD_{t-}$ ET_{t-1}							-2.579 (-1.141)	1.280 (0.685)	-0.040 (-0.018)
ET_{t-1}							0.217 (0.267)	-1.215 (-1.306)	-2.077* (-1.749)
$IPSD_t$	-0.055 (-0.101)	-0.652 (-1.134)	0.027 (0.049)	-0.460 (-0.782)	-0.709 (-1.150)	-0.149 (-0.258)	-0.192 (-0.592)	-0.440 (-1.319)	0.080 (0.252)
$SIZE_t$	-0.103 (-0.830)	-0.113 (-0.915)	-0.059 (-0.467)	-0.091 (-0.727)	-0.126 (-1.011)	-0.074 (-0.579)	-0.113 (-0.927)	-0.138 (-1.131)	-0.117 (-0.944)
LEV_t	-0.064 (-0.341)	0.174 (1.031)	0.462** (2.122)	-0.057 (-0.305)	0.180 (1.062)	0.479** (2.180)	-0.062 (-0.331)	0.161 (0.955)	0.430** (2.009)
CFO_t	-0.021 (-0.353)	0.093 (1.025)	0.141 (0.932)	-0.018 (-0.305)	0.095 (1.044)	0.146 (0.947)	-0.022 (-0.372)	0.093 (1.022)	0.125 (0.843)
ORG_t	-0.459* (-1.920)	0.026 (0.617)	-0.566** (-2.316)	-0.471** (-1.961)	0.029 (0.681)	-0.597** (-2.382)	-0.467* (-1.928)	0.030 (0.700)	-0.530** (-2.223)
AGE_t	0.024 (0.929)	0.016 (0.617)	0.012 (0.454)	0.022 (0.875)	0.018 (0.730)	0.015 (0.570)	0.026 (1.009)	0.015 (0.611)	0.013 (0.501)
LI_t	-0.487 (-0.684)	1.937 (1.345)	-0.545 (-0.713)	-0.512 (-0.697)	2.126 (1.469)	-0.506 (-0.745)	-0.463 (-0.695)	2.092 (1.472)	-0.450 (-0.726)
CI_t	0.045 (0.384)	-0.032 (-0.266)	0.037 (0.312)	0.056 (0.479)	-0.024 (-0.199)	0.050 (0.418)	0.049 (0.424)	-0.041 (-0.340)	0.024 (0.202)
IND	控制	控制	控制	控制	控制	控制	控制	控制	控制
_cons	1.301 (0.477)	1.936 (0.667)	-1.292 (-0.451)	0.993 (0.360)	1.967 (0.676)	-1.268 (-0.442)	1.406 (0.516)	2.476 (0.847)	-0.052 (-0.018)
N	516	516	516	516	516	516	516	516	516
Pseudo R^2	0.046	0.045	0.059	0.045	0.044	0.055	0.047	0.047	0.063

再次，以获得改进类补贴的企业为样本，考察在企业所获改进类补贴金额与企业创新绩效升级关系中，外部融资的调节作用是否显著，检验结果如表6-14所示。从表6-14中可见，所有的外部融资相关变量与企业所获改进类补贴金额的交互项均不显著，说明外部融资在企业所获改进类补贴金额和企业创新绩效升级关系中的调节作用均不显著。

表6-14　外部融资影响企业所获改进类补贴金额与创新绩效升级关系检验结果

	$UGIP_{t+5}$ (1)	$UGIP_{t+10}$ (2)	$UGIP_{t+13}$ (3)	$UGIP_{t+5}$ (4)	$UGIP_{t+10}$ (5)	$UGIP_{t+13}$ (6)	$UGIP_{t+5}$ (7)	$UGIP_{t+10}$ (8)	$UGIP_{t+13}$ (9)
$IPST_t-$ EDT_{t-1}	−14.678 (−0.075)	291.350 (1.492)	300.981 (1.501)						
EDT_{t-1}	−0.109 (−0.108)	−0.934 (−0.925)	0.305 (0.322)						
$IPST_t-$ DT_{t-1}				−99.672 (−0.384)	372.808 (1.063)	191.483 (0.981)			
DT_{t-1}				0.471 (0.435)	−0.104 (−0.095)	0.915 (0.884)			
$IPST_t-$ ET_{t-1}							363.585 (0.873)	1040.276 (1.488)	1243.730 (1.535)
ET_{t-1}							−2.726 (−1.063)	−7.525 (−1.487)	−3.886 (−1.577)
$IPST_t$	−29.976 (−0.246)	−138.042 (−1.214)	−150.396 (−1.161)	7.579 (0.058)	−161.941 (−1.102)	−85.667 (−0.714)	−44.384 (−0.705)	4.488 (0.100)	24.498 (0.577)
$SIZE_t$	−0.249 (−0.597)	−0.362 (−0.855)	0.616 (1.397)	−0.230 (−0.548)	−0.365 (−0.861)	0.582 (1.311)	−0.260 (−0.629)	−0.363 (−0.866)	0.708 (1.568)
LEV_t	−1.951 (−1.118)	−1.486 (−0.943)	1.741 (1.308)	−2.049 (−1.132)	−1.526 (−0.904)	1.708 (1.296)	−1.965 (−1.120)	−1.691 (−1.065)	1.678 (1.278)
CFO_t	−0.350 (−0.138)	0.122 (0.046)	2.445 (0.841)	−0.131 (−0.051)	0.690 (0.262)	2.437 (0.856)	−0.304 (−0.120)	−0.129 (−0.048)	1.192 (0.437)
ORG_t	0.138 (0.108)	0.672 (0.539)	0.752 (0.562)	0.060 (0.047)	0.559 (0.454)	0.821 (0.624)	0.494 (0.385)	1.237 (0.948)	2.107 (1.486)
AGE_t	0.022 (0.267)	−0.036 (−0.394)	0.101 (1.113)	0.019 (0.228)	−0.044 (−0.472)	0.094 (1.032)	0.028 (0.338)	−0.051 (−0.542)	0.108 (1.149)
LI_t	−2.243 (−0.347)	−6.157 (−0.901)	−1.174 (−0.164)	−2.402 (−0.372)	−5.554 (−0.827)	−1.583 (−0.225)	−1.472 (−0.230)	−7.103 (−1.029)	−1.425 (−0.211)

续表

	UGIP$_{t+5}$	UGIP$_{t+10}$	UGIP$_{t+13}$	UGIP$_{t+5}$	UGIP$_{t+10}$	UGIP$_{t+13}$	UGIP$_{t+5}$	UGIP$_{t+10}$	UGIP$_{t+13}$
	（1）	（2）	（3）	（4）	（5）	（6）	（7）	（8）	（9）
CI$_t$	-0.188	0.140	0.065	-0.180	0.242	0.012	-0.266	0.019	-0.240
	（-0.440）	（0.357）	（0.171）	（-0.436）	（0.615）	（0.033）	（-0.586）	（0.053）	（-0.655）
IND	控制	控制	控制	控制	控制	控制	控制	控制	控制
_cons	7.574	6.314	-16.024*	6.889	4.583	-14.730	8.766	8.060	-13.737
	（0.802）	（0.700）	（-1.670）	（0.747）	（0.511）	（-1.544）	（0.925）	（0.924）	（-1.443）
N	66	66	66	66	66	66	66	66	66
Pseudo R^2	0.125	0.191	0.212	0.127	0.188	0.199	0.138	0.216	0.217

　　最后，以获得改进类补贴的企业为样本，考察在企业所获改进类补贴金额与企业财务绩效升级关系中，外部融资的调节作用是否显著，检验结果如表6-15所示。从表6-15中可见，在第（1）列和第（2）列中，外部融资变量与改进类补贴金额变量的交互项显著为正，在第（7）列和第（8）列中，权益融资变量与改进类补贴金额变量的交互项显著为正，说明在获得改进类补贴的企业中，外部融资金额较高（尤其是权益融资金额）企业所获改进类补贴金额越多，其在5年和10年后实现财务绩效升级的概率越高。

表6-15　外部融资影响企业所获改进类补贴金额与财务绩效升级关系检验结果

	UGFP$_{t+5}$	UGFP$_{t+10}$	UGFP$_{t+13}$	UGFP$_{t+5}$	UGFP$_{t+10}$	UGFP$_{t+13}$	UGFP$_{t+5}$	UGFP$_{t+10}$	UGFP$_{t+13}$
	（1）	（2）	（3）	（4）	（5）	（6）	（7）	（8）	（9）
IPST$_{t-}$ EDT$_{t-1}$	470.962*	573.735**	-465.009						
	（1.664）	（2.030）	（-0.773）						
EDT$_{t-1}$	-1.163	-1.368	1.275						
	（-0.837）	（-0.886）	（0.791）						
IPST$_{t-}$ DT$_{t-1}$				367.784	539.611	-646.895			
				（0.839）	（1.133）	（-0.955）			
DT$_{t-1}$				-0.315	-0.875	2.278			
				（-0.221）	（-0.555）	（1.311）			
IPST$_{t-}$ ET$_{t-1}$							1640.629**	1249.907**	216.878
							（2.271）	（2.035）	（0.255）
ET$_{t-1}$							-7.947*	-5.314	-2.648
							（-1.813）	（-1.309）	（-0.827）

续表

| | UGFP$_{t+5}$ | UGFP$_{t+10}$ | UGFP$_{t+13}$ | UGFP$_{t+5}$ | UGFP$_{t+10}$ | UGFP$_{t+13}$ | UGFP$_{t+5}$ | UGFP$_{t+10}$ | UGFP$_{t+13}$ |
	(1)	(2)	(3)	(4)	(5)	(6)	(7)	(8)	(9)
IPST$_t$	−277.890*	−333.250*	−88.352	−220.365	−249.219	−57.594	−214.630*	−168.911	−250.727
	(−1.801)	(−1.652)	(−0.371)	(−1.309)	(−1.186)	(−0.236)	(−1.725)	(−1.201)	(−1.491)
SIZE$_t$	−0.462	−0.222	0.197	−0.408	−0.197	0.173	−1.106	−0.494	0.126
	(−0.735)	(−0.379)	(0.352)	(−0.637)	(−0.345)	(0.299)	(−1.429)	(−0.772)	(0.221)
LEV$_t$	0.847	2.775	0.537	0.893	2.831	0.464	−0.108	2.461	0.560
	(0.537)	(1.195)	(0.334)	(0.564)	(1.302)	(0.284)	(−0.067)	(0.997)	(0.361)
CFO$_t$	−0.191	−1.641	1.351	0.094	−1.859	1.777	1.081	−1.022	1.180
	(−0.049)	(−0.414)	(0.396)	(0.025)	(−0.485)	(0.509)	(0.266)	(−0.262)	(0.355)
ORG$_t$	−5.277**	−3.672	−6.240**	−4.704**	−3.289	−6.472**	−5.473**	−3.379	−4.906**
	(−2.189)	(−1.402)	(−2.428)	(−2.206)	(−1.453)	(−2.554)	(−2.293)	(−1.375)	(−2.195)
AGE$_t$	−0.167	−0.231	−0.113	−0.165	−0.223*	−0.130	−0.194	−0.239*	−0.110
	(−1.391)	(−1.644)	(−1.134)	(−1.415)	(−1.675)	(−1.268)	(−1.554)	(−1.725)	(−1.137)
LI$_t$	−13.023	−3.845	2.543	−13.385	−4.562	2.794	−17.312	−4.223	2.551
	(−1.148)	(−0.362)	(0.294)	(−1.199)	(−0.448)	(0.316)	(−1.318)	(−0.389)	(0.302)
CI$_t$	0.679	1.048*	0.275	0.670	0.992*	0.268	0.547	0.831	0.178
	(1.275)	(1.836)	(0.519)	(1.310)	(1.847)	(0.507)	(0.949)	(1.514)	(0.299)
IND	控制	控制	控制	控制	控制	控制	控制	控制	控制
_cons	5.178	−21.423	−23.240	3.542	−22.704	−23.612	21.691	−14.951	−17.977
	(0.394)	(−0.012)	(−0.014)	(0.262)	(−0.011)	(−0.011)	(1.263)	(−0.006)	(−0.011)
N	66	66	66	66	66	66	66	66	66
Pseudo R^2	0.242	0.311	0.273	0.215	0.261	0.286	0.293	0.333	0.274

综上所述，在获得改进类补贴的企业中，外部融资金额较高（尤其是权益融资金额）企业所获改进补贴金额越多，实现财务绩效升级的概率越高。即外部融资（尤其是权益融资）在企业所获改进类补贴金额与企业财务绩效升级关系中具有正向调节作用。

（四）其他类补贴

对于外部融资在企业是否获得其他类补贴和企业创新绩效升级关系中的调节作用的检验结果如表6-16所示。从表6-16中可见，所有外部融资相关变量与是否获得其他类补贴变量的交互项系数均不显著，说明在企业是否获得其他类补贴影响企业创新绩效升级的关系中，外部融资不具有显著的调节作用。

表 6-16 外部融资影响企业是否获得其他类补贴与创新绩效升级关系检验结果

	$UGIP_{t+5}$ (1)	$UGIP_{t+10}$ (2)	$UGIP_{t+13}$ (3)	$UGIP_{t+5}$ (4)	$UGIP_{t+10}$ (5)	$UGIP_{t+13}$ (6)	$UGIP_{t+5}$ (7)	$UGIP_{t+10}$ (8)	$UGIP_{t+13}$ (9)
$OTSD_{t-}$ EDT_{t-1}	−0.793 (−0.838)	−0.186 (−0.223)	0.088 (0.105)						
EDT_{t-1}	0.318 (0.641)	0.459 (1.038)	0.376 (0.950)						
$OTSD_{t-}$ DT_{t-1}				−0.058 (−0.050)	0.240 (0.232)	0.416 (0.407)			
DT_{t-1}				0.174 (0.279)	0.221 (0.399)	0.132 (0.284)			
$OTSD_{t-}$ ET_{t-1}							−2.487 (−1.388)	−1.556 (−0.999)	−0.763 (−0.475)
ET_{t-1}							0.843 (0.925)	1.240 (1.448)	1.117 (1.370)
$OTSD_{t}$	0.289 (0.536)	0.217 (0.462)	0.311 (0.682)	−0.078 (−0.140)	0.058 (0.122)	0.213 (0.461)	0.101 (0.323)	0.275 (0.982)	0.423 (1.532)
$SIZE_{t}$	0.218 (1.336)	−0.062 (−0.460)	0.470*** (3.942)	0.225 (1.369)	−0.059 (−0.432)	0.480*** (3.982)	0.230 (1.412)	−0.035 (−0.258)	0.496*** (4.226)
LEV_{t}	−0.801 (−1.363)	0.004 (0.019)	−0.072 (−0.430)	−0.824 (−1.389)	−0.012 (−0.052)	−0.079 (−0.470)	−0.786 (−1.347)	0.015 (0.066)	−0.060 (−0.358)
CFO_{t}	0.084 (0.299)	0.057 (0.591)	0.038 (0.589)	0.085 (0.308)	0.060 (0.616)	0.040 (0.630)	0.086 (0.314)	0.061 (0.635)	0.041 (0.649)
ORG_{t}	−0.077 (−0.463)	−0.162 (−0.912)	0.125* (1.803)	−0.077 (−0.470)	−0.159 (−0.921)	0.125* (1.780)	−0.084 (−0.490)	−0.172 (−0.928)	0.124* (1.783)
AGE_{t}	−0.055* (−1.647)	−0.055* (−1.925)	−0.033 (−1.356)	−0.057* (−1.699)	−0.058** (−2.039)	−0.036 (−1.463)	−0.055 (−1.632)	−0.056** (−1.962)	−0.033 (−1.345)
LI_{t}	−0.128 (−0.059)	−0.325 (−0.501)	−0.023 (−0.066)	−0.148 (−0.068)	−0.348 (−0.513)	−0.040 (−0.112)	−0.115 (−0.054)	−0.355 (−0.500)	−0.037 (−0.103)
CI_{t}	−0.451** (−2.448)	0.019 (0.137)	−0.246** (−2.230)	−0.436** (−2.389)	0.017 (0.122)	−0.247** (−2.239)	−0.457** (−2.484)	0.016 (0.113)	−0.242** (−2.197)
IND	控制	控制	控制	控制	控制	控制	控制	控制	控制
_cons	−14.480 (−0.020)	−0.848 (−0.286)	−6.384*** (−2.584)	−14.745 (−0.020)	−0.759 (−0.255)	−6.474*** (−2.600)	−14.579 (−0.020)	−1.236 (−0.412)	−6.892*** (−2.799)
N	516	516	516	516	516	516	516	516	516
Pseudo R^2	0.181	0.120	0.107	0.180	0.119	0.106	0.183	0.122	0.108

对外部融资在企业是否获得其他类补贴和企业财务绩效升级关系中的调节作用的检验结果如表6-17所示。从表6-17中可见，所有的外部融资相关变量与其他类补贴的交互项均不显著，说明外部融资在企业是否获得其他类补贴和企业财务绩效升级关系中的调节作用不显著。

表6-17　外部融资影响企业是否获得其他类补贴与财务绩效升级关系检验结果

	UGFP_{t+5} （1）	UGFP_{t+10} （2）	UGFP_{t+13} （3）	UGFP_{t+5} （4）	UGFP_{t+10} （5）	UGFP_{t+13} （6）	UGFP_{t+5} （7）	UGFP_{t+10} （8）	UGFP_{t+13} （9）
$OTSD_{t\_}$ EDT_{t-1}	-0.471 （-0.513）	-0.163 （-0.185）	1.239 （1.363）						
EDT_{t-1}	-0.137 （-0.326）	-0.212 （-0.491）	-1.011** （-2.114）						
$OTSD_{t\_}$ DT_{t-1}				-0.812 （-0.719）	-0.666 （-0.615）	1.467 （1.346）			
DT_{t-1}				-0.060 （-0.121）	0.181 （0.359）	-0.649 （-1.226）			
$OTSD_{t\_}$ ET_{t-1}							-0.162 （-0.091）	0.760 （0.426）	1.600 （0.747）
ET_{t-1}							-0.225 （-0.260）	-1.136 （-1.191）	-2.650** （-1.986）
$OTSD_t$	-0.243 （-0.501）	-0.310 （-0.642）	-0.554 （-1.107）	-0.159 （-0.322）	-0.161 （-0.327）	-0.620 （-1.194）	-0.456 （-1.519）	-0.440 （-1.492）	-0.109 （-0.375）
$SIZE_t$	-0.093 （-0.749）	-0.115 （-0.933）	-0.033 （-0.260）	-0.091 （-0.725）	-0.133 （-1.062）	-0.055 （-0.429）	-0.102 （-0.831）	-0.130 （-1.065）	-0.106 （-0.850）
LEV_t	-0.066 （-0.356）	0.172 （1.012）	0.470** （2.145）	-0.061 （-0.328）	0.178 （1.047）	0.481** （2.177）	-0.067 （-0.355）	0.160 （0.950）	0.430** （2.017）
CFO_t	-0.020 （-0.339）	0.092 （1.024）	0.144 （0.962）	-0.021 （-0.347）	0.092 （1.024）	0.150 （0.977）	-0.021 （-0.354）	0.093 （1.023）	0.123 （0.840）
ORG_t	-0.464* （-1.936）	0.029 （0.672）	-0.569** （-2.347）	-0.471* （-1.960）	0.032 （0.759）	-0.606** （-2.411）	-0.466* （-1.927）	0.030 （0.704）	-0.526** （-2.229）
AGE_t	0.021 （0.828）	0.016 （0.647）	0.009 （0.337）	0.022 （0.850）	0.019 （0.740）	0.014 （0.546）	0.022 （0.846）	0.014 （0.562）	0.010 （0.387）
LI_t	-0.481 （-0.692）	2.042 （1.422）	-0.565 （-0.749）	-0.480 （-0.688）	2.222 （1.538）	-0.507 （-0.783）	-0.459 （-0.714）	2.118 （1.491）	-0.455 （-0.735）
CI_t	0.041 （0.354）	-0.041 （-0.340）	0.050 （0.421）	0.042 （0.359）	-0.038 （-0.317）	0.057 （0.482）	0.046 （0.400）	-0.042 （-0.351）	0.024 （0.206）

	UGFP$_{t+5}$	UGFP$_{t+10}$	UGFP$_{t+13}$	UGFP$_{t+5}$	UGFP$_{t+10}$	UGFP$_{t+13}$	UGFP$_{t+5}$	UGFP$_{t+10}$	UGFP$_{t+13}$
	(1)	(2)	(3)	(4)	(5)	(6)	(7)	(8)	(9)
IND	控制	控制	控制	控制	控制	控制	控制	控制	控制
_ cons	1.249	2.064	−1.780	1.172	2.220	−1.583	1.364	2.390	−0.208
	(0.459)	(0.713)	(−0.621)	(0.427)	(0.765)	(−0.553)	(0.503)	(0.823)	(−0.073)
N	516	516	516	516	516	516	516	516	516
Pseudo R^2	0.048	0.046	0.062	0.048	0.045	0.057	0.047	0.047	0.064

以获得其他类补贴的企业为样本，考察在企业所获其他类补贴金额与企业创新绩效升级关系中，外部融资的调节作用是否显著，检验结果如表 6-18 所示。从表 6-18 中可见，所有的外部融资相关变量与企业所获其他类补贴金额的交互项均不显著，说明外部融资在企业所获其他类补贴金额和企业创新绩效升级关系中的调节作用并不显著。

表 6-18 外部融资影响企业所获其他类补贴金额与创新绩效升级关系检验结果

	UGIP$_{t+5}$	UGIP$_{t+10}$	UGIP$_{t+13}$	UGIP$_{t+5}$	UGIP$_{t+10}$	UGIP$_{t+13}$	UGIP$_{t+5}$	UGIP$_{t+10}$	UGIP$_{t+13}$
	(1)	(2)	(3)	(4)	(5)	(6)	(7)	(8)	(9)
OTST$_{t-}$ EDT$_{t-1}$	277.612	139.909	42.743						
	(1.014)	(0.477)	(0.169)						
EDT$_{t-1}$	−0.783	0.047	0.241						
	(−0.750)	(0.050)	(0.247)						
OTST$_{t-}$ DT$_{t-1}$				149.100	246.383	−142.113			
				(0.351)	(0.566)	(−0.328)			
DT$_{t-1}$				0.685	0.587	0.763			
				(0.510)	(0.464)	(0.632)			
OTST$_{t-}$ ET$_{t-1}$							335.133	−4.538	91.548
							(1.054)	(−0.016)	(0.307)
ET$_{t-1}$							−2.847	−0.163	−0.398
							(−1.397)	(−0.108)	(−0.262)
OTST$_t$	−27.077	−0.795	56.127	51.838	2.885	105.642	43.385	45.925	55.833
	(−0.247)	(−0.007)	(0.454)	(0.496)	(0.026)	(0.958)	(0.596)	(0.665)	(0.672)
SIZE$_t$	−0.355	−0.221	0.541	−0.251	−0.179	0.553	−0.350	−0.248	0.518
	(−0.873)	(−0.572)	(1.506)	(−0.624)	(−0.459)	(1.551)	(−0.876)	(−0.655)	(1.456)

续表

	UGIP$_{t+5}$ (1)	UGIP$_{t+10}$ (2)	UGIP$_{t+13}$ (3)	UGIP$_{t+5}$ (4)	UGIP$_{t+10}$ (5)	UGIP$_{t+13}$ (6)	UGIP$_{t+5}$ (7)	UGIP$_{t+10}$ (8)	UGIP$_{t+13}$ (9)
LEV$_t$	1.542 (0.886)	-0.784 (-0.393)	-0.447 (-0.330)	0.812 (0.460)	-1.030 (-0.494)	-0.702 (-0.523)	0.824 (0.533)	-0.563 (-0.297)	-0.435 (-0.331)
CFO$_t$	-1.629 (-0.837)	-1.466 (-0.792)	-1.150 (-0.684)	-1.950 (-0.967)	-1.687 (-0.883)	-1.188 (-0.707)	-1.670 (-0.849)	-1.472 (-0.801)	-1.130 (-0.672)
ORG$_t$	0.114 (0.130)	1.272 (1.386)	0.970 (0.971)	0.131 (0.147)	1.318 (1.418)	0.933 (0.944)	0.002 (0.003)	1.235 (1.347)	0.995 (0.982)
AGE$_t$	-0.041 (-0.479)	0.031 (0.414)	-0.004 (-0.052)	-0.043 (-0.512)	0.031 (0.413)	-0.003 (-0.044)	-0.030 (-0.351)	0.030 (0.397)	-0.005 (-0.063)
LI$_t$	-6.501 (-1.162)	-7.752 (-1.354)	-2.174 (-0.459)	-5.236 (-0.926)	-6.894 (-1.225)	-2.201 (-0.468)	-6.413 (-1.174)	-7.360 (-1.320)	-2.280 (-0.483)
CI$_t$	-0.288 (-0.701)	0.093 (0.249)	-0.509 (-1.389)	-0.187 (-0.467)	0.130 (0.353)	-0.512 (-1.423)	-0.353 (-0.864)	0.060 (0.167)	-0.552 (-1.543)
IND	控制	控制	控制	控制	控制	控制	控制	控制	控制
_cons	10.838 (1.153)	2.670 (0.313)	-4.010 (-0.495)	6.766 (0.733)	1.029 (0.121)	-4.283 (-0.541)	11.699 (1.313)	3.655 (0.461)	-2.732 (-0.354)
N	99	99	99	99	99	99	99	99	99
Pseudo R^2	0.153	0.155	0.126	0.148	0.159	0.128	0.163	0.153	0.125

以获得其他类补贴的企业为样本,考察在企业所获其他类补贴金额与企业财务绩效升级关系中,外部融资的调节作用是否显著,检验结果如表 6-19 所示。从表 6-19 中可见,在第(1)列和第(2)列中,外部融资变量与其他类补贴金额变量的交互项显著为正,说明在获得其他类补贴的企业中,外部融资金额较高的企业所获其他类补贴金额越多,其在 5 年和 10 年后实现财务绩效升级的概率越高。在第(8)列中,权益融资变量与其他类补贴金额变量的交互项显著为正,说明在获得其他类补贴的企业中,权益融资金额较高的企业所获其他类补贴金额越多,其在 5 年后实现财务绩效升级的概率越高。

表 6-19　外部融资影响企业所获其他类补贴金额与财务绩效升级关系检验结果

	UGFP$_{t+5}$ (1)	UGFP$_{t+10}$ (2)	UGFP$_{t+13}$ (3)	UGFP$_{t+5}$ (4)	UGFP$_{t+10}$ (5)	UGFP$_{t+13}$ (6)	UGFP$_{t+5}$ (7)	UGFP$_{t+10}$ (8)	UGFP$_{t+13}$ (9)
OTST$_{t-}$ EDT$_{t-1}$	1346.815* (1.724)	950.000* (1.760)	-43.144 (-0.066)						

续表

	UGFP$_{t+5}$ （1）	UGFP$_{t+10}$ （2）	UGFP$_{t+13}$ （3）	UGFP$_{t+5}$ （4）	UGFP$_{t+10}$ （5）	UGFP$_{t+13}$ （6）	UGFP$_{t+5}$ （7）	UGFP$_{t+10}$ （8）	UGFP$_{t+13}$ （9）
EDT$_{t-1}$	−1.946 （−1.320）	−0.934 （−0.715）	0.433 （0.370）						
OTST$_{t-}$ DT$_{t-1}$				485.029 （0.861）	560.265 （1.115）	793.776 （1.246）			
DT$_{t-1}$				−0.861 （−0.584）	−0.505 （−0.332）	1.337 （0.924）			
OTST$_{t-}$ ET$_{t-1}$							−1083.555 （−0.419）	6709.330* （1.784）	−7797.218 （−1.486）
ET$_{t-1}$							0.598 （0.234）	−6.202 （−1.410）	1.921 （0.698）
OTST$_{t}$	−359.867 （−1.592）	−47.812 （−0.309）	49.200 （0.259）	−73.976 （−0.666）	85.606 （0.736）	−57.402 （−0.459）	12.264 （0.179）	142.514* （1.661）	94.089 （1.174）
SIZE$_{t}$	−0.428 （−0.912）	0.025 （0.054）	0.804* （1.660）	−0.354 （−0.756）	0.143 （0.311）	0.930* （1.890）	−0.421 （−0.893）	0.281 （0.601）	0.776 （1.562）
LEV$_{t}$	1.333 （0.822）	2.855* （1.706）	0.644 （0.415）	0.806 （0.535）	2.089 （1.356）	0.736 （0.455）	0.309 （0.229）	2.010 （1.409）	0.576 （0.376）
CFO$_{t}$	−4.869* （−1.753）	−3.972 （−1.625）	−1.798 （−0.731）	−5.008* （−1.854）	−4.620* （−1.865）	−2.142 （−0.833）	−5.058* （−1.898）	−4.778* （−1.874）	−2.431 （−0.935）
ORG$_{t}$	−0.532 （−0.543）	1.032 （1.098）	−0.001 （−0.001）	−0.499 （−0.504）	0.972 （1.036）	−0.128 （−0.135）	−0.504 （−0.505）	1.098 （1.123）	−0.248 （−0.269）
AGE$_{t}$	−0.226** （−2.006）	−0.216** （−2.009）	−0.115 （−1.305）	−0.220** （−2.035）	−0.219** （−2.085）	−0.140 （−1.521）	−0.208* （−1.943）	−0.270** （−2.301）	−0.127 （−1.389）
LI$_{t}$	−3.468 （−0.505）	6.535 （1.171）	−0.619 （−0.099）	−3.056 （−0.475）	5.569 （1.010）	1.039 （0.162）	−4.379 （−0.691）	5.183 （0.945）	−0.755 （−0.120）
CI$_{t}$	0.725 （1.248）	0.441 （0.931）	−0.358 （−0.741）	0.742 （1.362）	0.360 （0.801）	−0.393 （−0.786）	0.737 （1.286）	0.390 （0.821）	−0.629 （−1.205）
IND	控制	控制	控制	控制	控制	控制	控制	控制	控制
_cons	0.788 （0.071）	−8.866 （−0.856）	−27.460 （−0.025）	−1.174 （−0.109）	−10.348 （−0.999）	−30.097 （−0.024）	0.366 （0.033）	−13.693 （−1.239）	−23.370 （−0.015）
N	99	99	99	99	99	99	99	99	99
Pseudo R^2	0.205	0.228	0.123	0.173	0.209	0.160	0.168	26.31	18.93

　　综上所述，在获得其他类补贴的企业中，外部融资金额较高（尤其是权益融资金额）企业所获其他补贴金额越多，实现财务绩效升级的概率越高。即外部融

资（尤其是权益融资）在企业所获其他类补贴金额与企业财务绩效升级关系中具有正向调节作用，与本章假设二相符。

四、稳健性检验

为检验上述结果的稳健性，将外部融资数据以虚拟变量进行替代，以 EDTD 作为外部融资变量，当企业的外部融资金额大于当年全部样本的外部融资均值时，该变量取值为 1，否则，取值为 0；以 DTD 作为债权融资变量，当企业的债权融资金额大于当年全部样本的债权融资均值时，该变量取值为 1，否则，取值为 0；以 ETD 作为权益融资变量，当企业的权益融资金额大于当年全部样本的权益融资均值时，该变量取值为 1，否则，取值为 0。

根据第五章的检验结果，企业是否获得研发类补贴对企业的创新绩效升级具有正向的促进作用，企业所获其他类补贴的金额对于企业的财务绩效升级具有正向的促进作用。由于篇幅有限，稳健性检验仅列示外部融资对于是否获得研发类补贴与企业创新绩效升级关系调节作用的检验结果，以及外部融资对于企业所获其他类补贴金额与企业财务绩效升级关系调节作用的检验结果。

外部融资在企业是否获得研发类补贴和企业创新绩效升级关系中的调节作用的稳健性检验结果如表 6-20 所示。从表 6-20 中可见，第（1）列和第（2）列的交互项系数显著为负，说明对于外部融资金额较高的企业，获得研发类补贴后 5 年和 10 年实现创新绩效升级的概率反而更低。第（7）列、第（8）列和第（9）列的交互项系数显著为负，说明权益融资金额较高的企业所获研发类补贴在 5 年、10 年和 13 年后实现创新绩效升级的概率反而更低。综上所述，外部融资（尤其是权益融资）在企业是否获得研发类补贴与企业创新绩效升级关系中具有负向调节作用，与前文检验结果一致。

表 6-20　外部融资影响企业是否获得研发类补贴与创新绩效升级关系检验结果

	$UGIP_{t+5}$ (1)	$UGIP_{t+10}$ (2)	$UGIP_{t+13}$ (3)	$UGIP_{t+5}$ (4)	$UGIP_{t+10}$ (5)	$UGIP_{t+13}$ (6)	$UGIP_{t+5}$ (7)	$UGIP_{t+10}$ (8)	$UGIP_{t+13}$ (9)
$RDSD_{t-}$ $EDTD_{t-1}$	-1.482** (-2.453)	-1.218** (-2.227)	-0.746 (-1.405)						
$EDTD_{t-1}$	0.217 (0.693)	0.259 (0.908)	0.291 (1.241)						

续表

	UGIP$_{t+5}$ （1）	UGIP$_{t+10}$ （2）	UGIP$_{t+13}$ （3）	UGIP$_{t+5}$ （4）	UGIP$_{t+10}$ （5）	UGIP$_{t+13}$ （6）	UGIP$_{t+5}$ （7）	UGIP$_{t+10}$ （8）	UGIP$_{t+13}$ （9）
RDSD$_{t-}$ DTD$_{t-1}$				-0.817 （-1.360）	-0.412 （-0.770）	-0.166 （-0.318）			
DTD$_{t-1}$				0.062 （0.200）	0.122 （0.439）	0.194 （0.846）			
RDSD$_{t-}$ ETD$_{t-1}$							-1.792^{**} （-2.356）	-1.628^{**} （-2.431）	-1.060^{*} （-1.649）
ETD$_{t-1}$							0.792^{**} （2.054）	0.975^{***} （2.633）	0.532 （1.561）
RDSD$_t$	0.930^{**} （2.131）	1.265^{***} （3.177）	0.428 （1.071）	0.543 （1.266）	0.830^{**} （2.184）	0.120 （0.318）	0.448 （1.323）	0.917^{***} （2.996）	0.243 （0.799）
SIZE$_t$	0.255 （1.521）	-0.067 （-0.481）	0.506^{***} （4.237）	0.242 （1.440）	-0.091 （-0.648）	0.493^{***} （4.110）	0.209 （1.257）	-0.091 （-0.653）	0.504^{***} （4.261）
LEV$_t$	-0.796 （-1.350）	0.018 （0.081）	-0.080 （-0.471）	-0.764 （-1.316）	0.004 （0.016）	-0.085 （-0.500）	-0.801 （-1.335）	0.026 （0.119）	-0.071 （-0.424）
CFO$_t$	0.053 （0.204）	0.046 （0.479）	0.038 （0.606）	0.070 （0.259）	0.052 （0.534）	0.039 （0.620）	0.073 （0.269）	0.052 （0.541）	0.042 （0.663）
ORG$_t$	-0.081 （-0.468）	-0.165 （-0.897）	0.126^{*} （1.814）	-0.080 （-0.476）	-0.159 （-0.901）	0.124^{*} （1.774）	-0.089 （-0.483）	-0.172 （-0.894）	0.125^{*} （1.789）
AGE$_t$	-0.053 （-1.547）	-0.055^{*} （-1.895）	-0.037 （-1.528）	-0.055 （-1.615）	-0.056^{*} （-1.951）	-0.039 （-1.609）	-0.051 （-1.522）	-0.053^{*} （-1.845）	-0.038 （-1.536）
LI$_t$	-0.764 （-0.325）	-0.490 （-0.424）	-0.005 （-0.015）	-0.554 （-0.240）	-0.453 （-0.468）	-0.023 （-0.064）	-0.337 （-0.146）	-0.431 （-0.461）	-0.027 （-0.074）
CI$_t$	-0.489^{***} （-2.618）	-0.022 （-0.153）	-0.275^{**} （-2.468）	-0.450^{**} （-2.455）	0.003 （0.022）	-0.267^{**} （-2.414）	-0.453^{**} （-2.441）	0.017 （0.121）	-0.255^{**} （-2.301）
IND	控制	控制	控制	控制	控制	控制	控制	控制	控制
_cons	-13.923 （-0.028）	-0.127 （-0.041）	-6.623^{***} （-2.677）	-14.902 （-0.020）	0.085 （0.028）	-6.422^{***} （-2.577）	-14.213 （-0.019）	-0.116 （-0.037）	-6.775^{***} （-2.741）
N	516	516	516	516	516	516	516	516	516
Pseudo R^2	0.192	0.136	0.105	0.184	0.128	0.103	0.193	0.142	0.106

以获得其他类补贴的企业为样本，外部融资在企业所获其他类补贴金额与企业财务绩效升级关系中的调节作用检验结果如表6-21所示。从表6-21中可见，在第（2）列中，外部融资变量与其他类补贴金额变量的交互项系数显著为正，

说明在获得其他类补贴的企业中，外部融资金额较高的企业所获其他类补贴金额越多，其在 10 年后实现财务绩效升级的概率越高。在第（4）列中，债权融资变量与其他类补贴金额变量的交互项系数显著为正，说明在获得其他类补贴的企业中，债权融资金额较高的企业所获其他类补贴金额越多，其在 5 年后实现财务绩效升级的概率越高。在第（8）列中，权益融资变量与其他类补贴金额变量的交互项系数显著为正，说明在获得其他类补贴的企业中，权益融资金额较高的企业所获其他类补贴金额越多，其在 10 年后实现财务绩效升级的概率越高。综上所述，外部融资在企业所获其他类补贴金额与企业财务绩效升级关系中具有正向调节作用，与前文检验结果一致。

表 6-21　外部融资影响企业获得其他类补贴金额与财务绩效升级关系检验结果

	$UGFP_{t+5}$ (1)	$UGFP_{t+10}$ (2)	$UGFP_{t+13}$ (3)	$UGFP_{t+5}$ (4)	$UGFP_{t+10}$ (5)	$UGFP_{t+13}$ (6)	$UGFP_{t+5}$ (7)	$UGFP_{t+10}$ (8)	$UGFP_{t+13}$ (9)
$OTST_{t-}$ $EDTD_{t-1}$	167.639 (1.004)	919.237 * (1.783)	−249.746 (−1.339)						
$EDTD_{t-1}$	−0.676 (−0.956)	0.376 (0.445)	1.233 * (1.785)						
$OTST_{t-}$ DTD_{t-1}				380.220 * (1.797)	123.171 (0.648)	9.444 (0.029)			
DTD_{t-1}				−0.695 (−1.035)	0.249 (0.375)	0.633 (1.001)			
$OTST_{t-}$ ETD_{t-1}							232.401 (0.995)	2762.991 * (1.692)	−2684.996 (−1.500)
ETD_{t-1}							−0.427 (−0.476)	−1.958 (−1.391)	0.558 (0.581)
$OTST_t$	−36.212 (−0.499)	113.237 (1.409)	77.041 (1.268)	−31.373 (−0.476)	120.287 (1.571)	37.160 (0.614)	−32.512 (−0.411)	91.270 (1.242)	60.743 (0.995)
$SIZE_t$	−0.507 (−1.080)	−0.254 (−0.557)	0.296 (0.700)	−0.526 (−1.099)	−0.223 (−0.535)	0.288 (0.700)	−0.572 (−1.170)	−0.188 (−0.441)	0.496 (1.112)
LEV_t	1.082 (0.722)	0.375 (0.252)	−0.460 (−0.347)	1.238 (0.806)	0.561 (0.386)	−0.013 (−0.009)	0.442 (0.287)	0.903 (0.619)	−0.075 (−0.058)
CFO_t	−3.406 (−1.484)	−3.679 (−1.583)	−2.128 (−0.991)	−4.245 * (−1.753)	−3.586 (−1.607)	−1.577 (−0.761)	−4.208 (−1.633)	−2.682 (−1.269)	−1.357 (−0.622)
ORG_t	−0.702 (−0.703)	0.839 (0.893)	−0.190 (−0.215)	−0.721 (−0.718)	0.869 (0.989)	−0.332 (−0.382)	−0.353 (−0.365)	1.050 (1.126)	−0.405 (−0.465)

续表

	UGFP$_{t+5}$ （1）	UGFP$_{t+10}$ （2）	UGFP$_{t+13}$ （3）	UGFP$_{t+5}$ （4）	UGFP$_{t+10}$ （5）	UGFP$_{t+13}$ （6）	UGFP$_{t+5}$ （7）	UGFP$_{t+10}$ （8）	UGFP$_{t+13}$ （9）
AGE$_t$	−0.167* （−1.714）	−0.182* （−1.850）	−0.084 （−1.042）	−0.172* （−1.717）	−0.167* （−1.822）	−0.080 （−1.000）	−0.178* （−1.649）	−0.171* （−1.751）	−0.099 （−1.172）
LI$_t$	−4.737 （−0.728）	4.569 （0.758）	−2.496 （−0.424）	−4.009 （−0.624）	3.316 （0.590）	−3.390 （−0.565）	−5.312 （−0.731）	2.087 （0.375）	−4.603 （−0.778）
CI$_t$	0.516 （1.101）	0.483 （1.019）	−0.293 （−0.618）	0.585 （1.254）	0.264 （0.611）	−0.386 （−0.859）	0.785 （1.407）	0.309 （0.685）	−0.747 （−1.427）
IND	控制	控制	控制	控制	控制	控制	控制	控制	控制
_cons	2.839 （0.279）	−2.926 （−0.314）	−3.644 （−0.393）	2.023 （0.196）	−0.148 （−0.017）	−1.967 （−0.218）	−15.184 （−0.006）	−0.446 （−0.051）	−0.487 （−0.049）
N	99	99	99	99	99	99	99	99	99
Pseudo R^2	0.195	0.247	0.131	0.214	0.179	0.134	0.248	0.199	0.133

第六节　本章小结

本章主要研究异质性创新补贴、外部融资和企业升级三者之间的关系，并发现企业的外部融资作为企业已有的一项重要资源，对于异质性创新补贴与企业升级关系具有一定影响，即外部融资在三者关系中具有调节作用。具体而言，主要研究结果如下：

（1）对于创新补贴总体而言，外部融资（主要是权益融资）对于企业获得创新补贴与企业创新绩效升级关系具有负向影响，即相比权益融资较多的企业，权益融资较少的企业获得创新补贴更有助于实现企业创新绩效升级。同时，外部融资（主要是权益融资）对于企业所获创新补贴金额与企业财务绩效升级关系具有正向影响，即在获得创新补贴的企业中，相比权益融资较少的企业，权益融资较多企业获得较多金额的创新补贴，更有助于企业实现财务绩效升级。

（2）对于研发类补贴，外部融资（主要是权益融资）对于企业获得研发类补贴与企业创新绩效升级关系具有负向影响，即相比权益融资较多的企业，权益融资较少企业获得研发类补贴更有助于实现企业创新绩效升级。同时，外部融资

（主要是债权融资）对于企业所获研发类补贴金额与企业财务绩效升级关系具有正向影响，即在获得研发类补贴的企业中，相比债权融资较少的企业，债权融资较多企业获得较多金额的研发类补贴，更有助于企业实现财务绩效升级。

（3）对于改进类补贴而言，外部融资（主要是权益融资）对于企业所获改进类补贴金额与企业财务绩效升级关系具有正向影响，即在获得改进类补贴的企业中，相比权益融资较少的企业，权益融资较多企业获得较多金额的改进类补贴，更有助于企业实现财务绩效升级。

（4）对于其他类补贴而言，外部融资（主要是权益融资）对于企业所获其他类补贴金额与企业财务绩效升级关系具有正向影响，即在获得其他类补贴的企业中，相比权益融资较少的企业，权益融资较多企业获得较多金额的其他类补贴，更有助于企业实现财务绩效升级。

根据本章的假设二，外部融资对企业所获其他类补贴金额与企业财务绩效升级关系具有正向调节作用。但是，实证研究显示，外部融资对所有类型的补贴金额与企业财务绩效升级关系均具有正向调节作用。这一结果，一方面证实了本章的假设二，另一方面，比假设二涉及的补贴类型更多。出现这一现象的原因在于，在本书第五章证实了这一结论：在获得其他类补贴的企业中，若企业所获其他类补贴的金额越高，其实现财务绩效升级的可能性越大。同时，根据第五章的检验结果，研发类补贴和改进类补贴的积累效应均不显著，其金额对企业创新绩效升级和财务绩效升级概率均没有显著影响。因此，本章在考察外部融资的调节作用时，重点放在了外部融资对其他类补贴金额与财务绩效升级关系的调节作用上，即提出了假设二。根据本章的结论，研发类补贴金额和改进类补贴金额对于企业财务绩效升级影响的主效应是不显著的，但是，外部融资对这一主效应的影响是正向且显著的，说明相比外部融资较少的企业，在外部融资较多的企业中，研发类补贴金额和改进类补贴金额与企业财务绩效升级的正相关关系更为紧密，但是，这一关系是否能够紧密到研发类补贴金额和改进类补贴金额对企业财务绩效升级有显著的正向促进作用，还不能肯定，需要进一步研究。

第七章　研究结论及建议

本章首先对本书的研究结果进行系统的归纳和总结，其次针对研究结论提出了具体的政策建议。

第一节　研究结论

本书主要研究异质性创新补贴对外部融资的影响、异质性创新补贴对企业升级的影响，并将异质性创新补贴、外部融资和企业升级纳入同一个研究框架中，考察三者之间的关系。本书的研究对于深化创新补贴的信号作用理论、完善创新补贴的分类研究、丰富企业升级机制研究均具有重要意义。本书主要研究结论如下：

（1）总体而言，创新补贴通过证实作用和保障作用降低创新项目或企业的风险，进而有助于企业获得更多的外部融资。创新补贴在甄选效应和积累效应的共同作用下推动企业实现升级。企业已有的外部融资对于创新补贴与企业升级之间的关系具有调节作用。

（2）对于研发类补贴，一方面，研发类补贴对于外部融资没有提高作用，甚至不利于企业获得外部融资。获得研发类补贴、获得较多金额研发类补贴均不利于企业获得外部融资，特别是债权融资。另一方面，研发类补贴有助于推动企业升级。获得研发类补贴的企业更有可能实现创新绩效升级，且获得研发类补贴的企业主要通过提高创新投入实现创新绩效升级。此外，对于已有较多的外部融资的企业，获得研发类补贴对企业创新绩效升级正面影响较弱，获得较多金额的研发类补贴助力企业实现财务绩效升级的作用则更强。

（3）对于改进类补贴，一方面，改进类补贴对于外部融资具有提高作用。与未获改进类补贴的企业相比，获得改进类补贴的企业具有更多的外部融资，特别是债权融资。在获得改进类补贴的企业中，企业所获改进类补贴的金额较多，企业能够获得的权益融资越多。另一方面，改进类补贴对于企业升级没有影响。即是否获得改进类补贴、获得多少改进类补贴均不会提高企业实现升级的概率。最后，在外部融资（特别是权益融资）资源较为丰富的企业，改进类补贴金额与企业升级的正相关关系较为紧密。

（4）对于其他类补贴，一方面，获得其他类补贴有助于提高企业的外部融资，但是，获得其他类补贴的金额越多却越不利于企业获得更多的外部融资。也就是说，与未获其他类补贴的企业相比，获得其他类补贴的企业能够获得更多的外部融资，特别是债权融资。在获得其他类补贴的企业中，获得其他类补贴金额越多的企业所能够获得外部融资（特别是债权融资）的机会反而越少。另一方面，在获得其他类补贴的企业中，企业所获其他类补贴的金额越多，企业实现财务绩效升级的可能性越大。此外，在外部融资（特别是权益融资）资源较为丰富的企业，获得的其他类补贴金额越多，企业实现财务绩效升级的可能性越大。

第二节　建议

创新补贴的异质性使其对企业外部融资和企业升级的影响有所差异，有效规划并合理利用异质性创新补贴资源，对于节约财政资源、优化政府补贴配置具有重要意义。结合本书的研究结论，提出以下五点政策建议供参考：

（1）适当增加研发类补贴的资助项目，适当减少单项研发类补贴的资助金额。根据本书的研究结论，研发类补贴所资助项目或企业的风险较大，研发类补贴无法为项目或企业吸引外部融资，然而，获得研发类补贴的企业却更有可能实现企业的创新绩效升级，可见，研发类补贴对企业发展具有重要作用，政府对企业研发项目的资助是必要的，且有成效的。另外，对于已获得研发类补贴的企业，企业所获研发类补贴的金额与企业实现升级的概率没有关系，即较多金额的研发类补贴并不能提高企业实现升级的概率。因此，对于单项研发类补贴，可适当减少这一补贴的资助金额，从而有利于节约财政资金，也不会对企业升级产生不利影响。

（2）适当缩减改进类补贴的资助金额。根据本书的研究结论，改进类补贴有助于企业获得更多的外部融资，但是，却无法提升企业实现升级的概率，因此，缩减改进类补贴的资助金额对企业发展没有影响，却能够运用较少的补贴资金带动较多的社会资金进入企业，缓解企业尤其是民营企业的融资难问题。另外，根据本书收集的相关数据可知，民营企业所获改进类补贴的项目数量较少，而单笔改进类补贴的金额却较大，所以，适当缩减单项改进类补贴的金额具有实施空间，且更有助于实现政府补贴与社会资金联动不断促进企业发展的良性循环。

（3）鼓励企业充分披露创新补贴内容，适当减少其他类补贴项目，适当增加单项其他类补贴的资助金额。根据本书的结论，其他类补贴能够帮助企业获得更多的外部融资，但是，只有较多数量的其他类补贴才有助于企业实现财务绩效升级，且在外部融资资源较为丰富的企业，较多金额的其他类补贴金额对企业财务绩效升级的推动作用更大。考虑到其他类补贴包括许多披露模糊的创新补贴以及名目繁多的各种创新补贴，因此，一方面，应该鼓励企业充分披露补贴内容、明确补贴类别，更有助于外部投资者了解项目风险。另一方面，减少名目繁多的创新补贴项目，加大对单项补贴的资助力度，更有利于企业发展。

（4）适当增加设立针对"融资难"企业的研发类补贴资助项目。根据本书的结论，对于外部融资较为匮乏的企业，获得研发类补贴企业实现创新绩效升级的可能性更大。对于"融资难"企业，融资现状已经较难改变，此时，应更关注创新补贴对于企业发展的影响，企业发展得好，实现了企业升级，才能反过来根本改善企业的融资难问题。因此，政府可考虑针对"融资难"企业，专门设立补贴项目，资助这类企业开展研发活动，或者在现有的研发类补贴项目中，适当对"融资难"企业有所倾斜。

（5）完善创新补贴项目的评审机制。根据本书的研究，创新补贴的证实作用能够帮助企业获得更多的外部融资，创新补贴的甄选效应使企业实现升级的概率更大，而证实作用和甄选效应都是以创新补贴项目在评审过程和结果上的公平性、公开性、公正性为基础的，创新补贴项目的评审机制越公平、公开、公正，创新补贴对企业资源的获取以及企业的发展越有利。因此，政府应持续高度重视和完善创新补贴项目的评审机制，例如，应进一步完善评审程序以及相关政策法规体系，积极培育高质量的中介机构参与评审过程，利用先进的技术充分披露评审过程和结果等。

参考文献

［1］ Aerlof G A. The Market for "Lemons": Quality Uncertainty and the Market Mechanism ［J］. The Quarterly Journal of Economics, 1970, 84 (3): 488-500.

［2］ Amihud Y. Illiquidity and Stock Returns: Cross-section and Time-Series Effects ［J］. Journal of Financial Markets, 2002, 5 (1): 31-56.

［3］ Arrow K. Economic Welfare and the Allocation of Resource for Invention ［M］// The Rate and Direction of Invention Activity: Economic and Social Factors. Nelson: Princeton University Press, 1962: 609-625.

［4］ Baker T., Nelson R E. Creating Something from Nothing: Resource Construction through Entrepreneurial Bricolage ［J］. Administrative Science Quarterly, 2005, 50 (3): 329-366.

［5］ Barney J B. Firm Resources and Sustained Competitive Advantage ［J］. Journal of Management, 1991, 17 (1): 99-120.

［6］ Barney J B. Gaining and Sustaining Competitive Advantage ［M］. New York: Pearson Education, Inc., 2002.

［7］ Baron R M., Kenny D A. The Moderator-mediator Variable Distinction in Social Psychological Research: Conceptual, Strategic, and Statistical Considerations ［J］. Journal of Personality and Social Psychology, 1986, 51 (6): 1173-1182.

［8］ Bator F M. The Anatomy of Market Failure ［J］. The Quarterly Journal of Economics, 1958, 72 (3): 351-379.

［9］ Binelli C., Maffioli A. A Micro-econometric Analysis of Public Support to Private R&D in Argentina ［J］. International Review of Applied Economics, 2007, 21 (3): 339-359.

[10] Boeing P. , Eberle J. , Howell A. The Impact of China's R&D Subsidies on R&D Investment, Technological Upgrading and Economic Growth [J]. Technological Forecasting and Social Change, 2022 (174): 1-10.

[11] Branstetter L. , Sakakibara M. Japanese Research Consortia: A Microeconometric Analysis of Industrial Policy [J]. Journal of Industrial Economics, 1998, 46 (2): 207-233.

[12] Brautzsch H U. , Gunther J. , Loose B. , et al. Can R&D Subsidies Counteract the Economic Crisis? [J]. Research Policy, 2015, 44: 623-633.

[13] Carmichael J. The Effects of Mission-Oriented Public R&D Spending on Private Industry [J]. Journal of Finance, 1981, 36 (3): 617-627.

[14] Cert R M. , March J G. A Behavioral Theory of the Firm Englewood Cliffs [M]. NJ: Prentice Hall, 1963.

[15] Chen J. , Heng C S. , Tan B C Y. , Lin Z. The Distinct Signaling Effects of R&D Subsidy and Non-R&D Subsidy on IPO Performance of IT Entrepreneurial Firms in China [J]. Research Policy, 2018 (47): 108-120.

[16] Clausen T. , Pohjola M. , Sapprasert K. Innovation Strategies as a Source of Persistent Innovation [J]. Working Papers on Innovation Studies, 2012, 21 (3): 553-585.

[17] Colombo M G. , Grilli L. , Murtinu S. R&D Subsidies and the Performance of High-tech Start-ups [J]. Economics Letters, 2011, 112: 97-99.

[18] Dimos C. , Pugh G. The Effectiveness of R&D Subsidies: A Meta-Regression Analysis of the Evaluation Literature [J]. Research Policy, 2016, 45 (4): 797-815.

[19] Eisenhardt K M. , Martin J A. Dynamic Capabilities: What are They? [J]. Strategic Management Journal, 2000, 21 (10-11): 1105-1121.

[20] Falk M. Quantile Estimates of the Impact of R&D Intensity on Firm Performance [J]. Small Business Economics, 2012, 39 (1): 19-37.

[21] Feldman M. , Kelley M. The Ex Ante Assessment of Knowledge Spillovers: Government R&D Policy, Economic Incentives and Private Firm Behavior [J]. Research Policy, 2006, 35: 1509-1521.

[22] Foss N J. Knowledge-Based Approach to the Theory of the Firm: Some Crit-

ical Comments [J] . Organization Science, 1996 (7): 470-476.

[23] Gage D. The Venture Capital Secret: 3 Out of 4 Start-Ups Fail [J] . Wall Street Journal, 2012, 9 (19): 20-23.

[24] Gereffi G. International Trade and Industrial Upgrading in the Apparel Commodity Chain [J] . Journal of International Economics, 1999 (48): 134-145.

[25] Gereffi G. , et al. The Governance of Global Value Chains [J] . Review of International Political Economy, 2005, 12 (1): 78-104.

[26] Girma S. , Gorg H. , Strobl E. The Effect of Government Grants on Plant Level Productivity [J] . Economics Letters, 2007 (94): 439-444.

[27] Giuliani E. , Pietrobell C. , Rabellotti R. Upgrading in Global Value Chains: Lessons from Latin American clusters [J] . World Development, 2005, 33 (4): 549-573.

[28] Gonzalez X. , Pazo C. Do Public Subsidies Stimulate Private R&D Spending? [J]. Research Policy, 2008, 37 (3): 371-389.

[29] Gorg H. , Strobl E. The Effect of R&D Subsidies on Private R&D [J] . Economics, 2007, 74 (294): 215-234.

[30] Grabher G. , Ibert O. Bad Company? The Ambiguity of Personal Knowledge Networks [J] . Journal of Economic Geography, 2006, 6 (3): 251-271.

[31] Grant R M. Toward a Knowledge-Based Theory of the Firm [J] . Strategic Management Journal, 1996, 17 (10): 109-122.

[32] Hansen P A. , Serin G. Will Low Technology Products Disappear? The Hidden Innovation Processes in Low Technology Industries [J] . Technological Forecasting and Social Change, 1997, 55 (2): 179-191.

[33] Hanusch H, Pyka A. Elgar Companion to Neo-Schumpeterian Economics [M] . Cheltenham: Edward Elgar, 2007.

[34] He J. , Tian X. The Dark Side of Analyst Coverage: The Case of Innovation [J] . Journal of Financial Economics, 2013, 109 (3): 856-878.

[35] Higgins R S. , Link A N. Federal Support of Technological Growth in Industry: Some Evidence of Crowding Out [J] . IEEE Transactions on Engineering Management, 1981, 28 (4): 86-88.

[36] Hirshleifer D. , Lim S. , Teoh S H. Driven to Distraction: Extraneous

Events and Underreaction to Earnings News [J]. Journal of Finance, 2009, 64 (5): 2287-2323.

[37] Hu G A. Ownership, Government R&D, Private R&D, and Productivity in Chinese Industry [J]. Journal of Comparative Economics, 2001, 29: 136-157.

[38] Humphrey J., Schmitz H. Governance and Upgrading: Linking Industrial Cluster and Global Value Chain Research [R]. IDS Working Paper, Brighton: IDS, 2000.

[39] Hussinger K. R&D and Subsidies at the Firm Level: An Application of Parametric and Semiparametric Two-Step Selection Models [J]. Journal of Applied Econometrics, 2008, 23 (6): 729-747.

[40] Jorge J D., Suarez C. Influence of R&D Subsidies on Efficiency: The Case of Spanish Manufacturing Firms [J]. Cuadenos de Economia y Direccion de la Empresa, 2011, 14: 185-193.

[41] Kang K N., Park H. Influence of Government R&D Support and inter-Firm Collaborations on Innovation in Korean Biotechnology SMEs [J]. Technovation, 2012, 32: 68-78.

[42] Kaplinsky R., Morris M., Readman J. The Globalization of Product Markets and Immiserizing Growth: Lessons from the South African Furniture Industry [J]. World Development, 2002, 30 (7): 1159-1177.

[43] Kleer R. Government R&D Subsidies as a Signal for Private Investors [J]. Research Policy, 2010, 39 (10): 1361-1374.

[44] Klette T., Moen J. From Growth Theory to Technology Policy-coordination Problems in Theory and Practice [J]. Nordic Journal of Political Economy, 1999, 25: 53-74.

[45] Peteraf M A. The Cornerstones of Competitive Advantage: A Resource-Based View [J]. Strategic Management Journal, 1993, 14 (3): 179-191.

[46] Lach S. Do R&D Subsidies Stimulate or Displace Private R&D? Evidence from Israel [J]. The Journal of Industrial Economics, 2002, 4: 369-390.

[47] Lee E Y., Cin B C. The Effect of Risk-sharing Government Subsidy on Corporate R&D Investment: Empirical Evidence from Korea [J]. Technological Forecasting and Social Change, 2010, 77 (6): 881-890.

［48］ Lerner J. The Government as Venture Capitalist: The Long-run Impact of the SBIR Program ［J］. Journal of Business, 1999, 72 (3): 285-318.

［49］ Lichtenberg F R. The Effect of Government Funding on Private Industrial Research and Development: A Reassessment ［J］. The Journal of Industrial Economics, 1987, 36: 97-104.

［50］ Mansfield E., Switzer L. Effects of Federal Support on Company-Financed R&D: The Case of Energy ［J］. Management Science, 1984, 30 (5): 562-571.

［51］ Maritan C A., Peteraf M A. Building a Bridge between Resource Acquisition and Resource Accumulation ［J］. Journal of Management, 2010, 37 (5): 1374-1389.

［52］ Meuleman M., Maeseneire W D. Do R&D Subsidies Affect SME's Access to External Financing? ［J］. Research Policy, 2012, 41: 582-591.

［53］ Narayanan V., Pinches G., Kelm K., et al. The Influence of Voluntary Disclosed Qualitative Information ［J］. Strategic Management Journal, 2000, 21 (7): 707-722.

［54］ Peng H., Liu Y. How Government Subsidies Promote the Growth of Entrepreneurial Companies in Clean Energy Industry: An Empirical Study in China ［J］. Journal of Cleaner Production, 2018, 188: 508-520.

［55］ Pietrobelli C., Rabellotti R. Upgrading to Compete: Global Value Chains, Clusters, and SMEs in Latin America ［J］. Revista de Administrao Contempornea, 2009, 13 (3): 522-523.

［56］ Pietrobelli C., Rabellotti R. Upgrading in Clusters and Value Chains in Latin America: The Role of Policies ［R］. Washington: IDB publications, 2004.

［57］ Prahalad C K., Hamel G. The Core Competence of the Organization ［J］. Harvard Business Review, 1990 (4-6): 79-90.

［58］ Reeg C. Micro, Small and Medium Enterprise Upgrading in Low-and Middle-income Countries: A Literature Review ［J］. DIE-Deutsches Institut für Entwicklungspolitik, 2013, 15: 432-476.

［59］ Romer P. Are Nonconvexities Important for Understanding Growth? ［J］. American Economic Review, 1990, 80: 97-103.

［60］ Ross S A. The Determination of Financial Structure: The Incentive-Signaling Approach [J] . The Bell Journal of Economics, 1977, 8 (1): 23-40.

[61] Samuelson P A. The Pure Theory of Public Expenditure [J] . The Review of Economics and Statistics, 1954, 36 (4): 387-389.

[62] Schumpeter J A. Business Cycles [M] . New York: Ma Graw Gill, 1939.

[63] Scott J. Firms versus Industry Variability in R&D [M] // NBER. R&D, Patents and Productivity. Chicago: University Chicago Press, 1984.

[64] Simachev Y., Kuzyk M., Feygina V. Public Support for Innovation in Russian Firms: Looking for Improvements in Corporate Performance Quality [J] . International Advances in Economic Research, 2015, 21 (1): 13-31.

[65] Sirmon D G., Hitt M A., Ireland R D. Managing Firm Resources in Dynamic Environments to Create Value: Looking inside the Black Box [J] . Academy of Management Review, 2007, 32 (1): 273-292.

[66] Sirmon D G., Hitt M A., Ireland R D., Gilbert B A. Resource Orchestration to Create Competitive Advantage Breadth, Depth, and Life Cycle Effects [J] . Journal of Management, 2011, 37 (5): 1390-1412.

[67] Sougiannis T. The Accounting Based Valuation of Corporate R&D [J] . The Accounting Review, 1994, 69 (1): 44-68.

[68] Spence M. Market Signaling: The Informational Structure of Job Markets and Related Phenomena [D] . Massachusetts: Doctoral Dissertation of Harvard University, 1972.

[69] Spence M. Job Market Signaling [J] . The Quarterly Journal of Economics, 1973, 87 (3): 355-374.

[70] Spender J C. Making Knowledge the Basis of a Dynamic Theory of the Firm [J] . Strategic Management Journal, 1996, 17 (S2): 45-62.

[71] Stiglitz J E. Incentives and Risk Sharing in Sharecropping [J] . Review of Economic Studies, 1974, 41 (2): 219-255.

[72] Stiglitz J E., Weiss, A. Credit Rationing in Markets with Imperfect Information [J] . The American Economic Review, 1981, 71 (3): 393-410.

[73] Shaprico C., Stiglitz J E. Equilibrium Unemployment as a Worker Discipline Device [J] . The American Economic Review, 1984, 74 (3): 433-444.

[74] Stiglitz J E. The Causes and Consequences of the Dependence of Quality on

Price [J] . The American Economic Review, 1987, 25 (1): 1-48.

[75] Takalo T. , Tanayama T. Adverse Selection and Financing of Innovation: Is There a Need for R&D Subsidies? [J] . The Journal of Technology Transfer, 2010, 35 (1): 16-41.

[76] Teece D. , Pisano G. The Dynamic Capabilities of Firms: An Introduction [J] . Industrial and Corporate Change, 1994, 3 (3): 537-556.

[77] Wallsten S. The Effects of Government-industry R&D Programs on Private R&D: The Case of SBIR Program [J] . The RAND Journal of Economics, 2000, 31 (1): 82-100.

[78] Werner B. Spillovers from Publicly Financed Business R&D: Some Empirical Evidence from Germany [J] . Research Policy, 2004 (33): 1635-1655.

[79] Wernerfelt B. A Resource-based View of the Firm [J] . Strategic Management Journal, 1984, 5 (2): 171-180.

[80] Wernerfelt B. The Use of Resources in Resource Acquisition [J] . Journal of Management, 2010, 37 (5): 1369-1373.

[81] Winter S G. Understanding Dynamic Capabilities [J] . Strategic Management Journal, 2003, 24 (10): 991-995.

[82] Yager L. , Schmidt R. The Advanced Technology Program: A Case Study in Federal Technology Policy [M] . Washington, D. C. : AEI Press, 1997.

[83] Yu F. , Gou Y. , Nguyen K L. , et al. The Impact of Government Subsidies and Enterprises' R&D Investment: A Panel Data Study from Renewable Energy in China [J] . Energy Policy, 2016, 89: 106-113.

[84] 安岩, 宋俊焘. 会计学实证研究与规范研究的理论与实践 [J] . 商业会计, 2016 (8): 104-105.

[85] 白俊红. 中国政府 R&D 资助有效吗? 来自大中型工业企业的经验证据 [J] . 经济学 (季刊), 2011 (4): 1375-1400.

[86] 白俊红, 李婧. 政府 R&D 资助与企业技术创新——基于效率视角的实证分析 [J] . 金融研究, 2011 (6): 181-193.

[87] 包玉泽, 谭力文, 刘林青. 全球价值链背景下的企业升级研究——基于企业技术能力视角 [J] . 外国经济与管理, 2009, 31 (4): 37-43.

[88] 陈其安, 张慧, 廖小红. 上市公司更名的市场价格反应与公司治理效

应：来自中国股票市场的经验证据［J］．重庆大学学报（社会科学版），2021（8）：1-12.

［89］陈燕．产业集群中优势企业的转型升级行为扩散机制研究［D］．华南理工大学硕士学位论文，2017.

［90］程华，赵祥．企业规模、研发强度、资助强度与政府科技资助的绩效关系研究［J］．科研管理，2008，29（2）：37-43.

［91］程新生，谭有超，刘建梅．非财务信息、外部融资与投资效率［J］．管理世界，2012（7）：137-150.

［92］崔琳琳．外部融资对企业创新投入的影响研究——基于 A 股上市公司的经验证据［D］．山东大学硕士学位论文，2021.

［93］戴晨，刘怡．税收优惠与财政补贴对企业 R&D 影响的比较分析［J］．经济科学，2008（3）：58-71.

［94］戴静，刘贯春，张建华．债务期限结构、政府补贴援助与企业技术升级［J］．国际金融研究，2021（11）：33-42.

［95］弗里曼．技术政策与经济绩效［M］．张宇轩，译．南京：东南大学出版社，2008.

［96］傅家骥．技术创新学［M］．北京：清华大学出版社，1998.

［97］方在农．从熊彼特的创新理论说起［J］．自然杂志，2006，28（2）：114-115.

［98］傅利平，李小静．政府补贴在企业创新过程的信号传递效应分析——基于战略性新兴产业上市公司面板数据［J］．系统工程，2014，32（11）：50-58.

［99］符正平，彭伟．集群企业升级影响因素的实证研究——基于社会网络的视角［J］．广东社会科学，2011（5）：55-62.

［100］高艳慧，万迪昉，蔡地．政府研发补贴具有信号传递作用吗？——基于我国高技术产业面板数据的分析［J］．科学学与科学技术管理，2012，33（1）：5-11.

［101］高雨辰，万滢霖，张思．企业数字化、政府补贴与企业对外负债融资——基于中国上市企业的实证研究［J］．管理评论，2021，33（11）：106-120.

［102］龚红，朱翎希．政府研发与非研发补贴"光环效应"对企业外部融

资的影响——来自新能源企业的实证［J］．科技进步与对策，2021，38（4）：70-77．

［103］顾婧瑾．对中小民营企业融资问题的探讨［J］．中国市场，2017（33）：176-177．

［104］郭晓丹，何文韬．战略性新兴产业政府 R&D 补贴信号效应的动态分析［J］．经济学动态，2011（9）：88-93．

［105］韩晨，高山行．创业导向、创新模式与双维企业绩效——多重中介效应的实证检验［J］．科学学研究，2018，36（1）：114-122．

［106］何晓斌，蒋君洁，杨治，蔡国良．新创企业家应做“外交家”吗？——新创企业家的社交活动对企业绩效的影响［J］．管理世界，2013（6）：11．

［107］洪嵩．政府 R&D 资助、企业 R&D 投入与高科技产业创新效率的关系研究［D］．中国科学技术大学博士学位论文，2015．

［108］胡卫．政府资助企业 R&D 的政策工具及其效果研究［J］．自然辩证法通讯，2007，29（6）：54-59．

［109］胡永健，周寄中．政府直接资助企业技术创新绩效案例研究［J］．管理评论，2009（21）：35-42．

［110］侯彬，邝小文．熊彼特的创新理论及其意义［J］．科学社会主义，2005（2）：86-88．

［111］黄昌富，徐锐，张雄林．政府补贴、产能过剩与企业转型升级——基于制造业上市公司的实证研究［J］．企业经济，2018，37（3）：160-168．

［112］黄慧玲．科技计划项目立项决策指标体系的研究［J］．北京化工大学学报（社会科学版），2014，2：11-15．

［113］姜劲，孙延明．代工企业外部社会资本、研发参与和企业升级［J］．科研管理，2012，33（5）：47-55．

［114］姜宁，黄万．政府补贴对企业 R&D 投入的影响［J］．科学学与科学技术管理，2010（5）：28-33．

［115］姜忠辉，赵德志．企业资源基础理论述评［J］．市场周刊，2007（9）：29-32．

［116］金杭滨，蒋智华．新熊彼特创新理论述评［J］．质量与市场，2022（15）：160-162．

［117］孔伟杰．制造业企业转型升级影响因素研究——基于浙江省制造业企业大样本问卷调查的实证研究［J］．管理世界，2012（9）：120-131.

［118］李飞星，罗移祥．基于网络能力的地方特色产业集群企业 GVC 升级研究——以中国南珠产业为例［J］．中国海洋大学学报（社会科学版），2013（6）：30-36.

［119］李慧巍．集群网络学习、集群企业技术能力和企业升级的实证研究［J］．生产力研究，2013（2）：164-167.

［120］李骏，万君宝．研发补贴与融资约束：信号效应的检验［J］．上海财经大学学报，2019，21（6）：81-95+152.

［121］李林木，汪冲．税费负担、创新能力与企业升级［J］．经济研究，2017（11）：119-134.

［122］李子彪，孙可远，赵菁菁．研发创新、非研发创新对创新绩效影响的差异化［J］．技术经济，2017，36（11）：7-15.

［123］黎红萍．GVC 视角下后发企业升级的关键能力要素识别研究［D］．武汉：武汉理工大学硕士学位论文，2019.

［124］梁文玲．试论民营中小企业融资难的原因与对策［J］．商业研究，2001（11）：114-116.

［125］林小玲．财政补助、外部融资与企业自主研发投入——基于 2016 年全国企业调查数据［J］．山西财经大学学报，2019，41（5）：68-80.

［126］刘晨，吕可夫，阮永平．实地调研抑制了上市公司的选择性披露吗［J］．外国经济与管理，2020（6）：3-23.

［127］刘传宇．科技创新补贴对企业外部融资及科技创新投入的影响研究［M］．北京：中国财政经济出版社，2018.

［128］刘传宇，李婉丽．异质性科技补贴对民营企业外部融资的门槛效应研究［J］．财会月刊，2020（22）：53-60.

［129］刘德胜，张玉明．R&D 支出驱动中小企业绩效有效性研究［J］．科技与经济，2010（23）：92-96.

［130］刘锦英，徐海伟．企业转型升级路径研究：技术创新与价值创新耦合视角［J］．科学管理研究，2022，40（2）：96-104.

［131］刘力钢，刘杨，刘硕．企业资源基础理论演进评介与展望［J］．辽宁大学学报：哲学社会科学版，2011，39（2）：108-115.

[132] 刘任重，杜婧修. 信号效应、政府补贴与融资约束 [J]. 哈尔滨商业大学学报（社会科学版），2022（2）：58-70.

[133] 刘淑莲. 企业融资论 [D]. 大连：东北财经大学博士学位论文，2000.

[134] 卢现祥，李磊. 强化企业创新主体地位，提升企业技术创新能力 [J]. 学习与实践，2021（3）：30-44.

[135] 罗宾逊. 不完全竞争经济学 [M]. 王翼龙，译. 北京：华夏出版社，2012.

[136] 罗顺均，李田，刘富先. 后发追赶背景下"引智"学习促进企业升级的机制研究——基于珠江钢琴 1987-2013 年嵌套式纵向案例分析 [J]. 管理世界，2015（10）：144-159.

[137] 吕久琴，郁丹丹. 政府科研创新补助与企业研发投入：挤出、替代还是刺激 [J]. 中国科技论坛，2011（8）：21-28.

[138] 迈克尔·波特. 竞争论 [M]. 北京：中信出版社，2003.

[139] 毛蕴诗，吴瑶. 企业升级路径与分析模式研究 [J]. 中山大学学报（社会科学版），2009，49（1）：178-186.

[140] 毛蕴诗，郑奇志. 论国际分工市场失效与重构全球价值链——新兴经济体的企业升级理论构建 [J]. 中山大学学报（社会科学版），2016，56（2）：175-187.

[141] 彭桥，肖尧，陈浩. 政府补贴、产业结构升级与阶段效应——基于古诺模型的分析框架 [J]. 工业技术经济，2020，39（5）：119-126.

[142] 彭伟，符正平. 创业导向、双重网络嵌入与集群企业升级关系研究 [J]. 广东财经大学学报，2014（3）：71-80.

[143] 庇古. 福利经济学 [M]. 金镝，译. 北京：华夏出版社，2007.

[144] 尚洪涛，房丹. 政府补贴、风险承担与企业技术创新——以民营科技企业为例 [J]. 管理学刊，2021，34（6）：45-62.

[145] 史伟，霍丽. 政府补贴对上市公司外部融资的影响研究 [J]. 西北大学学报（哲学社会科学版），2014，44（6）：133-138.

[146] 施先旺，刘拯，朱敏. 注册会计师忙碌会影响审计意见吗 [J]. 审计与经济研究，2018（1）：34-43.

[147] 宋砚秋，齐永欣，高婷，王瑶琪. 政府创新补贴、企业创新活力与创

新绩效［J］．经济学家，2021（6）：111-120.

［148］孙雪萍．政府研发补贴的信号效应研究［D］．南京：中共江苏省委党校硕士学位论文，2014.

［149］孙一，牟莉莉，陈广山．政府补贴如何促进中小企业成长——外部融资及内部研发投入的中介作用［J］．新疆社会科学，2021（6）：42-56+170.

［150］唐春晖．内部资源、全球网络联结与本土企业升级［J］．财经论丛，2015（3）：74-81.

［151］唐辉亮，施永．企业转型升级文献综述［J］．宜春学院学报，2011，33（5）：79-82.

［152］唐清泉，罗党论．政府补贴动机及其效果的实证研究——来自中国上市公司的经验证据［J］．金融研究，2007（6）：149-163.

［153］童梦婕．无形资产资本化、非财务指标绩效评价与企业财务绩效［J］．财会通讯，2020（18）：35-38.

［154］王凤荣，郑文风，李亚飞．政府创新补助与企业创新升级——基于"两高一剩"上市公司的实证检验［J］．河北经贸大学学报，2019，40（3）：101-109.

［155］王刚刚，谢富纪，贾友．R&D补贴政策激励机制的重新审视——基于外部融资激励机制的考察［J］．中国工业经济，2017（2）：60-77.

［156］王一卉．政府补贴、研发投入与企业创新绩效——基于所有制、企业经验与地区差异的研究［J］．经济问题探索，2013（7）：138-143.

［157］温辉．企业升级的含义、制约因素与财政支持策略［J］．贵州社会科学，2011（4）：69-72.

［158］温思雅．企业升级研究现状探析与未来展望［J］．现代经济探讨，2015（1）：53-57.

［159］温忠麟，张雷，侯杰泰，刘红云．中介效应检验程序及其应用［J］．心理学报，2004，36（5）：614-620.

［160］吴贵生．技术创新管理［M］．北京：清华大学出版社，2002.

［161］吴金希．"创新"概念内涵的再思考及其启示［J］．学习与探索，2015（4）：123-127.

［162］吴莉昀．政府补助与中小企业融资约束——异质性作用结果与机制研究［J］．商业研究，2019（8）：14-24.

［163］吴伟伟，张天一．非研发补贴与研发补贴对新创企业创新产出的非对称影响研究［J］．管理世界，2021，37（3）：137-160.

［164］解维敏，唐清泉，陆珊珊．政府R&D资助、企业R&D支出与自主创新——来自中国上市公司的经验证据［J］．金融研究，2009（6）：86-99.

［165］谢子远，黄文军．非研发创新支出对高技术产业创新绩效的影响研究［J］．科研管理，2015，36（10）：1-10.

［166］邢斐，周泰云．研发补贴、知识产权保护与企业创新［J］．中国科技论坛，2020（9）：114-124.

［167］熊彼特．经济发展理论［M］．北京：商务印书馆，1991.

［168］熊彼特．资本主义、社会主义与民主［M］．北京：商务印书馆，1999.

［169］许国艺，史永，杨德伟．政府研发补贴的政策促进效应研究［J］．软科学，2014，28（9）：30-34.

［170］徐维祥，黄明均，李露，钟琴．财政补贴、企业研发对企业创新绩效的影响［J］．华东经济管理，2018，32，（8）：129-134.

［171］许泱，徐朝辉．企业创新、公司治理对企业升级的影响［J］．统计与决策，2021，37（11）：182-185.

［172］许治，何悦，王晗．政府R&D资助与企业R&D行为的影响因素——基于系统动力学研究［J］．管理评论，2012，24（4）：67-75.

［173］颜鹏飞，汤正仁．新熊彼特理论述评［J］．当代财经，2009（7）：116-122.

［174］杨洋，魏江，罗来军．谁在利用政府补贴进行创新？——所有制和要素市场扭曲的联合调节效应［J］．管理世界，2015（1）：75-86.

［175］杨晔，王鹏，李怡虹，杨大楷．财政补贴对企业研发投入和绩效的影响研究［J］．财经论丛，2015（1）：24-31.

［176］伊迪斯·彭罗斯．企业成长理论［M］．赵晓，译．上海：上海人民出版社，2007.

［177］岳文，赵静燕．异质性企业、政府补贴与技术升级［J］．财经论丛，2020（7）：3-12.

［178］约翰·梅纳德·凯恩斯．就业、利息和货币通论［M］．宋韵声，译．北京：华夏出版社，2012.

［179］张伯伦．垄断竞争理论［M］．周文，译．北京：华夏出版社，2009．

［180］张洪辉．上市公司的财政补贴："雪中送炭"还是"锦上添花"［J］．经济评论，2015（2）：134-146．

［181］张璐，王岩，苏敬勤，长青，张强．资源基础理论：发展脉络、知识框架与展望［J］．南开管理评论，2021（5）：1-22．

［182］张维迎．博弈论与信息经济学［M］．上海：上海人民出版社，1996．

［183］张兴龙，沈坤荣，李萌．政府R&D补助方式如何影响企业R&D投入［J］．产业经济研究，2014（5）：3-62．

［184］张永庆，邢浩．企业多元化升级模式背景下对我国产业及企业升级问题的探讨［J］．当代经济管理，2015，37（7）：80-84．

［185］赵富森，范建亭．要素价格扭曲对高技术产业自主创新的影响机制研究［J］．中国科技论坛，2021（4）：23-33．

［186］赵月红，许敏．R&D投入对企业绩效影响的研究［J］．科技管理研究，2013（12）：95-98．

［187］郑刚，刘仿，徐峰，彭新敏．非研发创新：被忽视的中小企业创新另一面［J］．科学学与科学技术管理，2014，35（1）：140-146．

［188］郑绪涛．公共研发政策、吸收能力与企业的R&D活动［D］．华中科技大学博士学位论文，2009．

［189］周文娟，李包庚．马克思哲学视野下"创新"概念的多维探析［J］．马克思主义哲学研究，2019（1）：243-251．

［190］周云，唐晓．出口学习能力与我国制造业企业升级——基于企业异质性贸易理论的实证分析［J］．商业研究，2016（7）：93-101．

［191］朱平芳，徐伟民．政府的科技激励政策对大中型工业企业R&D投入及其专利产出的影响——上海市的实证研究［J］．经济研究，2003（6）：45-53．

［192］朱永明，赵少霞．企业社会责任对经营风险与财务绩效关系的影响［J］．会计之友，2017（12）：64-69．

［193］朱云欢，张明喜．我国财政补贴对企业研发影响的经验分析［J］．经济经纬，2010（5）：77-81．

［194］祝彦杰，许谭．专家评审机制在科技计划管理系统的应用［J］．林业科技情报，2013，45（3）：54-55．